BARTLEBY E EU

Coleção Jornalismo Literário — Coordenação de Matinas Suzuki Jr.

41 inícios falsos, Janet Malcolm
A sangue frio, Truman Capote
Anatomia de um julgamento, Janet Malcolm
A árvore de Gernika, G. L. Steer
Bartleby e eu, Gay Talese
Berlim, Joseph Roth
Chico Mendes: Crime e castigo, Zuenir Ventura
Dentro da floresta, David Remnick
Elogiemos os homens ilustres, James Rufus Agee e Walker Evans
Esqueleto na lagoa verde, Antonio Callado
Fama e anonimato, Gay Talese
A feijoada que derrubou o governo, Joel Silveira
Filme, Lillian Ross
O gosto da guerra, José Hamilton Ribeiro
Hiroshima, John Hersey
Homenagem à Catalunha, George Orwell
Honra teu pai, Gay Talese
O imperador, Ryszard Kapuściński
O livro das vidas, org. Matinas Suzuki Jr.
O livro dos insultos de H. L. Mencken, seleção, tradução e posfácio de Ruy Castro
A milésima segunda noite da avenida Paulista, Joel Silveira
A mulher do próximo, Gay Talese
Na pior em Paris e Londres, George Orwell
Operação Massacre, Rodolfo Walsh
Paralelo 10, Eliza Griswold
Radical Chique e o Novo Jornalismo, Tom Wolfe
O reino e o poder, Gay Talese
O segredo de Joe Gould, Joseph Mitchell
Stasilândia, Anna Funder
O super-homem vai ao supermercado, Norman Mailer
Tempos instáveis, org. Fernando de Barros e Silva
A vida como performance, Kenneth Tynan
Vida de escritor, Gay Talese
A vida secreta da guerra, Peter Beaumont
O voyeur, Gay Talese
Vultos da República, org. Humberto Werneck
O xá dos xás, Ryszard Kapuściński

GAY TALESE

Bartleby e eu

Pelas ruas de Nova York, um mestre da reportagem narra a ascensão e a queda do sonho americano

Tradução
Laura Teixeira Motta

Posfácio
Lúcia Guimarães

JORNALISMO LITERÁRIO
COMPANHIA DAS LETRAS

Grafia atualizada segundo o Acordo Ortográfico da Língua Portuguesa de 1990, que entrou em vigor no Brasil em 2009.

Título original
Bartleby and Me: Reflections of an Old Scrivener

Capa
Alceu Chiesorin Nunes

Fotos de quarta capa
esquerda: Andrew Gombert/ EPA/ EFE
direita: Catherine Talese

Fotos de miolo
p. 6: Catherine Talese
p. 7: Pictorial Press Ltd./ Alamy/ Fotoarena
p. 8: Andrew Gombert/ EPA/ EFE

Preparação
Márcia Copola

Revisão
Ana Alvares
Marina Saraiva

Dados Internacionais de Catalogação na Publicação (CIP)
(Câmara Brasileira do Livro, SP, Brasil)

Talese, Gay
Bartleby e eu : Pelas ruas de Nova York, um mestre da reportagem narra a ascensão e a queda do sonho americano / Gay Talese ; tradução Laura Teixeira Motta ; posfácio Lúcia Guimarães. — 1ª ed. — São Paulo : Companhia das Letras, 2025.

Título original : Bartleby and Me : Reflections of an Old Scrivener.
ISBN 978-85-359-3752-7

1. Bartha, Nicholas, 1940-2006 2. Edifícios – Nova York (Estado) 3. Jornalistas – Nova York (Estado) – Biografia 4. Talese, Gay I. Título.

25-269465 CDD-070.92

Índice para catálogo sistemático:
1. Jornalistas : Autobiografia 070.92

Eliete Marques da Silva – Bibliotecária – CRB-8/9380

EDITORA SCHWARCZ S.A.
Rua Bandeira Paulista, 702, cj. 32
04532-002 — São Paulo — SP
Telefone: (11) 3707-3500
www.companhiadasletras.com.br
www.blogdacompanhia.com.br
facebook.com/companhiadasletras
instagram.com/companhiadasletras
x.com/cialetras

Para Nan: que ajudou a traçar nossa serendipitosa jornada há sessenta e seis anos e ainda está nessa.

Gay Talese em 2023.

Frank Sinatra em 1966.

Bombeiros nos escombros do brownstone de Nicholas Bartha em 2006.

Sumário

PARTE I
UMA HISTÓRIA DE WALL STREET

1.

Nova York é uma cidade de coisas despercebidas. É uma cidade de gatos adormecidos debaixo de carros estacionados, dois tatus de pedra subindo pela catedral de St. Patrick e milhares de formigas em procissão no alto do edifício Empire State. As formigas provavelmente chegaram lá carregadas pelo vento ou por aves, mas ninguém tem certeza; ninguém em Nova York sabe mais sobre as formigas do que sobre o mendigo que vai de táxi para o Bowery, sobre o baixinho ligeiro que revira as lixeiras da Sexta Avenida ou sobre o médium na rua 77 Oeste que proclama: "Sou clarividente, clariaudiente e clarissensorial".

Nova York é uma cidade para excêntricos e um centro para informações inusitadas. Os nova-iorquinos piscam 28 vezes por minuto, mas quarenta quando estão tensos. A maioria dos que comem pipoca no estádio Yankee para de mastigar momentaneamente pouco antes do arremesso. Os que mascam chiclete nas escadas rolantes da Macy's param de mascar por um instante logo antes de desembarcar — para se concentrarem no último degrau. Moedas, clipes, canetas esferográficas e cadernos de meninas são encontrados pelo pessoal que limpa a piscina dos leões-marinhos no zoológico do Bronx...

Em Nova York, seja a hora que for, dia após dia, você ouve o ronco incessante de pneus na pista de concreto da ponte George Washington. A ponte nunca está totalmente imóvel. Trepida com o tráfego. Move-se com o vento. Suas grandes veias de aço incham no calor e se contraem no frio; seu vão com frequência fica três metros mais próximo do rio Hudson no verão do que no inverno. É uma estrutura quase irrequieta de graciosa beleza que, como uma sedutora irresistível, esconde seus segredos dos românticos que a contemplam, dos escapistas que pulam dela, da gordinha que caminha pesadamente por seu vão de mil e poucos metros para ver se emagrece e dos 100 mil motoristas que todo dia a atravessam, colidem nela, fogem do pedágio, ficam ali presos no trânsito...

Essas palavras foram escritas há mais de sessenta anos, quando eu era um jovem repórter do *New York Times*. Crescendo numa cidadezinha da costa de Nova Jersey em fins da década de 1940, sonhava em um dia trabalhar para um grande jornal. Mas não necessariamente queria redigir notícias. Notícias eram efêmeras e enfatizavam o negativo. Quase sempre se referiam ao que deu errado ontem e não ao que deu certo. Boa parte era "notícia imprestável", como diz Bob Dylan. Ou então era uma espécie de pegadinha jornalística, na qual o repórter com um gravador muitas vezes levava figuras públicas a fazerem papel de bobas tentando responder a perguntas ardilosas.

Apesar disso, notícias continuam a ser dadas todos os dias, baseadas em declarações e atividades de gente noticiável — políticos, banqueiros, líderes empresariais, artistas, apresentadores, atletas. Outras pessoas são ignoradas a menos que tenham se envolvido em crime ou escândalo ou sofrido morte acidental ou violenta. Se elas levaram uma vida lícita e tranquila e morreram de causa natural, os editores de obituário não incumbirão repórteres de escrever sobre essas pessoas. Não foram noticiáveis. Foram essencialmente ninguéns. Quando comecei no *New York Times*, em meados dos anos 1950, queria me especializar em escrever sobre ninguéns.

Como leitor, sempre me senti atraído por ficcionistas capazes de fazer pessoas comuns parecerem extraordinárias. De um ninguém conseguem criar um alguém memorável. Entre os escritores com esse dom está Herman Melville, cujo excepcional conto sobre um ninguém intitula-se "Bartleby, o Escriturário".

Publicado na *Putnam's Magazine* em 1853, dois anos após o lançamento do romance de Melville *Moby Dick*, o conto é ambientado num pequeno e monótono escritório de advocacia no segundo andar de um prédio em Wall Street. O narrador em primeira pessoa é um advogado idoso cujo nome não ficamos sabendo mas que é descrito como um sujeito de modos afáveis, desprovido de vaidade e de flagrante ambição profissional. Em vez de advogar no tribunal e buscar o reconhecimento público, ele toca serenamente um "negócio confortável em meio a títulos, hipotecas e escrituras de gente rica".

Numa época em que os documentos legais são copiados à mão, caneta e tinta, o advogado delega essa tarefa tediosa e meticulosa a um escriturário recém-contratado chamado Bartleby. Se esse é seu nome ou sobrenome fica a critério do leitor, mas, seja como for, Bartleby — "palidamente asseado, deploravelmente respeitoso, incuravelmente melancólico" — causa uma boa primeira impressão sentado serenamente o dia inteiro, de cabeça baixa, caneta em punho, escrevendo a mais não poder a uma mesa num canto escondido atrás de uma divisória verde dobrável que o advogado instalou para trazer alguma privacidade tanto ao novo funcionário como a ele mesmo.

A mesa do advogado fica no mesmo lado da sala que a de Bartleby, enquanto dois escriturários veteranos e um office boy (este último um garoto mal saído da puberdade mas resoluto, que recebe um dólar por semana para fazer pequenos serviços fora do escritório e varrer o chão sem carpete) sentam-se do lado oposto. Bartleby nunca inicia conversa com seus colegas escriturários nem com o advogado, mas uma vez por dia troca algumas palavras atrás de seu biombo com o office boy — que então sai do escritório com moedas tilintando, compra biscoitos de gengibre para Bartleby e fica com alguns. Bartleby parece não comer quase nada além de biscoito de gengibre. Nunca sai para almoçar. Quando o advogado e os outros vão embora à noite, sempre deixam Bartleby para trás, trabalhando à luz de velas.

Mas um dia muda o bom conceito que o advogado tem de Bartleby. Isso acontece quando, pela primeira vez, ele pede a Bartleby que o ajude a cotejar um documento legal. Até então Bartleby passava todo o tempo escrevendo sozinho atrás do biombo, sem juntar-se aos outros no cotejo de documentos para assegurar que a duplicata seja fiel ao original palavra por palavra. Em dias movimentados, até o advogado, junto com o esperto office boy — que almeja ser advogado —, dá uma ajuda.

Embora Melville retrate o advogado como um homem sensato, também deixa claro que ele não esquece que é o chefe — com "uma expectativa natural de obediência instantânea" por seus subordinados —, e por isso, nessa ocasião específica, depois de chamar Bartleby e explicar o que quer que ele faça, o advogado não imagina que ouviria do outro lado do biombo a voz mansa de Bartleby dizendo: "Prefiro não fazer".

Supondo ter ouvido mal, o advogado diz outra vez ao auxiliar que saia de trás do biombo trazendo sua cadeira e venha participar do cotejo do documento. E novamente, num tom educado mas enfático, e sem se mover um único centímetro, Bartleby responde: "Prefiro não fazer".

Dessa vez o advogado levanta-se de supetão de sua mesa, irrompe do outro lado do biombo e repete as palavras de Bartleby: "Prefiro não fazer!" — acrescentando: "Como assim? Ficou maluco? Quero que você me ajude a cotejar esta página. Vamos!".

"Prefiro não fazer", Bartleby responde, mais uma vez num tom tão delicado e respeitoso que deixa o chefe sem palavras, pasmo, confuso.

> Olhei bem para ele. Seu rosto magro estava tranquilo, o olho cinzento calmo e pacífico. Nenhuma ruga de agitação o perturbava. Se eu tivesse visto a menor inquietação, raiva ou impertinência em seus modos; em outras palavras, se tivesse visto algo comumente humano, sem dúvida o teria expulsado com violência do recinto.

Acadêmicos e críticos literários que estudaram "Bartleby, o Escriturário" e organizaram incontáveis seminários ao longo dos anos para examinar seu significado atribuem grande importância ao subtítulo que Melville deu ao conto: "Uma história de Wall Street". Sugeriu-se que o isolado escritório de advocacia exiguamente penetrado pela luz do sol reflete a visão sombria de Melville acerca da comunidade financeira e que Bartleby representa, alternativamente, um oponente do capitalismo, sua vítima e um exemplo da "alienação marxista dos colarinhos-brancos". Entre os abrangentes comentários temos: "Bartleby é como um espécime de laboratório preso num labirinto sem saída"/ "Ele luta recusando-se a lutar"/ "Prefiro Não Fazer torna-se o mantra dos destituídos e desalojados"/ "Essa história traz um narrador que, como sua sociedade dirigida pelo dinheiro, ironicamente drena a energia da vida de Bartleby enquanto afeta uma piedosa preocupação com ele"/ "Bartleby não demonstra emoção em toda a história".

Este último comentário não é totalmente verdadeiro. Próximo ao fim da história, com Bartleby detido e mandado para a prisão por recusar-se a deixar o velho prédio depois de ter sido demitido do emprego e a firma ter mudado para outro endereço, ele se torna atipicamente rabugento com o advogado quando este vai visitá-lo um dia no pátio da prisão.

Ele rejeita o cumprimento do advogado e diz: "Conheço você e não tenho nada a lhe dizer". Sobrevém o silêncio, e o advogado percebe que não tem sentido continuar ali — porém, antes de ir, faz um último gesto de boa vontade. Oferece dinheiro a um funcionário da cozinha do presídio, que promete manter Bartleby bem alimentado. Mas isso também se revela inútil, pois Bartleby faz greve de fome e morre de inanição na cadeia.

A história termina com o advogado pesaroso mencionando que recebeu mais tarde uma vaga notícia de que Bartleby, antes de ser contratado como seu escriturário, trabalhara como auxiliar de escritório no Arquivo de Cartas Não Reclamadas em Washington, tendo perdido o cargo depois de uma mudança de administração. Embora o advogado não possa confirmar a veracidade dessa informação, ele reflete sobre o quanto tal experiência devia ter sido deprimente e desalentadora para Bartleby, naquele trabalho de "manusear continuamente aquelas cartas não reclamadas e separá-las para incineração".

Por outro lado, o advogado admite que não sabe se Bartleby exerceu mesmo esse cargo, e além disso em parte alguma de todo o longo conto de Melville o leitor fica sabendo algo sobre a vida privada de Bartleby e sobre o que poderia tê-lo motivado.

2.

Durante meu trabalho como jornalista e no extenso período em que morei na Cidade de Nova York, conheci muitas pessoas que, de um modo ou de outro, me fazem pensar em Bartleby. É gente que eu até via regularmente, mas cuja vida privada permanecia privada. Eu os conhecia de nome, ou nem isso, alguns com quem não trocava mais que um meneio de cabeça mas com quem meu caminho se cruzava continuamente enquanto eles faziam seu trabalho como porteiros, caixas de banco, recepcionistas, garçons, carteiros, zeladores, faxineiras e incontáveis balconistas em lojas de ferramentas, lavanderias, farmácias e outros lugares onde labutam pessoas que se encaixariam na definição de "ninguém" dada por um editor de obituários.

Quando fui contratado pelo *Times* — comecei aos 21 anos como mensageiro de redação no verão de 1953 ganhando 38 dólares por semana —, a primeira coisa que notei ao entrar na vasta sala de redação no terceiro andar do prédio de escritórios em estilo gótico na rua 43, fora da área dos espetáculos da Broadway, foram as mesas em feitio de ferradura ao redor das quais sentavam-

-se os corpos debruçados de dezenas de copidesques. Quase todos eram homens que usavam viseira de plástico verde e, lápis em punho, liam, corrigiam e revisavam as páginas impressas dos artigos que estavam diante deles, programados para serem publicados na edição do dia seguinte.

Os nomes dos copidesques eram desconhecidos dos leitores do jornal e também da maioria dos repórteres nomeados que haviam escrito o artigo que eles revisavam. Como Bartleby, os copidesques estavam fisicamente próximos de seus colegas de trabalho enquanto permaneciam social e emocionalmente distantes. Comprimidos durante horas ao redor das mesas curvas no centro da sala de redação, com o mínimo de movimentos e pouca conversa mesmo entre eles, eram indivíduos reservados, pensativos e ponderadores, de todo absortos em ler e avaliar o que podia ser apropriado para ser publicado na edição seguinte e o que poderia ser preservado eternamente no registro em papel.

Depois que sua revisão final era examinada e aprovada pelo chefe de copidesque e por alguns editores seniores, os artigos eram enviados por uma esteira transportadora até a sala de composição no piso acima. Ali os linotipistas transpunham as palavras dos repórteres para tipos de metal que em seguida eram postos em bandejas e martelados para se encaixarem com precisão nas molduras das páginas por equipes de impressores — indivíduos cujos nomes raramente eram conhecidos e cujas vozes raramente eram ouvidas. Um número substancial de impressores do *Times* e de publicações de outras partes eram surdos-mudos.

O que talvez fosse visto como deficiência em outras ocupações podia ser considerado uma vantagem para quem trabalhava próximo às ruidosas entoações da sala de composição, e ainda mais quando se estava perto das prensas gigantescas e estrondeantes que ficavam no primeiro e no segundo subsolo do prédio de catorze andares do *Times*. Ali, depois que as máquinas começavam a rodar todas as noites, o som tornava-se tão ensurdecedor que poucas pessoas sem deficiência auditiva conseguiam tolerar; além disso, as vibrações eram tão pronunciadas que dava para sentir no departamento de anúncios no segundo andar, na sala de redação no terceiro e até na sala de composição, no quarto piso.

Terminado o trabalho da noite, e enquanto muitos milhares de exemplares impressos eram empacotados com fio metálico e levados para caminhões de entrega, alguns dos impressores iam a pé até a choperia Gough, na rua 43 Oeste, 212, para tomar uma cerveja e um uísque de aperitivo. Os impressores se distinguiam por seus chapéus quadrados feitos de jornal e manchados de tinta e, embora pedissem as bebidas na língua de sinais, os atendentes da Gough pareciam entendê-los.

Nunca cheguei a conhecer pessoalmente nenhum impressor ou copidesque, mas sempre os via quando passava horas de folga em companhia de outros mensageiros na Gough, onde um hambúrguer custava trinta centavos e para onde voltávamos no fim da semana para trocar nosso pagamento em cheque por dinheiro vivo. Os impressores costumavam ficar no bar enquanto os copidesques eram mais frequentemente encontrados numa das mesas nos fundos, sentados perto dos repórteres que talvez estivessem jantando lá naquelas horas tardias, porém sem socializar com eles.

Essa separação não era de modo algum sinal de desrespeito entre as duas categorias, e sim um entendimento, com o apoio tácito da alta administração, de que os interesses do jornal provavelmente eram mais bem atendidos quando repórteres e copidesques evitavam uma associação pessoal íntima. Sim, eles trabalhavam para o mesmo jornal, mas suas prioridades diferiam. Repórteres coletavam fatos. Copidesques conferiam fatos. Repórteres eram sedutores naturais que tentavam convencer suas fontes externas a se abrirem, enquanto os copidesques eram os guardiões do jornal, os retificadores, os protetores dos padrões. Eram treinados para enxugar as matérias, conferir a gramática, esclarecer o que não estava claro; evitando amizade com repórteres, ficava mais fácil resistirem a quaisquer pedidos deles por mais espaço para seus textos ou pela restauração de uma frase favorita que o copidesque talvez tivesse marcado como floreio inútil e houvesse eliminado.

Quando um repórter ficava insatisfeito com a revisão, não devia reclamar diretamente com o copidesque, e sim consultar o editor de cidades — uma opção arriscada, pois este, avesso a confrontos, poderia ver o repórter como um choramingas e lhe encomendar menos trabalhos. De qualquer modo, naquela época o espaço ao redor das mesas em feitio de ferradura era quase território proibido para os repórteres. Como mensageiro, eu costumava levar e trazer coisas pedidas pelo chefe de copidesque, que ocupava o espaço livre no centro da ferradura — era chamado de "o homem da fenda" —, mas anos depois, durante minha década como repórter, tratava de me manter longe daquela área e assim nunca cheguei a conhecer bem os copidesques.

Apesar disso, eles sempre despertaram minha curiosidade. Eu achava que tinham histórias interessantes para contar e que levavam uma vida mais variada do que aparentavam. Esse pensamento me veio uma noite em que notei um copidesque saindo da sala de redação no fim do expediente com um estojo de violino debaixo do braço.

3.

Durante esse período acabei conhecendo um pouco melhor um dos eletricistas do *Times*, e uma tarde, antes de começar meu trabalho de mensageiro, entrevistei-o para uma breve reportagem que mais tarde depositei na caixa de correio do editor de cidades. Isso resultou nas minhas primeiras palavras publicadas no *New York Times*, em 2 de novembro de 1953. Saiu na página do editorial, que na época não trazia o nome dos articulistas, mas na semana seguinte meu pagamento veio com dez dólares a mais.

O eletricista era James Torpey, um cavalheiro afável, atarracado e de óculos já beirando a casa dos sessenta. Às vezes com um ou dois assistentes, ele operava o famoso letreiro eletromecânico iluminado por quase 15 mil lâmpadas de 20 watts que exibia as manchetes recentes em letras douradas de um metro e meio de altura girando ao redor da cornija no quarto andar do afilado prédio de 25 andares do jornal, a Times Tower. O prédio de arquitetura rebuscada quase na esquina da Broadway com a rua 42 — que também era o local da tradicional festividade da "descida da bola" marcando a virada do ano — foi construído em 1903 e funcionou como sede do jornal até que o *Times* cresceu a ponto de precisar mudar-se em 1913 para instalações muito mais espaçosas a menos de um quarteirão de distância, na rua 43 Oeste, 229.

Em grande medida por razões sentimentais, a família Sulzberger, proprietária do jornal, relutou em vender a Tower. A pedra angular do edifício fora assentada em 1904 por uma estudante de onze anos que agora era a idosa matriarca do jornal, Iphigene Ochs Sulzberger — filha única do proprietário do *Times*, Adolph S. Ochs, falecido em 1935. Ochs foi sucedido na direção do jornal pelo marido de Iphigene, Arthur Hays Sulzberger. No discurso da pequena Iphigene em 1904, ela dedicou a Tower ao "bem-estar da humanidade". Na época aquele era o segundo prédio mais alto de Nova York, superado apenas por um arranha-céu de 29 andares em Park Row, 15, próximo ao prédio da prefeitura e pertencente a um consórcio encabeçado por um financista e aficionado dos cavalos chamado August Belmont, que em 1905 construiu o hipódromo de Belmont Park em Long Island.

O sr. Belmont, que era também um bom amigo de Adolph Ochs, deu a ele a informação privilegiada de que havia planos para a construção de uma nova estação de metrô na rua 42, e isso certamente influenciou a decisão de Ochs sobre mudar sua sede na Park Row, 41, e erguer sua Tower no local então chamado Longacre Square, um nome de linhagem londrina. Três meses depois de Iphigene assentar a pedra angular da Tower, Longacre Square foi rebatizada de Times Square em homenagem ao seu morador jornalístico.

Quando comecei a trabalhar no jornal, em 1953, oito anos antes de membros mais jovens e menos sentimentais da família Sulzberger venderem a Tower a um publicitário e designer de cartazes chamado Douglas Leigh, os únicos funcionários do *Times* que ainda trabalhavam no prédio eram do departamento de anúncios classificados, instalado no térreo, e os operadores do letreiro luminoso, que ficavam no quarto andar. O resto do espaço da estrutura em formato de quadrilátero irregular era ocupado por um número cada vez menor de inquilinos comerciais. Os degraus na calçada defronte à entrada principal do edifício eram usados pelos motoristas de caminhão para descarregar diariamente exemplares recém-impressos do *New York Daily News*, *New York Mirror* e outros jornais que toda noite eu ia buscar como parte do meu trabalho para levá-los até a sala de redação na rua 43, onde vários editores davam uma olhada rápida torcendo para não encontrarem nenhuma informação valiosa que ainda não fosse de conhecimento do *Times*.

Uma ocasião cheguei à Tower muito antes dos motoristas de caminhão e, por curiosidade, me aventurei a subir pela escadaria até o quarto andar, onde parei diante da porta aberta de uma sala abarrotada de máquinas e peças cujos propósitos e feitios me escapavam. Minha atenção foi atraída de imediato por um homem atarracado em pé numa escada de mão, de costas para mim, com o braço direito estendido na direção do nível mais alto de um grande armário de parede. Lá as prateleiras continham fileiras e mais fileiras de finas lâminas de uma forma primitiva de plástico chamada baquelite que em tamanho e formato lembravam livrinhos em brochura. Também no alto, mas longe do armário, uma esteira rolante com um par de correias de borracha que se moviam lentamente atravessava quase todo o perímetro do teto antes de fazer uma volta e ligar-se mais abaixo à beirada de um trilho transportador industrial de ferro fundido de uns nove metros de extensão instalado a cerca de um metro do piso.

Observei em silêncio por algum tempo e, depois que o homem desceu da escada e se virou na minha direção, cumprimentei-o educadamente, disse que era um mensageiro e que estava muito interessado no que ele fazia. Ele sorriu, cordial, e se apresentou como James Torpey, o operador-chefe do letreiro de notícias. Após uma pausa, entregou-me uma das peças que tinha nas mãos e a identificou como uma placa de contato elétrica. Era uma letra de metal prateado de catorze centímetros afixada em baquelite. Havia na sala muitas centenas daquelas placas, ele disse, e em cada uma estava impressa uma única letra do alfabeto. Na placa de contato que me deu havia a letra C.

Ele explicou que, depois de receber por teletipo um cabeçalho da sala de redação na rua 43, seu trabalho era transpô-lo com rapidez, letra por letra e então palavra por palavra, utilizando as placas de contato mais ou menos como um compositor arranjava os tipos manualmente para serem impressos. Depois que as palavras dos cabeçalhos estavam dispostas em ordem nas placas de contato e eram encaixadas numa moldura metálica longa e estreita, essa moldura era posta num extremo do comprido trilho transportador e, quando ativada, avançava para fazer contato com escovas elétricas que estimulavam os muitos milhares de lâmpadas instaladas no letreiro lá fora, escrevendo instantaneamente em letras resplandecentes de um metro e meio as palavras do cabeçalho.

O sr. Torpey contou que o letreiro de 115 metros que circundava os quatro lados do prédio levando as palavras dos cabeçalhos da direita para a esquerda podia ser lido pela maioria dos pedestres a uma distância de vários quarteirões. Disse também que ele e os proprietários do jornal participaram da inauguração do letreiro em 6 de novembro de 1928, e que a primeira notícia grafada ali foi a da vitória de Herbert Hoover sobre Al Smith na eleição presidencial.

Entre os "furos de reportagem" de Torpey estava o anúncio da descoberta e da morte do filho de vinte meses de vida do aviador Charles Lindbergh e Anne Morrow Lindbergh em 1932. O menino tinha sido levado de seu quarto na casa dos pais próximo a Hopewell, Nova Jersey. Posteriormente, Torpey também foi o primeiro a estampar a notícia de que um júri em Nova Jersey havia declarado Bruno Richard Hauptmann culpado do rapto e assassinato do bebê, crime pelo qual seria executado em 1936. O cabeçalho mais gratificante que James Torpey copiara na vida fora composto na noite de 14 de agosto de 1945, logo após a rendição japonesa e o término da Segunda Guerra Mundial.

Apesar da minha experiência limitada em jornalismo, eu soube na hora que a história de Torpey era boa — e era meu tipo de história. Ali estava um personagem nas linhas de Bartleby, um escriturário anônimo a grafar praticamente sem ser notado, copiando palavras que irradiavam luz. Ali no distrito dos teatros estava um coreógrafo que criava uma dança de letras cintilantes e fascinantes. E o mais importante: ali estava minha oportunidade de chamar a atenção para um homem noticiável cujo nome nunca fora impresso.

Eis um trecho do texto publicado na página do editorial do *Times* em 2 de novembro de 1953:

> O letreiro elétrico de notícias da Times Square completará 25 anos esta semana. Estreou em 6 de novembro de 1928, a noite da eleição Hoover-Smith, e desde então faz sucesso na Broadway, circundando a Times Tower com suas letras de um metro e meio [...] do anoitecer até a meia-noite [...] com apenas três interrupções — todas em obediência às regras de blecaute durante a guerra.
>
> E para marcar o jubileu de prata do letreiro luminoso nada como reconhecer o serviço prestado por James J. Torpey, um senhor simpático que, como eletricista-chefe, põe as notícias nas luzes desde o primeiro dia [...].
>
> Muitas vezes nesses 25 anos seu serviço na Tower foi muito além da obrigação. No Dia da Vitória em 1945, por exemplo, o sr. Torpey

permaneceu em seu posto por 23 horas e meia consecutivas, aguardando o sinal verde da redação do *New York Times* para dar à impressionante multidão na praça o que ela estava esperando: o anúncio oficial do fim da guerra.

4.

Outro indivíduo anônimo com quem fiz amizade durante minhas idas e vindas como mensageiro foi Isaac Newton Falk, um miúdo arquivista sexagenário que trabalhava mais para o fim do corredor da sala da redação no departamento de arquivo, comumente chamado de "necrotério".

O espaço era dominado por várias fileiras de altos armários de aço repletos de pastas de papelão contendo dezenas de milhões de recortes de jornal — alguns dos quais, amarelados e frágeis, vinham do começo dos anos 1900 e até de antes. Também arquivados no necrotério havia muitos obituários antecipados aguardando a morte de noticiáveis, textos que tinham sido redigidos por repórteres já falecidos. Muitas vezes ao entrar no necrotério pensei na referência de Melville a Bartleby e ao Arquivo de Cartas Não Reclamadas.

A primeira vez que me mandaram ao necrotério foi em busca de informações básicas sobre a rede metroviária da cidade para o editor de transportes, e foi Isaac Newton Falk quem me ajudou. Só dava para ver sua cabeça e seus ombros enquanto ele me entregava o material por trás do balcão — ele não tinha nem um metro e meio de altura. De sobrancelhas bastas e óculos de aro metálico salpicado de caspa, tinha cabelos grisalhos e despenteados, espetados por cima, por baixo e através de sua viseira verde. Parecia tímido e um tanto desajeitado, mas quando o conheci melhor fiquei impressionado com sua boa vontade, eficiência e inteligência.

Uma ocasião, na hora do café, ele me contou que sua mãe, devota da música clássica, costumava levá-lo quando menino para assistir a óperas e concertos, e ao longo do tempo ele adquirira muito conhecimento sobre os grandes compositores e suas músicas. Por isso, toda vez que os telefonistas do *Times* recebiam chamadas externas pedindo informações — chamadas que eram rotineiramente direcionadas para o necrotério —, Falk era sempre consultado quando as perguntas eram a respeito de música clássica. De início os outros funcionários do necrotério duvidaram da exatidão de suas respostas espontâneas; porém, depois de conferir com o chefe de crítica musical do jornal, descobriram que Falk era quase infalível.

Ele começou a trabalhar no necrotério em 1924, sem dúvida favorecido pelo fato de que seu avô materno, Michael B. Abrahams, havia sido editor-assistente regional do *Times*. Quando não estava trabalhando no balcão do necrotério, Falk sentava-se no fundo da sala com outros funcionários munidos de tesoura e recortava artigos de jornais diagramados. Quase quarenta exemplares do *Times* e mais da metade desse número de exemplares de outras publicações eram separados para tal propósito. Após removido da página, cada artigo tinha suas margens recortadas caprichosamente e era classificado por nome ou assunto. Depois era dobrado e guardado numa pasta fina de papelão de 17 × 12 centímetros, fechada por um barbante e então arquivada em ordem alfabética numa das gavetas rolantes dos armários de aço.

Além de seus conhecimentos sobre música, o outro grande interesse de Falk era o beisebol, em especial seu time favorito, o New York Giants — até que o time partiu seu coração ao mudar-se para San Francisco em 1957. O estádio dos Giants ficava em Upper Manhattan, nos Polo Grounds, e, geralmente quando estava de folga durante a temporada de beisebol, Falk podia ser encontrado nas arquibancadas assistindo a uma partida junto com a parafernália que levava: uma língua de sogra de borracha e duas campanas.

Quando um jogador do Giants arremessava fora ou cometia um erro, Falk soprava a língua de sogra. Quando um Giant acertava um arremesso, Falk tocava a campana menor. Quando um Giant conseguia um home run, Falk não só tocava a campana maior, como às vezes a jogava para o alto e a deixava cair com estardalhaço no corredor perto de sua cadeira. Esse ato geralmente irritava os funcionários do estádio e os torcedores mais próximos, mas Falk nunca era expulso porque possuía um passe especial emitido por Ford Frick, o presidente da Liga Nacional.

No começo de 1936, ao ler o caderno de esportes no necrotério na hora do almoço, ele notou um erro na programação da temporada seguinte de beisebol. Giants e New York Yankees jogariam em casa em 20 de agosto naquele ano. Como os dois clubes locais nunca jogavam em casa no mesmo dia, Falk telefonou imediatamente para o setor de esportes do *Times*, e de outros jornais também, e alertou sobre o erro. Mas a maioria dos que o atenderam menosprezaram o telefonema e lhe disseram que ele tinha lido errado a programação ou que fora um erro tipográfico. A única pessoa que se deu o trabalho de prestar atenção no que ele disse foi um redator de esportes que era surdo. Era John Drebinger, que fazia a cobertura dos Yankees para o *Times*; ele por fim entrou em contato com as autoridades de programação da Major League e sugeriu que corrigissem o erro. Um resultado foi a concessão de ingressos gratuitos para toda a temporada a "Isaac Newton Falk and One" [em tradução livre, "Isaac Newton Falk, o Único"], um privilégio que foi renovado pelo resto de sua vida.

Eu quis escrever um artigo sobre Falk descrevendo-o como uma figura interessante mas contraditória — ora o sujeito pacato que recortava artigos no necrotério, ora um fã enlouquecido jogando campanas para o alto. Esperava ver o texto impresso no "*Times* Talk", a vistosa publicação mensal interna de doze páginas não só destinada aos 5 mil funcionários que trabalhavam no prédio, mas também enviada a várias centenas de aposentados, correspondentes estrangeiros, assinantes privilegiados e departamentos de jornalismo em universidades.

Redigi um esboço de uma página para o artigo e entreguei ao recepcionista do "*Times* Talk" no 12º andar. Mas alguns dias depois recebi decepcionado uma educada nota de rejeição. Como tema, Falk foi considerado um pouco excêntrico demais para o "*Times* Talk", explicaram.

Passada uma semana, porém, me animei ao receber um comunicado do editor de viagens, no oitavo andar, dizendo que ele estava interessado em outra ideia que tive: uma matéria sobre os homens que ganham a vida empurrando passageiros em cadeiras de três rodas com teto de junco pelo calçadão de tábuas na orla de Atlantic City. A cidade estava prestes a comemorar seu centésimo aniversário — fora emancipada em 1854 —, e o negócio dos "cestos com rodas" começara no calçadão cerca de trinta anos mais tarde.

Quando menino, morei em Ocean City, a mais ou menos quinze quilômetros de Atlantic City, e conhecia bem as cadeiras rolantes do calçadão — uma vez ganhei um passeio numa delas como presente de aniversário. O passeio para uma ou duas pessoas custava um dólar e mais cinquenta centavos se fossem três passageiros. O negro conversador que empurrou vigorosamente a minha cadeira contou que eu era seu décimo cliente naquele dia. Ele andava em média quarenta a cinquenta quilômetros diários e afirmou que nunca se cansava. Havia cerca de 4 mil cadeiras e homens ocupados naquela atividade. O fundador era um homem da Filadélfia com deficiência física chamado Harry D. Shill, que, nos anos 1880, além de alugar carrinhos de bebê no calçadão, logo acrescentou cadeiras de rodas para os muitos convalescentes que vinham passar férias em Atlantic City. Quando o negócio começou a atender o público em geral, um de seus primeiros clientes mais conhecidos, que vinha de Washington nos fins de semana, era Charles Curtis, vice-presidente no governo de Herbert Hoover.

O artigo que escrevi foi publicado na seção de viagens da edição de domingo do *Times* em 21 de fevereiro de 1954. Veio ilustrado com a foto de um casal sendo empurrado numa cadeira nas imediações do Marlborough-Blenheim, um hotel de arquitetura clássica que era um dos mais luxuosos da zona do calçadão. O cabeçalho do artigo dizia: "As famosas cadeiras rolantes à beira-mar". Trazia pela primeira vez meu nome como autor da matéria, e começava assim:

> Grande parte dos 10 milhões anuais de visitantes considera suas férias incompletas enquanto não der um passeio num dos triciclos tamanho família que, junto com o toffee de água salgada e os leilões públicos, fazem parte da boa vida nesta concorrida faixa de areia que agora celebra seu centenário [...].

5.

Alguns meses mais tarde, durante minhas últimas semanas como mensageiro, tive uma ideia para uma matéria que foi aceita pela publicação dominical *New York Times Magazine*. Propus escrever sobre uma atriz do cinema mudo chamada Nita Naldi, que nos anos 1920 fora uma das parceiras do ídolo Rodolfo Valentino em filmes de Hollywood. Antes disso ela trabalhara como modelo para um artista, como atriz de vaudeville e dançarina de musical, até por fim ser escolhida para representar uma figura exótica no filme *O médico e o monstro*, lançado pela Paramount em 1920 e estrelado por John Barrymore, que fora o primeiro a reparar nela como dançarina.

Mas em 1954, décadas depois da aposentadoria de Nita Naldi em seus papéis de mulher fatal no cinema, anunciou-se que estrearia na Broadway um musical intitulado *The Vamp*, inspirado na carreira de Naldi e com Carol Channing no papel principal. Eu havia lido essa notícia na coluna de um tabloide de teatro um dia no metrô a caminho do trabalho. A coluna mencionava que Nita

Naldi agora vivia reclusa num pequeno hotel na Broadway, mas não informava o nome do hotel.

Nova York tinha na época quase trezentos hotéis na área da Broadway. Passei horas consultando as páginas amarelas na redação do *Times* quando não estava ocupado em outras tarefas; anotei os telefones dos hotéis e mais tarde comecei a ligar de um dos aparelhos nos fundos, que os mensageiros eram autorizados a usar. Em quatro dias telefonei para uns oitenta hotéis, sempre pedindo que passassem a ligação para o quarto de Nita Naldi e sempre falando num tom convincente com o qual esperava dar a impressão de que sabia que ela estava hospedada lá.

Mas nenhum dos hotéis jamais ouvira falar dela. Por fim, quando liguei para o hotel Wentworth, na rua 46 Oeste, 57, para meu espanto ouvi a voz ríspida do recepcionista responder: "Sim, ela está aqui — quem quer falar?". Desliguei. Não queria falar com ela por telefone. Além de ser tarde da noite, eu já tinha sido avisado por um repórter veterano do *Times*: "Rapaz, nunca entreviste ninguém por telefone se puder evitar".

Ele explicou que o telefone era um instrumento inadequado para entrevistar porque, para começar, nos impede de descobrir muitas coisas observando o rosto e os modos da pessoa, sem falar no ambiente em que ela se encontra. Também acabei concordando que as pessoas revelam mais sobre si quando estamos fisicamente presentes; e, quanto mais convincentes formos de que nosso interesse é genuíno, mais chance teremos de conseguir a cooperação do entrevistado.

Na tarde seguinte, duas horas antes de começar meu expediente no jornal, atravessei o saguão do Wentworth, fui até o telefone interno no canto e pedi com firmeza ao telefonista que me ligasse diretamente com a srta. Naldi — evitando assim a assistência e talvez perguntas indesejadas do pessoal da recepção. Também me pareceu que usar o telefone do hotel seria menos invasivo, mais direto e decerto mais produtivo que ligar de fora, porque, afinal de contas, eu estaria chamando de um dos endereços dela — eu já estava ali, manifestamente presente.

"Boa tarde, srta. Naldi", falei. "Sou um jovem auxiliar no *Times* e estou aqui no saguão do seu hotel. Gostaria de conversar por alguns minutos, falar sobre um artigo que estou escrevendo sobre a senhorita."

"Está no saguão!", ela exclamou numa voz dramática de quem levou um pequeno susto. "Como descobriu onde eu moro?"

"Telefonei para todos os hotéis da Broadway que consegui."

"Deve ter gastado muito dinheiro", ela comentou num tom mais calmo. "Seja como for, não tenho muito tempo."

"Será que eu poderia subir só para me apresentar, srta. Naldi?"

Após uma pausa, ela respondeu: "Bom, me dê cinco minutos, depois suba. Ah, isto aqui está uma bagunça!".

Peguei imediatamente o elevador para o quinto andar, depois esperei um pouco mais que cinco minutos no hall antes de bater à porta. Ela abriu, fitou-me por um momento, e então, quando me apresentei, sorriu e com um gesto me convidou a entrar. Muito alta e vistosa, ela se apresentava de um modo que provavelmente fora filmado trinta anos antes numa cena com Valentino. Tinha sobrancelhas escuras arqueadas e brincos longos, vestido preto e cabelos pretíssimos que devia tingir com frequência. Seus gestos, revelados assim que ela começou a falar, eram muito exagerados, como tinham de ser na era do cinema mudo.

Dividia sua pequena suíte com quatro papagaios, e sua sala de estar poderia ser usada como cenário para um filme do início do século — tapeçarias nas paredes, sanca no teto e mobília art déco, mas agora velha e riscada. Os papagaios, que não falavam, ocupavam aos pares duas gaiolas, e do centro do teto pendia um pequeno lustre empoeirado.

Comecei a entrevista com perguntas sobre seus primeiros

anos, sua ascensão desde que era corista do Ziegfeld Follies em 1919 até o papel de coestrela com Valentino em *Sangue e areia* em 1922. Ela não hesitou em falar sobre o declínio de sua carreira, reconhecendo que seu último filme com Valentino, *Cobra*, de 1925, não fez muito sucesso, assim como o que estrelou um ano depois, *A águia da montanha*, o segundo de Alfred Hitchcock como diretor. Acrescentou que alguns maus investimentos, seu próprio gerenciamento errado e o fato de ela ter deixado de conseguir bons papéis em filmes trouxeram a falência em 1932. Mais tarde ela apareceu algumas vezes em programas de televisão e fez papéis secundários em peças e musicais da Broadway, mas suas dificuldades financeiras continuaram. Admitiu que precisava de ajuda do Fundo dos Atores para pagar pelo seu quarto no Wentworth.

Embora em 1954 se sentisse grata quando os produtores de *The Vamp* a contrataram para ajudar na preparação de Carol Channing para o papel principal, comentou comigo que ela própria teria sido uma escolha muito melhor. Afinal de contas, vivera aquele papel, explicou, acrescentando que tinha voz forte e melodiosa e muita experiência de palco em musicais. Mas em seguida me pediu que não publicasse o que ela dissera sobre esse assunto. Não publiquei.

Depois de passar quase duas horas fazendo anotações, agradeci por sua ajuda e nos três ou quatro dias seguintes escrevi a matéria nas horas de folga em meu apartamento. Por fim, dobrei e envelopei as dez páginas da versão final e as deixei com a secretária do editor no departamento da *New York Times Magazine*.

Após uma semana, o editor de artigos me telefonou e disse que pretendia usar a matéria. Sua decisão marcou um dos dias mais felizes da minha vida. Mas a publicação do artigo tinha de coincidir com a estreia de *The Vamp*, ele disse, e, como o musical ainda estava na fase inicial de produção, a noite da estreia ainda não fora definida e poderia demorar bastante.

Fosse quando fosse, eu sabia que sem dúvida não estaria em Nova York. No final de junho, iniciaria um turno de dois anos no exército, me apresentando primeiro à Armor School em Fort Knox, Kentucky. Quando contei isso ao editor, ele disse que eu não me preocupasse, pois, assim que o musical anunciasse sua estreia, ele inseriria essa informação na minha matéria e depois enviaria um exemplar adiantado para a minha unidade. O artigo finalmente foi publicado na *New York Times Magazine* em 16 de outubro de 1955. Começava assim:

> Para que Carol Channing fosse um irresistível pedaço de mau caminho, impecavelmente vamp e fascinante como estrela do musical sobre a era do cinema mudo que estreará na Broadway em 10 de novembro com o título previsível de *The Vamp*, ela precisou de uma espécie de conselheira, ajudante de ordens, crítica e instrutora, a exótica ex-sereia Nita Naldi. Em se tratando de papéis vampirescos, não há preceptora mais qualificada do que a srta. Naldi. No auge de sua fama, nos anos 1920, Nita Naldi foi o símbolo da paixão e da perfídia no cinema mudo.

E concluía:

> Ainda muito morena e curvilínea, a srta. Naldi é reconhecida com frequência surpreendente quando sai de casa.
>
> "As mulheres não parecem mais me odiar", comemora. Muitos a param na rua e perguntam: "Como era beijar Valentino?". Jovens comentam: "Ah, srta. Naldi, meu pai me falou taaanto sobre você!", e a atriz consegue responder com elegância. Não muito tempo atrás um homem aproximou-se dela na esquina da rua 46 com a Broadway e exclamou, surpreso: "Você é Nita Naldi, a Vampira!". Foi como se ele fizesse o tempo voltar, devolvendo a srta. Naldi ao mun-

do que ela habitara havia trinta anos. Ávida por viver no presente, a atriz replicou num tom que era um misto de ressentimento e resignação: “Sim. Com licença”.

6.

Já fazia muito tempo que eu sabia que os Estados Unidos guardavam grandes quantidades de ouro numa casa-forte em Fort Knox, mas, antes de o exército me enviar para lá, eu não tinha ideia de que Fort Knox também servia de base para muitos milhares de soldados em treinamento para guerra de tanques. Situado em lugar de destaque na base, cerca de cinquenta quilômetros ao sul de Louisville, estava o Museu General George Patton, em homenagem ao mais famoso comandante de tanques da Segunda Guerra Mundial; e, não muito depois da minha chegada, foi anunciado que o novo chefe de estado-maior de Fort Knox, recém-retornado da Coreia, seria o coronel Creighton W. Abrams, que servira heroicamente na Europa sob o comando de Patton antes da Batalha do Bulge e durante esse conflito.

Quando estudava jornalismo na Universidade do Alabama — onde me matriculei em 1949 por sugestão do nosso médico de família nascido em Birmingham e radicado em Ocean City, Nova Jersey —, investi parte do meu tempo extracurricular no Corpo de Treinamento de Oficiais da Reserva, um programa no campus disponibilizado pela universidade a estudantes de todo o país que, ao ingressarem nas Forças Armadas, começariam como oficiais de carreira. No meu caso, como fui destacado para Fort Knox, eu iniciaria como segundo-tenente numa unidade blindada. Mas primeiro precisava fazer o curso básico de treinamento de dezesseis semanas na Armor School, onde os desafios incluíam aprender a subir e descer morros dirigindo um tanque, trocar as lagartas do tanque, carregar e disparar um canhão da torre de tiro e tentar dormir um pouco enquanto acampava à noite dentro de um tanque com mais três homens. Este último desafio era incomparavelmente o mais difícil.

Em novembro, após cerca de cinco meses de treinamento em blindados, fui transferido para o prédio do quartel-general a fim de auxiliar o oficial de informação ao público na redação de histórias sobre as atividades em Fort Knox destinadas ao jornal da base, *Inside the Turret*, e também preparar press releases que pudessem ser publicados em jornais do estado, sobretudo no proeminente diário da vizinha Louisville, o *Courier-Journal*.

Milhares de soldados passavam seus fins de semana em Louisville, contribuindo fortemente para a economia da cidade, portanto eu tinha um público receptivo a muitas das minhas ideias graças aos editores do *Courier-Journal* e também do *Louisville Times*, um jornal vespertino. O editor da página social do *Courier-Journal* publicou minha matéria sobre os muitos estudantes que viajavam pelo mundo e falavam várias línguas cursando o ensino elementar em Fort Knox, e em outra ocasião o suplemento dominical do *Courier-Journal* divulgou minha entrevista com um tenente nascido em Bangkok que fora meu colega de turma na Armor School.

Prossegui nessa mesma trilha com outra matéria para o *Courier-Journal* a respeito de um paraquedista de vinte anos que estava servindo em Fort Knox, o soldado Stanley A. Melczak, que durante uma missão de treinamento no Alasca seis meses antes saltara de um avião de transporte C-119 a uma altura de aproximadamente trezentos metros e, embora seus dois paraquedas não tivessem aberto, viveu para me falar sobre o episódio.

O felizardo soldado Melczak sobreviveu porque caiu num banco de areia de doze metros. Foi em 29 de janeiro de 1955. Ele e uns trinta soldados da 11ª Divisão Aerotransportada tinham por objetivo ganhar experiência em condições climáticas adversas, mas, depois de todos terem saltado, só os paraquedas de Melczak não abriram, e ele foi para o solo pela via mais dura.

Ele me contou, depois de ter alta no hospital e ser enviado para servir temporariamente em Fort Knox, que aterrissara no banco de areia primeiro com os pés, tendo os quadris e joelhos flexionados a noventa graus. Seu corpo funcionou como um absorvedor de choque. "Os socorristas e os capelães foram os primeiros a chegar", relatou. "Cortaram meu equipamento, me puseram na maca, me deram umas injeções, e logo eu estava num helicóptero a caminho de um hospital militar. Tinha a sensação de que meus braços e minhas costas estavam quebrados, mas eram apenas três vértebras fraturadas."

Depois que o *Courier-Journal* publicou meu artigo sobre Melczak — "The Luckiest Man Alive" [O homem mais sortudo do mundo] —, ele foi adquirido pelo consórcio de imprensa Associated Press e reimpresso em dezenas de jornais do país e do exterior. Como eu estava na folha de pagamento do exército, não aceitei remuneração por esse nem por nenhum dos meus outros artigos para jornais. Mas recebi os créditos pelas matérias, quase todos me identificando como segundo-tenente e auxiliar do oficial de informações ao público de Fort Knox.

Meu superior, o PIO [Public Information Officer], era um tenente-coronel idoso do Texas, amante de charutos e de uísque do Kentucky; após décadas de serviço, ele não via a hora de chegar sua reforma, dali a um ano. Sem perder uma oportunidade de amenizar as demandas e o estresse de seu trabalho, me delegava incumbências que deveriam ser sua responsabilidade, como acompanhar o chefe de estado-maior, coronel Creighton Abrams, em ocasiões sociais e fazer discursos.

Abrams, que logo seria promovido a general de brigada, era um fumante inveterado de charutos, e às vezes, quando me sentava ao lado dele no banco de trás da viatura oficial, me dava um. Aquele foi um tempo de malsã bem-aventurança. Fumar charuto era permitido até em voos comerciais, e provavelmente essa paixão de Abrams contribuiu para sua morte precoce. Ele faleceu em 1974 aos 59 anos, quando era general de quatro estrelas no Pentágono e chefe do estado-maior do exército. Passara por cirurgia no Centro Médico do Exército Walter Reed, para remover um pulmão canceroso. Alguns anos após sua morte, o exército batizou seu novo tanque de batalha principal de M1 Abrams.

Fui separado do exército no final de junho de 1956. Quatro meses antes, acompanhara a 3ª Divisão Blindada desde Fort Knox até Frankfurt, na Alemanha, para escrever reportagens destacando a chegada de milhares de soldados dedicados a vencer a Guerra Fria. Mas nada do que vi na Alemanha me convenceu de que eu não fazia parte de um exército em tempo de paz. É verdade que muitos prédios em Frankfurt ainda estavam em destroços em consequência de bombas lançadas mais de uma década antes, porém afora isso a economia parecia prosperar, sem dúvida graças aos muitos dólares saídos dos bolsos de soldados americanos. Estar em Frankfurt não parecia muito diferente de estar em Louisville, essa era minha impressão, com a diferença de que ali os americanos iam comprar câmeras Leica todos os dias, tornavam-se connoisseurs de canecos de cerveja bávara e eram paquerados nas ruas por prostitutas que rodavam sem pressa ao volante de Mercedes-Benz conversíveis.

Uma ocasião, viajei por uns trinta quilômetros até Butzbach, ao norte de Frankfurt, para entrevistar um jovem oficial da 3ª Divisão Blindada natural de Marietta, Ohio, que acabara de assumir o comando de um castelo do século XVII e tratava de prepará-lo rapidamente para ser ocupado por algumas dezenas de soldados de sua unidade. O terreno onde ficava o castelo fazia parte de oito praças-fortes na Alemanha Ocidental administradas pela 3ª Divisão Blindada, e o castelo funcionaria como alojamento e também forneceria espaço para o estacionamento de jipes (onde antes fora o estábulo de um cavaleiro) e um refeitório anexo para a tropa.

O artigo que escrevi sobre o tenente que comandava o castelo foi publicado em meados de abril no *Courier-Journal* de Louisville. Se eu tivesse permanecido com o exército por mais dois anos, teria uma história muito melhor para contar: sobre um soldado raso recém-recrutado na 3ª Divisão Blindada chamado Elvis Presley.

7.

Quando voltei para o *Times* no meio do verão de 1956, fui promovido de mensageiro a repórter do departamento de esportes. Teria preferido escrever notícias em geral, mas a única vaga era para esportes, por isso aceitei o cargo imediatamente, mesmo sabendo que isso também poderia me marcar como membro do "departamento de brinquedo" do jornal.

Essa referência depreciativa ao jornalismo esportivo veio de Jimmy Cannon, um colunista de esportes do *New York Post*, mas deixava de mencionar que muitos autores ilustres começaram a carreira escrevendo sobre o assunto. Além disso, como colaborador do semanário da minha cidade natal, o *Ocean City Sentinel-Ledger*, no ensino médio, e mais tarde como correspondente no campus da Universidade do Alabama para o diário *Birmingham Post-Herald*, eu sempre fora influenciado e inspirado por textos de autores literários que versavam sobre atividades esportivas.

Havia Ernest Hemingway sobre tourada e pesca, John O'Hara sobre o esotérico jogo do padel e também o conto de Irwin Shaw, "The Eighty-Yard Run" [A corrida de oitenta jardas], sobre um half-back de uma faculdade do Meio-Oeste cujo ponto alto na vida ocorre durante um treino, quando ele escapa de todos os tacklers e dispara intocado para a end zone. Infelizmente, nada depois disso se compara a esse momento mágico no campo de futebol, e numa cena posterior, fora do estádio, sua namorada rica está no conversível dela esperando-o com a blusa abaixada.

> "Jogou bem hoje?", ela perguntou.
>
> "Até que sim", ele respondeu. Entrou no carro, afundou deliciosamente no couro macio e esticou as pernas. Sorriu, pensando nas oitenta jardas. "Bem pra caramba."

Havia também o conto "Winter Dreams" [Sonhos de inverno], de F. Scott Fitzgerald, sobre um caddie arrivista num clube de golfe de Minnesota onde os sócios jogam com bolas vermelhas e pretas porque são mais fáceis de enxergar do que as brancas quando correm por trechos com neve nas partes lisas e acidentadas do campo. Um dia, no campo, o caddie vê uma linda garota que mais tarde fará amizade com ele e por fim partirá seu coração. Essa história é um prelúdio para *O grande Gatsby*.

Quando comecei a escrever artigos sobre caddies, jogadores de futebol e demais atletas para a seção de esportes do *Times*, tentei imitar as técnicas narrativas de Fitzgerald, Irwin Shaw e meus outros autores favoritos, bem como sua atenção para detalhes — como o que Carson McCullers ilustrou em seu conto "The Jockey": "Quando ele come uma costela de carneiro, uma hora depois dá para ver a forma dela em sua barriga".

De início duvidei da possibilidade de se ver a forma de uma costela de carneiro na barriga de um jóquei, mas um dia o editor de esportes do *Times* me mandou entrevistar um ex-jóquei chamado Harry Roble, que já fora um astro do hipismo nos Estados Unidos, e eu mencionei para ele o conto de Carson McCullers.

Roble não conhecia o conto, mas, quando citei o trecho sobre a costela de carneiro, ele concordou: "Sim, é possível", disse, e acrescentou: "De costela de carneiro eu não gosto, mas às vezes depois da corrida como discretamente um belo bife, e consigo sentir o raio do bife pressionando minha pele. Naquela época, quando eu pesava 45 quilos e tinha que me esforçar para me manter ali, chegava a ganhar quase um quilo a cada prato de sopa".

Quando escrevi sobre Roble para o *Times*, meu lide, dedicado em particular à memória de Carson McCullers, começava assim: "Harry Roble era um daqueles jóqueis que ganhavam um quilo a cada prato de sopa e, se comesse um bife, às vezes sua barriga mostrava os contornos da carne lá dentro".

Durante meus anos no departamento de esportes, de meados de 1956 até o começo de 1959, tive muitas oportunidades de gratificar meus interesses e escrever sobre figuras menores em contextos de grandes campeonatos — pessoas que trabalham nas laterais do estádio, que fazem parte do jogo mas raramente são tema de reportagens, por exemplo, o árbitro num ringue de boxe, os cortadores da grama do estádio, os adolescentes que pegam as bolas nos torneios de tênis e prestadores de serviço como o dr. Walter H. Jacobs, um dentista especializado em protetores bucais; Mike Gillan, "o Capezio dos fabricantes de ferraduras"; e Hal Ott, produtor das perucas, cavanhaques e bigodes falsos para o lutador peso-pesado Floyd Patterson, que, quando era derrotado, sentia vergonha e queria sair disfarçado da arena. E havia também George Bannon, um relógio de pêndulo ambulante de 78 anos de idade cujo trabalho era soar o gongo entre cada assalto nas lutas no Madison Square Garden. Quando entrevistei Bannon, ele contou que esteve presente em 7 mil lutas e tocou o gongo mais de 100 mil vezes. Antes de se tornar o Bartleby dos gongos, ele ganhara a vida afinando pianos no Bronx.

Quando não estava trabalhando no departamento de esportes, eu contribuía com ideias para artigos inusitados em outras seções do jornal. Para o editor de teatro, escrevi sobre um técnico de iluminação de palco da Broadway. Para o editor do noticiário nacional, depois que os russos puseram uma cadela chamada Laika em órbita no espaço em 1957, escrevi sobre outros cães que foram manchete na história — como Balto, o cão de trenó que liderou uma corrida para levar soro contra difteria no Alasca em 1925; Chinook, que acompanhou a expedição do almirante Richard E. Byrd ao polo Sul em 1927; e Fala, o garboso Scottish Terrier preto de Franklin D. Roosevelt que deu o que falar durante a campanha presidencial de 1944.

Alguns republicanos lançaram a acusação de que um destróier tinha sido enviado para buscar Fala nas ilhas Aleutas a um custo considerável para os contribuintes, depois de supostamente o cão ter sido deixado para trás numa visita presidencial. A acusação foi rebatida num discurso em que o presidente Roosevelt disse que os republicanos queriam "guerrear até com Fala".

Em 1957 escrevi para a *Times Magazine* sobre as muitas vidas dos 400 mil gatos que segundo estimativas existiam nas ruas de Nova York, e ainda nesse ano e no ano seguinte foram publicadas matérias minhas na revista sobre motoristas de ônibus, telefonistas, capitães de balsa, videntes, tatuadores, policiais que patrulham de helicóptero, operários de demolição, agentes matrimoniais, promotores de brigas de galo e desenhistas de manequins para vitrines de loja.

Depois de ser transferido para o departamento de notícias em 1959, continuei a concentrar meus textos na vida de pessoas não noticiáveis: porteiros, engraxates, passeadores de cães, afiadores de tesouras, limpadores noturnos dos azulejos dos túneis Lincoln e Holland, funcionários das bilheterias do metrô, vendedores ambulantes de roupas no Garment Center, condutores de charrete no Central Park, um vendedor de feno que tem ponto no pátio de carga da cidade, um orgulhoso construtor de carrinhos de mão na rua 11 Leste, 541, um laborioso impressor de bilhetes de multa de trânsito na rua 19 Oeste, 111, e, no blecaute de meados de agosto de 1959 em Manhattan, uma papelaria na esquina da Broadway com a rua 72 que vendeu 3500 velas em duas horas. Durante esse mesmo blecaute, num prédio de quatro andares na rua 62 próximo à Broadway que sediava a Associação de Cegos Judeus de Nova York, duzentos trabalhadores cegos conduziram em segurança setenta trabalhadores sem deficiência visual pelos degraus escuros até a calçada.

Naquele ano também escrevi sobre um motorista rico de Manhattan, Roosevelt Zanders, que tinha seu próprio motorista. Aos 43 anos, o sr. Zanders, nascido em Youngstown, Ohio, possuía uma locadora de automóveis de luxo que empregava cinco motoristas na Cidade de Nova York para seus cinco Cadillacs, enquanto ele próprio trabalhava ao volante, ou algumas vezes era passageiro, de seu Rolls-Royce fabricado sob encomenda, todo revestido com tapete de pele, que tinha dois aparelhos de som de alta fidelidade separados e um macaco quase do tamanho de um pugilista anão.

No desfile do Dia de St. Patrick em 1959, depois de eu conseguir uma cadeira na tribuna da imprensa na esquina da Quinta Avenida com a rua 64, com uma vista desimpedida das 89 bandas e 130 mil participantes, minha atenção logo se desviou dos mestres de cerimônias e outros dignitários que encabeçavam a multidão, e me perguntei: quem será que vem na retaguarda?

Deixei minha cadeira e caminhei por vários quarteirões na Quinta Avenida até localizar o último participante do desfile, um rapaz de dezesseis anos com o quepe e o uniforme listrado da banda da Holy Cross High School, colégio de ensino médio situado em Flushing, Queens. Seu nome era Richard Kryston. Encontrei-o na rua 49, marchando tão majestosamente quanto lhe permitia o peso de seu enorme instrumento — um sousafone, que é uma espécie de tuba com curvas. Ele ficara duas horas em pé aguardando até enfim chegar sua vez de desfilar, às 5h15 da tarde. A Quinta Avenida começou a escurecer, chuva e neve começaram a pingar dentro de seu colossal instrumento dourado.

Às 5h18 ele passou resolutamente pela catedral de St. Patrick. O cardeal Spellman e seu séquito tinham estado nos degraus, assistindo ao desfile, mas pouco antes de o rapaz chegar eles haviam deixado seu ponto de observação e entrado para se abrigar.

Ele prosseguiu passando pela Peck & Peck, pela Bonwit Teller e pela Bergdorf Goodman — aparentemente sem ser notado por ninguém exceto um manequim na vitrine de uma dessas lojas, que acenava com uma elegância imóvel.

A multidão que lotara a calçada uma hora antes havia desaparecido por volta das 5h25, quando Richard Kryston passou pela tribuna da imprensa na rua 64. O prefeito Wagner, chapéu pingando, assinava autógrafos e acenava para as pessoas que o cumprimentavam: "Oi, Bob", "Oi, sr. prefeito". O prefeito não notou o rapaz do sousafone.

Às 5h30 os policiais começaram a ir para casa. Pessoas gritavam chamando táxis. A chuva estava mais forte. Funcionários da limpeza municipal desmontavam as arquibancadas de madeira. Atrás deles vinham os varredores, homens de uniforme leve que varriam rapidamente, como Charlie Chaplin em seus filmes. Às 5h45, quando Richard Kryston foi visto pela última vez, ele estava soprando seu sousafone na rua 80, mas na escuridão o instrumento estava quase invisível.

8.

Nos meus quase sete anos como repórter do departamento de notícias, poucas vezes — talvez umas três ou quatro por ano — me enviavam para fazer reportagens a muitos quilômetros de distância da cidade; e nessas ocasiões, como fazia em Nova York, eu sempre tentava entrevistar pessoas que pudessem acrescentar uma perspectiva diferente à reportagem, gente não afeita a ser consultada ou a ter atenção — em outras palavras, pessoas que marcham pela vida como a última que fecha um desfile.

Em 22 de outubro de 1962, o presidente John F. Kennedy fez um discurso alarmante na Casa Branca declarando que aviões de reconhecimento dos Estados Unidos haviam descoberto bases de mísseis soviéticos em Cuba e, se não fossem prontamente removidas, uma grande guerra com a Rússia seria inevitável. Eu não fazia parte da cobertura do *Times* nesse episódio, pois tinha sido enviado ao campus da faculdade de Wooster, em Ohio, para fazer uma reportagem sobre um miúdo visitante de cabelos brancos chamado Sherman Adams, que viera da Nova Inglaterra a convite do departamento de ciência política para dar uma série de palestras sobre o sistema político americano.

O sr. Adams fora governador de New Hampshire de 1949 a 1953, e entre 1953 e 1958 trabalhara na Casa Branca como chefe de estado-maior do presidente Dwight D. Eisenhower. Mas tinha sido forçado a demitir-se em setembro de 1958 após relatos de que aceitara um caro casaco de vicunha, entre outros presentes, de um industrial do ramo têxtil de Boston que era fornecedor do governo federal.

Apesar disso, quando o sr. Adams chegou ao campus da Wooster, seus anfitriões no corpo docente não fizeram menção a esse episódio, e os alunos com quem conversei nunca tinham ouvido falar em Sherman Adams — tão fugazes, aparentemente, haviam sido sua fama e seu descrédito. Além do mais, decerto os alunos estavam absortos em seus próprios problemas e também petrificados depois de assistir ao discurso do presidente Kennedy na televisão. Naquele momento apavorante, como poderiam concentrar-se em seus exames de meio de ano — e pior: já pensou se fossem recrutados pelo exército e forçados a deixar os estudos?

Enquanto eu conversava com um professor de Wooster chamado William I. Schreiber sobre a pavorosa perspectiva de uma guerra atômica e de uma possível aniquilação, ele sugeriu que eu buscasse um alívio temporário para minha ansiedade visitando a tradicionalista comunidade agrícola amish radicada a apenas treze quilômetros de Wooster. Sim, ele disse, muitos de nós ali no campus estávamos preocupados com o fim do mundo, mas os vizinhos amish habitavam espiritualmente outro mundo, onde prevalecia a tranquilidade, e isso talvez merecesse minha atenção.

O professor Schreiber, além de diretor do departamento de alemão da faculdade, era o autor de um novo livro, *Our Amish Neighbors* [Nossos vizinhos amish] — e seus vizinhos mais próximos, cerca de mil pessoas, viviam no vilarejo de Apple Creek, no condado de Wayne. Ao sul, no condado de Holmes, moravam outros 4 mil adultos que frequentavam a igreja, e no estado existiam mais 45 congregações. Havia mais colonos amish em Ohio do que em qualquer outra parte dos Estados Unidos, mais que na Pensilvânia e em Indiana; e, como cada família tinha em média sete filhos, a estimativa era de que dali a meio século a população amish superaria a marca de 300 mil pessoas.

Originários da Alemanha, os amish começaram a mudar-se para Ohio no início dos anos 1800, disse o professor Schreiber, e agora tinham algumas das melhores propriedades agrícolas já vistas no país. Cultivavam milho, trigo, aveia, alfafa, batata e, reunidos em cooperativa, produziam queijo suíço em 27 fábricas de laticínios em Ohio.

Em Apple Creek e em colônias amish de outras partes do país, as pessoas viviam sem eletricidade, abstinham-se de automóveis, deslocavam-se em carroças puxadas a cavalo e nas janelas penduravam cortinas azuis lisas, nunca de seda. Os homens jamais cortavam a barba e nem sequer a aparavam, e usavam paletó sem lapela, camisa sem gravata, calça sem cinto ou bainha, prendendo as roupas não com botões, mas com ganchos e ilhoses. As mulheres usavam vestido preto até o tornozelo, sapatos pretos sem salto e touca preta.

"Os amish são o único grupo nos Estados Unidos que conserva seus antigos hábitos de alimentação, vida, pensamento, amor, casamento e sepultamento", contou o professor Schreiber. E acrescentou:

> Eles são agricultores que amam a paz. Não combatem em guerras. Não trancam a porta de casa. Algum tempo atrás, uns jovens daqui roubaram gado e dinheiro dos amish, mas, quando o xerife recuperou o que roubaram, os amish não quiseram receber de volta. Era

"dinheiro pecaminoso", por isso o xerife, sem saber que outro destino lhe dar, entregou-o ao serviço de bem-estar social do condado.

Fui num carro com direção hidráulica, alugado, até a colônia amish no dia seguinte, rodando por estradas não pavimentadas através de hectares de terras cultivadas, cavalos e vacas atrás de cercas e atarefados trabalhadores em trajes escuros. Estacionei e recebi saudações amistosas dos anciões amish, e, quando me aproximei e me mostraram onde e como viviam, meu primeiro pensamento não foi que eu estava em meio a pessoas atrasadas ou excêntricas, e sim numa congregação extraordinária de religiosos americanos brancos que eram uma minoria por escolha. Eles se radicaram no modo de vida agrário de seus ancestrais e, em vez de se integrarem e modernizarem, exerciam o direito constitucional de conservar suas tradições e valores — de serem diferentes no vestuário, nas maneiras e nas coisas que preocupavam a maioria das pessoas no país e no mundo.

O fato de terem conseguido existir por tanto tempo do modo como desejavam era um tributo não apenas à sua perseverança, mas talvez também às políticas igualitárias de uma república democrática, ainda que esta última costumasse falhar em proteger minorias vulneráveis contra o ódio de certos grupos. Mas ali em Apple Creek o sistema parecia estar funcionando, e para mim era curiosamente confortador entrevistar pessoas que não estavam obcecadas pela Bomba, que não assistiam televisão e não diziam "sem comentários" aos repórteres.

Com cortesia e paciência, eles tentaram responder às minhas perguntas, mas frequentemente não tinham ideia do que eu estava falando. Foi assim com um idoso da comunidade chamado Levi Hershberger. Ele estava trabalhando no celeiro ao lado da casa branca imaculada em que morava com a esposa, e sem hesitar largou suas ferramentas quando me aproximei e me apresentei.

"Sr. Hershberger, o que achou do discurso que o presidente Kennedy fez ontem à noite?", perguntei.

Ele ergueu as sobrancelhas num gesto inquisitivo, fez uma pausa e respondeu: "Não sei de nenhum discurso".

Expliquei então que fora um discurso importante e que a guerra poderia estar próxima.

"Meu senhor", ele disse com firmeza mas sem pesar, "no que me diz respeito, os acontecimentos do mundo ficam do outro lado da cerca."

9.

Quando saí do *Times* em 1965, não me desliguei totalmente do jornal; aproveitei uma oportunidade de retornar como freelancer e escrever sobre o que não poderia ter escrito se fosse um repórter da casa. Eu queria produzir uma série de artigos para a revista *Esquire* com base em entrevistas que faria com certos repórteres, copidesques e editores com quem trabalhara na redação.

O termo "mídia" ainda não era um componente do léxico tão popular quanto viria a ser mais tarde, impulsionado pelo Watergate; por isso, com exceção de biografias extensas sobre proprietários de jornal como Joseph Pulitzer e William Randolph Hearst, além das colunas publicadas nas páginas finais de semanários e de críticas na *New Yorker* por A. J. Liebling, em geral se pressupunha que o público não tinha muito interesse por longas histórias sobre proezas e personalidades jornalísticas e que não havia um bom mercado para esse tema.

Na verdade, imperava a ideia de que jornalistas não deviam ter personalidade. Eram treinados para não se tornarem parte da matéria a ser publicada. Quem eles eram, o que pensavam, como se sentiam, não deveria ter a menor importância. Eram pagos para cobrir a notícia para o jornal. Seu trabalho devia consistir em fazer reportagem e registrar por escrito as ações e feitos de outras pessoas.

No entanto, eu os conhecia bem e acreditava que tinham histórias pessoais e profissionais tão merecedoras de atenção quanto as dos chamados noticiáveis cujos nomes e fotografias apareciam todos os dias no jornal. Igualmente importante para mim foi que o editor da *Esquire*, Harold Hayes, pensava mais ou menos como eu, e em setembro de 1965 me ofereceu um contrato para escrever sobre meus conhecidos do *Times* e também sobre outras figuras da minha escolha, com um salário anual garantido de 15 mil dólares que se equiparava ao que eu vinha recebendo no jornal.

A decisão de trabalhar na *Esquire* não significava, de forma alguma, insatisfação com os meus superiores no *Times*. Além de aceitarem a maior parte das minhas sugestões, eles raramente me decepcionavam quando escolhiam as minhas pautas — sobretudo nos últimos anos, quando a direção passou a valorizar não só precisão e imparcialidade, como também a qualidade da escrita.

Um dos meus últimos trabalhos mais importantes enquanto ainda estava no *Times* foi ajudar na cobertura da marcha pelos direitos civis em Selma, Alabama, que culminaria no massacre mais tarde conhecido na história como Domingo Sangrento. Aconteceu na amena tarde do domingo 7 de março de 1965.

Naquele dia, defronte a uma igreja de tijolos vermelhos na área da cidade habitada pela comunidade negra, quinhentos negros americanos pacíficos, levando sacolas de tecido com mudas de roupa e sapatos, alinharam-se ao longo da calçada; pretendiam fazer uma caminhada de 87 quilômetros em cinco dias até Montgomery, a capital do estado, em protesto contra os esforços de Selma para impedir que os negros se tornassem eleitores registrados.

Selma fora uma cidade da economia de plantation e mais de metade de seus 28 775 habitantes descendia de escravos, porém apenas 325 moradores negros tinham registro para votar.

Mas, depois que os manifestantes, enfileirados dois a dois, haviam passado pelo centro da cidade, atravessado o distrito comercial e cruzado o rio Alabama por uma ponte em arco de aço batizada em homenagem a um general confederado chamado Edmund Pettus, foram inesperadamente atacados na rodovia por policiais que avançaram para cima deles em formação de cunha, armados de cassetetes e granadas de gás. Eu estava com outros jornalistas e equipes de TV a cerca de dez metros do início da fila de manifestantes, e nenhum de nós previa testemunhar aquela cena: a explosão de granadas de gás lançadas pelos policiais atingindo o solo, a subida das nuvens de gás tóxico queimando e borrando a visão dos manifestantes, os gemidos e gritos dos que eram golpeados repetidamente pelos cassetetes e pelas coronhas dos fuzis dos homens da lei, a visão de outras vítimas recuando aos tropeções, meio cegas e frenéticas, tentando escapar e correr de volta pela ponte até a igreja delas, deixando na rodovia seus chapéus, guarda-chuvas, escovas de dentes, lenços, sacolas e sangue.

Dezessete das quase setenta pessoas feridas foram para o hospital segregado da cidade, transportadas por ambulâncias pertencentes a agentes funerários negros. Um dos líderes da marcha, John Lewis, de 25 anos, ex-ativista do movimento Freedom Riders e futuro membro do Congresso, teve o crânio fraturado por golpes de cassetete, e as cicatrizes em sua cabeça seriam visíveis pelo resto da vida. (O reverendo Martin Luther King estava em sua sede em Atlanta quando tudo isso aconteceu, mas chegaria a Selma no dia seguinte.)

Enquanto eu e os demais jornalistas recuávamos em meio à fumaceira insuportável, tentando nos esquivar da chegada da tropa do xerife a cavalo brandindo compridos chicotes de couro e aguilhões elétricos de tocar gado, continuei a ouvir ao longo da rodovia os estalidos das câmeras de televisão que tinham filmado aquelas cenas medonhas e que continuariam a enfocar o que resultou de tudo aquilo — incluindo o angustiado clamor de Martin Luther King a toda a nação para que voluntários fossem a Selma juntar-se à caminhada até Montgomery.

Seu pedido levaria 25 mil seguidores para lá até 21 de março, quando — depois de superar adiamentos ordenados pelo tribunal e a timidez da Casa Branca na tarefa de proteger a expedição com soldados federalizados da Guarda Nacional — a procissão liderada por King finalmente entrou na capital do Alabama e entregou ao governador racista, George Wallace, a petição pela reforma do registro de eleitores. Não há dúvida de que aquela enorme congregação de simpatizantes brancos e negros de fora do estado viajara para o Alabama porque eles tinham ficado revoltados com as demonstrações de desumanidade transmitidas à exaustão em redes de televisão.

Esses acontecimentos provaram quão persuasivo se tornara o noticiário da televisão ao projetar imagens e atitudes de modos que podiam imediatamente moldar e mobilizar a opinião pública. De fato, os clipes das filmagens do Domingo Sangrento logo inspirariam o Congresso a aprovar o Voting Righs Act, a lei assinada em 6 de agosto de 1965 pelo presidente Lyndon Johnson que proibiu a discriminação racial em eleições.

Permaneci em Selma por uma semana e meia após o Domingo Sangrento, escrevendo várias matérias para o jornal diário, e um mês depois retornei para produzir um artigo de acompanhamento que a *Times Magazine* publicou em 30 de maio. O que escrevi baseou-se em entrevistas não só com alguns dos manifestantes, mas também com pessoas brancas que se juntaram a eles em Selma vindas de todas as partes do país em resposta ao apelo do dr. King. Também não deixei de mencionar que grande número daqueles apoiadores brancos residiam em bairros segregados no norte e em outras áreas, e agora criticavam Selma por práticas racistas que eles toleravam silenciosamente em seus lugares de origem.

Diferentemente da maioria dos repórteres de fora do estado que haviam feito a cobertura do Domingo Sangrento, eu já estivera em Selma algumas outras vezes, a primeira delas quando era estudante da Universidade do Alabama; e, num ensaio publicado décadas mais tarde no *Times*, recordei o racismo feroz que marcou minha juventude em Ocean City, Nova Jersey, uma estância de férias insular política e socialmente conservadora fundada nos anos 1800 por ministros metodistas.

Embora na minha cidade os estudantes negros frequentassem a escola junto com os brancos, aquela comunidade era amplamente segregada. No Village Theater, um cinema no calçadão, os estudantes negros e pessoas negras de todas as idades sentavam-se isolados na galeria enquanto os brancos ficavam na plateia. Lembro-me de ver membros da Ku Klux Klan, cobertos por seus lençóis brancos, ocasionalmente fazerem reuniões em nossa área de acampamento a poucos quarteirões do distrito comercial, onde meu pai, um católico natural da Itália, tinha uma alfaiataria.

Ao ingressar na Universidade do Alabama em 1949, com seu campus exclusivo para brancos, não vi nada muito diferente do que tinha observado quando garoto em Nova Jersey.

Em junho de 1963, como repórter do *Times*, fiz uma entrevista em Nova York com o governador do Alabama, George C. Wallace, que viera de avião para participar do programa da NBC *Meet the Press*. Ele se hospedou numa espaçosa suíte do hotel Pierre na Quinta Avenida, e foi lá que conversamos.

A entrevista transcorreu bem nos primeiros dez minutos, até que o governador Wallace se levantou de repente de sua poltrona, pegou-me pelo braço e me levou até uma das janelas com vista para o Central Park e os prédios caros que ladeiam a Quinta Avenida.

"Eis a cidadela da hipocrisia nos Estados Unidos", ele disse, apontando para a rua lá embaixo e declarando que dificilmente uma pessoa negra, mesmo com boas condições financeiras, poderia ter esperança de dividir espaço com os brancos naquela área, devido às duradouras, ainda que não reconhecidas, práticas de segregação imobiliária em Nova York e outras cidades do norte.

Mas, ele rematou, vão para o sul com suas arengas sobre igualdade de direitos!

Eu o citei na íntegra no jornal do dia seguinte, mas deixei a entrevista sem mencionar ao governador Wallace que eu mesmo morava num apartamento a alguns quarteirões do hotel Pierre — e não tinha um único vizinho afro-americano no meu quarteirão, nem tenho até hoje.

10.

Como deixei o jornal amistosamente para ir trabalhar na *Esquire* em setembro de 1965, não foi difícil obter autorização do editor-chefe do *Times*, Clifton Daniel, para voltar ao prédio e entrevistar as pessoas da minha seleta lista de funcionários do *Times*, incluindo ele próprio. Ele era uma das quatro personalidades do *Times* que o editor da *Esquire*, Harold Hayes, me permitira retratar em artigos extensos, de 4 mil a 7 mil palavras ou mais. Habituado como estava ao limite de 2500 palavras na *Times Magazine*, achei ótimo aquele aumento de espaço, e também o tempo maior para pesquisar e escrever, já que a *Esquire* era uma revista mensal.

A contrapartida, porém, era ter de agradar Harold Hayes ocasionalmente entrevistando um astro do cinema ou outra celebridade. Quando ele propôs que eu escrevesse sobre Frank Sinatra, tentei dissuadi-lo e, embora resistisse à tentação de usar o refrão de Bartleby — "Prefiro não fazer" —, alertei Hayes enfaticamente de que havia muitas matérias recém-publicadas sobre Sinatra, e eu não sabia o que mais poderia ser dito sobre ele. Preferia não escrever sobre celebridades porque sabia, por experiência, que poucas delas tinham respeito por escritores, que em geral se atrasavam para as entrevistas (isso quando apareciam) e que costumavam insistir para que seus assessores de imprensa ou advogados presenciassem a entrevista e revisassem a matéria antes da publicação.

Eu jamais concordaria com isso, nem nenhum jornal ou revista que eu conhecia, incluindo a *Esquire*, o admitiria, mas Hayes ainda assim desejava uma matéria grande sobre Sinatra em sua revista e queria que eu a escrevesse. Argumentou que era justo eu de vez em quando tentar ajudá-lo a aumentar as vendas da revista com capas sobre celebridades, uma vez que ele estava me permitindo publicar artigos sobre jornalistas de quem poucos leitores da *Esquire* já tinham ouvido falar.

Quando analisou os quatro jornalistas da lista que propus, Hayes disse que sabia bem quem era o correspondente estrangeiro Harrison Salisbury, ganhador do prêmio Pulitzer que fizera a cobertura da Rússia nos anos Stálin; mas sabia pouco sobre o editor-chefe, Clifton Daniel, exceto que ele era casado com a filha do ex-presidente Harry Truman. E não tinha ideia de quem eram minhas duas outras escolhas: um jovem repórter de assuntos gerais, John Corry, e um copidesque veterano chamado Alden Whitman, que pouco tempo antes se tornara o chefe dos redatores de obituários do *Times*.

Em vez de começar meu contrato na *Esquire* discutindo ainda mais com meu novo chefe, aceitei escrever um perfil de Sinatra, mas primeiro queria que Hayes publicasse uma das minhas matérias sobre o *Times*. Ele concordou, então eu disse que meu assunto seria Alden Whitman. Nunca tinha conversado com Whitman, nem com nenhum copidesque, mas me lembrava de tê-lo visto no trabalho e na choperia Gough quando estava no jornal; e além disso, quase no fim do meu período no *Times*, uma ocasião, no refeitório, sentei perto dele o suficiente para observá-lo bem.

Era um homem baixinho e robusto que entrou fumando cachimbo com uma expressão séria, ou mesmo grave, em contraste com seu traje berrante: gravata-borboleta de bolinhas vermelhas, camisa listrada amarela e um vistoso paletó cor de bronze com duas fendas. Já na meia-idade, ainda tinha uma basta cabeleira castanha sem nenhum fio branco e um grosso bigode ruivo. Depois de escolher sua comida no balcão, seguiu lépido para uma mesa vazia do outro canto da sala, levando na mão direita uma bandeja de plástico onde havia uma tigela de sopa e salada, e na esquerda um exemplar dobrado da *New Statesman*.

Passou a meia hora seguinte sozinho, lendo enquanto comia; manejava cuidadosamente o talher com uma das mãos e com a outra segurava o jornal a menos de meio palmo do nariz, apertando os olhos detrás de seus óculos de aro tartaruga. Deve ser míope, pensei.

Decidi começar por ele meu contrato com a *Esquire* graças à minha velha curiosidade sobre os copidesques — Bartlebys modernos — e também porque Whitman agora estava incumbido dos textos de obituário. Embora ele fosse um membro isolado da equipe de repórteres, o único cujos escritos não levavam seu nome, ainda assim tinha um considerável poder arbitrário no jornal. Cabia antes de tudo a ele decidir quem era e quem não era noticiável o bastante para merecer um obituário.

No mundo de Whitman, um recém-finado ou era "alguém" ou era "ninguém", e, se os sobreviventes da família deste último desejassem chamar a atenção do público para sua perda, o único modo de fazê-lo seria comprando espaço na minúscula coluna do jornal dedicada a noticiar falecimentos.

Uma pessoa que fez isso, porque seu marido morrera no anonimato, foi uma viúva chamada Elizabeth Melville. Depois que ele sofreu um ataque cardíaco fatal na residência do casal em Nova York pouco após a meia-noite de 28 de setembro de 1891, ela comprou um anúncio de seis linhas que foi publicado no dia seguinte em vários jornais.

> Herman Melville faleceu ontem em sua residência na rua 26 Leste, 104, nesta cidade, de insuficiência cardíaca, aos 72 anos. É autor de *Typee*, *Omoo* e *Moby Dick*, além de outras obras sobre o mar, escritas em anos anteriores. Deixa esposa e duas filhas, a sra. M. B. Thomas e a srta. Melville.

A situação de Melville foi um caso em que o nome morreu antes do homem, tomando aqui por empréstimo a frase de A. E. Hausman. Sua carreira começara auspiciosamente quando ele produziu dois romances campeões de venda antes dos trinta anos de idade: *Typee*, em 1846, e sua continuação, *Omoo*, em 1847, ambos baseados em suas viagens pela Polinésia. Mas nenhum dos seus dezesseis livros seguintes — romances, coletâneas de poemas e contos como "Bartleby, o Escriturário" — atraiu muitos leitores, e no último terço de sua vida os livros dele até deixaram de ser vendidos pela editora e foram esquecidos — inclusive sua obra mais ambiciosa, *Moby Dick*, cujo título foi grafado com erro em diversos obituários de Melville.

Só no centenário do nascimento de Melville, em 1919, seguido pelo sucesso da publicação em 1924 de seu romance póstumo, *Billy Budd*, literatos e leitores descobririam e valorizariam seus escritos anteriores e o reconheceriam como uma das principais figuras da literatura do país.

11.

Quando conheci Alden Whitman, em setembro de 1965, ele me deixou atônito dizendo que eu tinha acertado ao pôr seu nome no topo da minha lista da *Esquire*, porque ele achava que não viveria por muito mais tempo. Não dei nenhuma resposta, e pensei que aquele homem de 52 anos só podia estar brincando — estaria sendo melodramático, ou quem sabe passara tanto tempo escrevendo sobre a morte que o assunto agora o obcecava.

"Não estou bem mesmo", ele prosseguiu com brandura. "Voltei faz pouco tempo de oito semanas no hospital Knickerbocker por causa de um ataque cardíaco forte, e receio que a próxima experiência seja fatal."

Estava sentado num sofá de frente para mim na sala de seu apartamento de quatro cômodos e meio no 12º andar de um velho prédio de tijolos na rua 116 Oeste. Em toda a nossa volta estantes transbordavam de livros, e no chão havia ainda outros empilhados. Ele dividia o apartamento com sua terceira esposa, Joan, dezesseis anos mais nova. Conheceram-se no *Times* em 1958, onde ela era (e continuou a ser por mais duas décadas) editora de moda.

Morena esguia e atraente, ela estava se arrumando para ir trabalhar quando cheguei para a primeira de três entrevistas marcadas. Havia agendado com ele por telefone no começo da semana, e, embora na ocasião ele não tivesse mencionado seu estado de saúde, disse que andava muito ocupado, por isso combinamos que minhas visitas não tomariam muito mais que uma hora cada uma.

Depois que Joan saiu, ele contou que, além de seus problemas cardíacos, sofria de glaucoma. Precisava pingar nos olhos gotas de pilocarpina a cada três horas, e talvez ficasse cego antes de morrer. Era por isso que, não sabendo quanto tempo sua visão duraria, ele estava ansioso por completar seu obituário. Comentou que já entregara partes de um esboço inicial a seu assistente na seção de obituários, e que, quando o texto estivesse concluído e a ocasião demandasse, seria imediatamente publicado no jornal.

"Uma das razões de eu achar interessante sua matéria para a *Esquire* é que ela me dará a chance de analisar meu passado, e conversando com você eu talvez me lembre de coisas que teria esquecido", ele disse.

Sentado diante dele com o bloco de notas na mão, eu mal podia acreditar no que ouvia. Ali estava eu fazendo o que ele costumava fazer: uma entrevista *ante mortem* com um candidato presumivelmente a caminho de um funeral. Eu ficara sabendo que Alden Whitman já escrevera dezenas de obituários antecipados de celebridades idosas e que em alguns casos viajara grandes distâncias para conhecê-las pessoalmente e descrevê-las de perto antes que fosse tarde demais — Charlie Chaplin, por exemplo, e Vladimir Nabokov, Graham Greene, Charles Lindbergh, Francisco Franco e o cientista e escritor britânico C. P. Snow, que teria apelidado Whitman de "o *ghoul* do *Times*".

No entanto, pelo que eu via, e apesar do que Whitman me dissera, ele não parecia um homem à beira da morte. Sua aparência era bem como eu me lembrava de ter visto no refeitório no ano anterior — vistoso, de gravata-borboleta colorida, fumando cachimbo, sem sinais de emaciação, esgotamento ou desatenção. Falava num tom de voz forte e claramente modulado, tão despreocupado ao descrever seus males quanto pouco tempo antes quando me recebera e perguntara se gostaria de beber alguma coisa. Devia ser um indício da persona impassível de Whitman, pensei, uma característica de muitos no jornalismo.

"Gostaria de lhe mostrar o que escrevi até agora", ele disse, e foi pegar uma pasta de papelão numa mesa próxima para me entregar. Ali havia cópias em carbono de várias páginas datilografadas. "Pode ficar com isso", disse. "Talvez contenha informações que você possa usar."

Abri a pasta e vi que algumas das páginas estavam marcadas. Havia algumas palavras e frases riscadas, substituídas por uma caligrafia não muito fácil de ler; por isso, em nome da clareza, comecei a ler em voz alta, contando com ele para correções ou explicações. A primeira página começava assim:

> Alden Whitman, que integrou a equipe do *New York Times* por catorze anos, faleceu hoje de trombose coronariana aos 52 anos. Como repórter, escreveu obituários de muitas das mais notáveis personalidades mundiais.
>
> Antes de se tornar autor de obituários em tempo integral, o sr. Whitman foi copidesque nas seções de notícias metropolitanas e nacionais. Ingressou no *Times* em 1951 vindo do *New York Herald Tribune*, onde fora copidesque desde 1943. Antes disso trabalhou dois anos no copidesque do *Buffalo Evening News*.
>
> Décadas de trabalho árduo separaram os tranquilos anos do apogeu jornalístico do sr. Whitman da sua infância em Connecticut e New Albany, Nova Scotia, onde ele nasceu em 27 de outubro

de 1913, filho de Frank Seymour Whitman, um professor de artes manuais e carpinteiro canadense, e Mabel Bloxsom Whitman, natural de Connecticut, que por muitos anos lecionou numa escola pública de Bridgeport.

Ele interrompeu para explicar: "Eu era filho único. Quando tinha dois anos meus pais se mudaram de New Albany para Bridgeport e foram morar com minha avó materna. Ela era viúva e vivia num casarão anárquico de dez cômodos. Como meus pais estavam ausentes durante a maior parte do dia trabalhando, era para minha avó que eu voltava correndo depois da escola em busca de biscoitos ou outras coisas. Ela era carinhosa, mas frugal. Considerava um verdadeiro pecado comprar fora o que se podia fazer em casa. Dizia não a pães de padaria. Uma das minhas tarefas quando pequeno era girar a manivela da máquina de fazer massa para as fornadas da semana".

Nada disso era mencionado nas páginas que eu tinha em mãos, mas permaneci em silêncio enquanto ele continuava: "Eu era muito estudioso, e por duas vezes pulei um ano. Isso deixava minha mãe mais orgulhosa e elevava seu status entre os outros professores, mas não nos tornava mais próximos. Meu pai era cordato com ela — mamãe era quem usava as calças na família —, mas salvo isso ele vivia em seu próprio mundo. Era abstêmio, muito religioso, diácono na Igreja Batista, um homem que nunca falava palavrão. Cresceu em Nova Scotia numa família de agricultores que teve sete filhos, mas foi o único que sobreviveu. Os outros seis morreram por várias doenças da infância. Ele nunca falava sobre isso".

Alden Whitman prosseguiu contando que em 1928 formou-se no ensino médio quase em primeiro lugar na sua turma, mesmo tendo apenas quinze anos. Como pulara dois anos, era fisicamente menos maduro que seus colegas, por isso evitava participar das competições internas do colégio, mas ajudava o treinador e informava os resultados dos jogos por telefone ao jornal local.

"Tive seis anos de latim e era o único aluno do ensino médio que lia Horácio e o lascivo poeta Catulo, mas não sabia fazer adições e subtrações. Por toda a vida tive dificuldade para calcular o saldo no meu talão de cheques."

Apesar disso, foi admitido em Harvard. Seus pais contribuíram como puderam, mas ele próprio cobriu a maior parte de suas despesas trabalhando como garçom e fazendo outros serviços quando não estava assistindo às aulas ou se entregando à sua paixão pela leitura na magnífica biblioteca — e quando não se aventurava fora do campus para ouvir a Sinfônica de Boston, da qual era patrono com uma contribuição de cinquenta centavos; ou quando não estava no templo de Tremont ouvindo o evangelista Billy Sunday; ou ouvindo Rudy Vallée no rádio cantando um dos sucessos da era da Depressão, "Life Is Just a Bowl of Cherries".

"E então de repente deu tudo errado", ele me disse. "Meu dinheiro acabou. Precisei interromper os estudos em Harvard entre o terceiro e o quarto ano e aceitar um emprego de auxiliar de controle de estoque na fábrica de máquinas de escrever Underwood."

Fez uma pausa. Acendeu o cachimbo e olhou em volta da sala. Depois se virou para mim e, baixando a voz, explicou que outra razão de ele ter deixado Harvard foi que sua namorada engravidou.

No verão do seu segundo ano na universidade, ele começara a namorar uma bela mulher que trabalhava numa livraria de Bridgeport. Ela se chamava Dorothy McNamara. Tinha cinco anos mais que Alden, mas, como ele, era filha única, lia muito e se distanciara dos pais. Sua mãe rabugenta estava se divorciando do marido, um irlandês que trabalhava em circo.

Depois que Alden e Dorothy se casaram em 1933 e a filha deles nasceu, ele começou a trabalhar na Underwood com a expectativa de que os pais o ajudassem a cuidar de sua jovem família. O pai de Alden, Frank, ainda vivia ocupado como professor, mas a mãe, Mabel, tinha bastante tempo livre, porque os administradores de ensino locais, querendo distribuir os empregos entre o maior número possível de famílias durante a Depressão, naquele período só davam emprego a uma pessoa por família, e por isso Mabel foi exonerada do corpo docente.

A avó de Alden falecera alguns anos antes, e assim havia espaço livre na casa; mas o fato era que Mabel não gostava de Dorothy, e só com muita relutância permitiu que sua nova nora e o bebê se mudassem ao menos temporariamente para lá. Via Dorothy como uma sedutora, uma pessoa calculista e vulgar que se agarrara ao seu brilhante filho e o fizera abandonar Harvard. Uma ocasião, Mabel levou a foto de casamento deles para seu quarto, cortou fora a imagem de Dorothy e jogou na lixeira.

Enquanto isso, Alden acreditava que não teria futuro se não concluísse seus estudos em Harvard, e então se demitiu da Underwood e voltou sozinho para o campus. Formou-se em 1935 e começou a procurar emprego, mas o único que lhe interessou foi o de repórter do *Bridgeport Post-Telegram*. O salário inicial era dez dólares por semana.

"Como é que alguém pode viver com dez dólares por semana?", ele me perguntou. "Mas naquele tempo da Depressão os donos de jornal conseguiam fazer isso e se dar bem. Alimentavam o ego dos jovens repórteres imprimindo seus nomes como autores das matérias e incutindo a pretensão de que um profissional da imprensa encontrava pessoas interessantes. Acontece que em geral as únicas pessoas interessantes que um profissional da imprensa encontrava eram outros profissionais da imprensa."

Mesmo assim ele aceitou o emprego, embora a primeira coisa que fez tenha sido ajudar a fundar a Associação dos Jornalistas de Bridgeport e reivindicar aumento de salário. Como idealista de esquerda em Harvard ele defendera a causa dos trabalhadores naqueles tempos difíceis, e agora, aos 22 anos, se via como um jornalista investigativo que exporia as iniquidades do capitalismo e inspiraria a reforma. Foi com esse estado de espírito que se filiou ao Partido Comunista.

Um fim de tarde, enquanto ele se dedicava a prioridades do partido discursando em cima de um caixote em Bridgeport sobre a necessidade de sindicalizar uma fábrica de conexões de metal, foi atacado por três arruaceiros antissindicalistas. Eles o arrastaram para um beco e, a socos e pauladas, conseguiram arrancar todos os seus 32 dentes.

"Estavam todos cariados, foi uma bênção me livrar deles", ele disse alegremente, erguendo o cachimbo na minha direção. "A dentadura que tenho agora é um bom progresso." Abriu a boca e com a ponta do cachimbo deu uma batidinha em seus dentes falsos.

Durante essa hora de entrevista e nas duas que se seguiram ainda naquela semana, Alden recordou com humor seu passado, mas sobre sua vida pessoal falou com um grande pesar. Embora logo houvesse conseguido um trabalho mais bem remunerado no *Bridgeport Sunday Herald* e morasse sem pagar aluguel com Dorothy e a filha na casa dos pais, parecia que o dinheiro nunca chegava para custear as necessidades básicas de sua família. E então a situação piorou com a chegada do segundo filho do casal, um menino que nasceu em 1936.

Mabel não quis mais gente na casa e deixou claro para Dorothy que o novo bebê não era bem-vindo. Dorothy então pegou suas coisas e partiu com o filho recém-nascido para morar na casa de sua mãe, Anne, que acabara de se divorciar. Deixou para trás a filha de quase três anos, que dali em diante seria criada por Mabel e Frank Whitman. Na verdade, a menina acabou gostando deles e eles dela, e permaneceu como "filha" do casal até os dezenove anos, quando conheceu um engenheiro da DuPont com quem logo se casou.

"Eu e meu pai, Alden Whitman, temos os mesmos pais", ela diria tempos depois, durante seus longos anos casada com o engenheiro com quem teria três filhos. Mas nunca se daria bem com Dorothy, a mãe que a abandonou (e que anos mais tarde voltaria a se casar e outra vez teria uma união fracassada), nem com seu irmão mais novo (que se tornaria um executivo de marketing com diploma universitário e se casaria quatro vezes).

No verão de 1937, algumas semanas depois de Dorothy deixar a casa dos Whitman e seu esquivo marido que parecia absorto demais em seus próprios problemas para ajudar ou cuidar de qualquer outra pessoa, Alden quase se suicidou. Deveria estar pesquisando para uma matéria a ser publicada no *Bridgeport Sunday Herald*, e sem dúvida sabia que com a escassez de empregos aquele não era o momento de tomar certas liberdades, mas por impulso decidiu ir nadar nas imediações da praia Fairfield.

"Não sou bom nadador", ele me disse, "mas o dia estava quente, então fui pegar meu calção de banho e pulei na água. Pouco depois, dando umas braçadas desajeitadas, eu apaguei. Afundei duas vezes, e quase três. O que mais me recordo é que aquele parecia um modo agradável de morrer... a gente engole água e perde a consciência sem sofrimento. Sim, meu último pensamento foi como aquilo era agradável... E, quando recobrei os sentidos, estava no Centro Médico St. Vincent, em Bridgeport."

Ele me disse que não sabe como foi parar no hospital nem quem o salvou. Também não tentou descobrir. Não contou a ninguém sobre o incidente — nem aos pais, nem a colegas do jornal e muito menos à sua mulher, que ele tentava evitar porque o perseguia querendo que sustentasse o filho. Na verdade, era difícil que ela o encontrasse. Ele raramente visitava os pais e a filha, seu endereço residencial era desconhecido, e, quando ele não estava trabalhando para o jornal, ficava recluso em algum lugar lendo um livro. E foi na Biblioteca Pública de Bridgeport durante esse período que ele conheceu a mulher que o reanimaria e se tornaria sua segunda esposa.

12.

Ela era formada no Smith College e trabalhava na sala de leitura principal. Chamava-se Helen Kaposey, era simpática, bem-apessoada e perfeitamente proporcionada com o metro e setenta de altura de Alden Whitman, sendo no mínimo sete centímetros e meio mais baixa. Helen logo deixaria seu emprego na biblioteca e iria para Nova York, onde começaria a trabalhar no departamento de cartas da revista *Time*. Era neta de imigrantes húngaros que tinham sido empregados na casa da proeminente família Wheeler em Bridgeport, herdeiros dos ativos das máquinas de costura Wheeler & Wilson, e foi através dessa ligação que ela recebeu os recursos financeiros para cursar a universidade. Também foi no Smith College que se tornou politizada e decidiu filiar-se ao Partido Comunista.

A partir do terceiro trimestre de 1938, sempre que possível Alden ia para Nova York em seu cupê Chevrolet de segunda mão para visitar Helen Kaposey; ela o apresentou a seu círculo de amigos, entre eles alguns comunistas, e alguns se empenharam em conseguir entrevistas de emprego para Alden. Nenhum jornal ou revista na Cidade de Nova York quis contratá-lo, porque ele tinha pouca experiência em jornalismo de grandes cidades, mas, quando uma empresa de relações públicas lhe ofereceu um emprego, ele aceitou de imediato.

Devagar no início, e depois mais deliberadamente, ele cortou os laços com sua cidade de origem, seus pais, seus filhos e sua ex-mulher agora divorciada, Dorothy, e começou vida nova na Cidade de Nova York aos 24 anos de idade.

Em 1939, Alden e Helen casaram-se na New York Society for Ethical Culture, na rua 64 Oeste, e alugaram um apartamento em Sunnyside, no Queens. Muitas vezes permaneciam na cidade depois do expediente para assistir a concertos e peças ou jantar com outros casais jovens em pequenos restaurantes, sobretudo em Yorkville e Greenwich Village. Embora ainda fossem ativistas sociais com credenciais do partido e preocupação com o proletariado, Helen também gostava de fazer compras na Peck & Peck, e Alden, seguindo o estilo de alguns professores de Harvard de quem ele se lembrava, começou a usar gravata-borboleta.

A empresa de relações públicas que o contratara fez cortes de pessoal, mas Alden considerou-se um felizardo por encontrar trabalho temporário em outra firma de relações públicas e em alguns empreendimentos que anos mais tarde investigadores do Senado identificariam como organizações comunistas de fachada. Uma dessas na qual Whitman trabalhou chamava-se Comitê Norte-Americano de Ajuda à Democracia Espanhola. Esse grupo apoiava a causa legalista contra as forças fascistas do general Francisco Franco durante a Guerra Civil Espanhola, e parte do trabalho de Whitman era discursar para angariar fundos em assembleias organizadas por simpatizantes dos legalistas.

Quanto a emprego, o mais próximo que ele chegou do jornalismo nessa época foi quando o contrataram como revisor numa filial da TASS, o serviço de notícias soviético, em Nova York. Uma de suas incumbências era eliminar palavras e vírgulas desnecessárias e frases personalizadas de artigos de jornais e revistas em língua inglesa antes de serem traduzidas para leitores do russo.

Em 1940, após um ano de casamento, Alden ficou sabendo que havia uma vaga para a função de copidesque no *Buffalo Evening News*. Embora ansiasse por trabalhar num importante jornal metropolitano americano, ele sabia que, se fosse contratado, iria sozinho para Buffalo, pois Helen pretendia permanecer na revista *Time*. Ainda assim, quando o jornal lhe fez a proposta, Helen não o desincentivou, e então ele reservou um quarto a dezesseis dólares por semana no hotel Ford em Buffalo e começou a trabalhar no que seria uma temporada de mais de dois anos no *Buffalo Evening News*.

Durante esse período o casal se comunicava quase todos os dias, e ele ia de carro ver Helen a cada poucas semanas; mas essa situação tornou-se menos satisfatória à medida que se prolongava. Felizmente isso mudou em janeiro de 1943 com a notícia de que o *New York Herald Tribune* respondera positivamente à carta de apresentação de Alden e lhe oferecera trabalho como copidesque com um salário mais alto do que ele jamais pensara receber: setenta dólares por semana.

Transbordando de uma sensação de prosperidade sem precedentes, ele foi morar com Helen num apartamento relativamente caro na rua 104 próximo ao rio Hudson, pagando cem dólares por mês de aluguel. Também trocou seu velho Chevy por um Ford Modelo A em melhores condições, e nos fins de semana ele e Helen às vezes iam fazer piquenique fora da cidade. As horas de lazer que tinham juntos geralmente eram nos fins de semana, pois o expediente de Alden no *Herald Tribune* ia das cinco da tarde à uma da manhã, enquanto o de Helen na *Time* ia das nove da manhã às cinco da tarde.

Esses horários incomodavam mais a Helen que a Alden, pois ele estava encantado com seu cargo e com a vida social noturna que vinha junto: misturar-se a profissionais da imprensa refinados, mais velhos e mais experientes no bar Bleeck's na rua 40 Oeste ("pertinho da porta dos fundos do jornal"), militar no comitê de reclamações do sindicato dos jornais ao lado de outros membros do partido e, mais importante, ser aceito como um dos mais confiáveis e conhecedores *rim men* [os incumbidos da fase inicial do processo de copidesque] do jornal, embora tivesse apenas 29 anos. Todos aqueles anos desde menino como leitor onívoro e compulsivo, todos os inúmeros livros de história, política, literatura e outros assuntos diversos que absorveu, haviam criado nele as qualidades de um pedagogo, e imbuíam sua vasta base de referência e seu intelecto no processo diário de revisar o *Herald Tribune*.

Com o nascimento de uma filha em 1944 e de um filho em 1947, Helen tornou-se dona de casa e, para aumentar a renda da família, Alden começou a arranjar uns bicos em outros jornais quando não estava no *Tribune*. Nos fins de semana e em outras ocasiões ele se revezava no copidesque do *New York Post*, *New York World-Telegram* e *Star-Ledger* de Newark.

De vez em quando Helen chamava uma enfermeira do hospital St. Luke para tomar conta das crianças enquanto ela e Alden iam a um concerto ou a um jantar com amigos; mas essas ocasiões eram insuficientes para compensar a solidão dela durante a noite enquanto ele trabalhava em vários lugares até amanhecer, e às vezes nem voltava para casa. Ela se sentia mais isolada agora do que nos anos em que Alden trabalhara em Buffalo. Naquele tempo, ao menos, ela estivera conectada com a energia de Manhattan, ocupada na *Time*, vez ou outra saía para jantar com amigos perto do trabalho ou ia à Peck & Peck comprar um vestido ou um chapéu.

"Hoje percebo que talvez tenha sido um erro Helen deixar seu emprego para se dedicar totalmente às crianças, pois foi quando começamos a nos distanciar", ele me disse, acrescentando que mesmo depois que parou com os bicos e passou a ganhar bem ao ser contratado pelo *Times* em 1951, não havia como negar, "nos desapaixonamos", disse. Ele fez uma pausa, em seguida repetiu: "Não foi culpa de ninguém, apenas nos desapaixonamos".

Apesar disso, permaneceram casados durante a maior parte dos anos 1950 e, pelo bem dos filhos, mudaram-se para uma casa mais espaçosa com boas escolas públicas trinta quilômetros ao norte, no vilarejo de Hastings-on-Hudson, o que para Alden significava meia hora de trajeto para o trabalho. Mas a situação do casal piorou quando os antecedentes políticos de Alden foram expostos e ele foi intimado a depor em Washington, onde o Senado começava uma investigação muito divulgada nos jornais sobre a infiltração de comunistas nas fileiras da imprensa americana.

No obituário que me entregou ele mencionou brevemente essa crise:

> Nas audiências de 1956 perante a Subcomissão do Senado para a Segurança Interna, ele admitiu que tinha sido membro do Partido Comunista de 1935 a 1948, mas se recusou a identificar outros membros do partido. Essa recusa resultou numa citação por desacato, e um tribunal federal condenou-o por desacato ao Congresso em 1957 [...].
>
> Depois de condenado duas vezes por desacato ao Congresso, o sr. Whitman conseguiu um novo julgamento; o processo foi então arquivado por ordem do Departamento de Justiça.

No entanto, o último parágrafo não explica que quase dez anos se passaram até que o Departamento de Justiça enfim o absolvesse em 1965 e que durante essa longa fase ele foi constantemente reconvocado a depor, com seu nome impresso várias vezes no *Times* e sua fotografia estampada na seção "Imprensa" da revista *Time* — constrangendo seus filhos em idade escolar e sua mulher, que se desligara do partido aproximadamente no mesmo período que ele. Com a vida pessoal em ruínas e seu emprego em perigo, Alden Whitman disse que naqueles anos se sentiu "como Jean Valjean nas galés".

Mas o alto escalão do *Times* acreditava que os investigadores do Senado não estavam sobretudo interessados em humilhar profissionais da imprensa como Whitman, e sim em manchar o nome do jornal — opinião que o presidente da empresa, Arthur Hays Sulzberger, expressou num pronunciamento publicado em 1956, quando o inquérito começou. Ele disse que as investigações, chefiadas pelo senador do Mississippi James O. Eastland, miravam o *Times* porque suas políticas editoriais conflitavam com as de Eastland e da maioria de seus colegas — ele se referia às críticas do jornal feitas à segregação em escolas sulistas, ao macarthismo, às cláusulas discriminatórias da Lei McCarran-Walter de Imigração e Nacionalidade de 1952 e aos vários métodos abusivos empregados por diversas comissões do Congresso, e também porque o jornal frisava que o verdadeiro espírito da democracia americana exigia um escrupuloso respeito pelos direitos até do mais inferior dos indivíduos.

Essa opinião era reforçada pelo fato de que, das 35 intimações feitas pela subcomissão, 26 eram para funcionários ou ex-funcionários do *Times*. Quando examinei essa lista — eu tinha voltado do exército para o *Times* um mês antes —, vi com tristeza que ela incluía um revisor do departamento do suplemento dominical, Seymour Peck, que me incentivara muito nos meus tempos de mensageiro e fora fundamental para a publicação do meu primeiro texto para um jornal, baseado na entrevista que fiz com a atriz de cinema mudo Nita Naldi.

Entretanto, ainda que o *New York Times* reafirmasse sua política editorial liberal e reconhecesse sua relação antagônica com a comissão de Eastland, não estava encantado por ter em seu quadro indivíduos como Alden Whitman, Seymour Peck e outros que eram acusados de desacato ao Congresso. Num pronunciamento público, Sulzberger identificou-se como uma "testemunha parcial do sistema capitalista" que não queria sequer um comunista em sua folha de pagamento, e exigiu que todos os funcionários que tinham sido convocados pela subcomissão cooperassem.

Sulzberger explicou: "Como qualquer outro cidadão, um profissional da imprensa tem o indubitável direito de afirmar seu privilégio constitucional de não incriminar a si mesmo. Contudo, a invocação da Quinta Emenda impõe a ele um pesado ônus da prova com respeito à sua adequação para continuar a ocupar um cargo de confiança no quadro de noticiário ou editorial deste jornal. Não está escrito em lugar algum que uma pessoa que reivindica proteção contra a autoincriminação deveria continuar nesses departamentos sensíveis onde a confiança e a confiabilidade são a ferramenta de um bom funcionário".

Sulzberger já demitira alguns funcionários do *Times* que tinham invocado a Quinta Emenda, desencadeando protestos de membros da American Civil Liberties Union e de editorialistas de seu próprio jornal com postura afim. Mas nem Whitman nem Peck estavam buscando proteção por essas razões; como cidadãos americanos, eles acreditavam ter o direito de não serem coagidos a tornar-se informantes. Haviam admitido que foram membros do partido por mais de uma década e que depois tinham cancelado sua filiação antes de entrar para o *Times*. Afora isso, porém, nada tinham a dizer, embora Whitman fosse um pouco veemente demais nessa sua posição.

De gravata-borboleta e com seu cachimbo e bolsa de tabaco no bolso do paletó, em seu depoimento na sala de colunas de mármore do Senado ele rejeitou teimosamente as recomendações de seu advogado para que fosse mais cooperativo: "Eu tenho, e acho que já disse isso antes, uma consciência extremamente ativa de um cidadão da Nova Inglaterra", disse ao sr. Sourwine, "e não posso responder essas perguntas e manter o respeito próprio".

Embora tal atitude não o tenha poupado do escárnio do Senado, no fim das contas nem ele nem Seymour Peck foram para a prisão; e, junto com a maioria de seus colegas ex-comunistas do *Times* — exceto os poucos que haviam anteriormente invocado a proteção da Quinta Emenda —, eles conservaram seu emprego no jornal. Whitman, Peck e os demais também receberam uma carta individual de Sulzberger esclarecendo a situação.

"Como já sabe", ele escreveu, "o *Times* preferiria que você respondesse com franqueza a todas as perguntas... No entanto, analisamos atentamente os fatos relacionados à sua filiação anterior ao Partido Comunista, e estamos dispostos a aceitar sua declaração de que cortou todas as ligações com esse partido. Portanto, este comunicado é para avisá-lo de que sua associação com o *Times* continuará."

A vida pessoal de Alden Whitman também deu uma guinada positiva quando ele começou a namorar uma mulher do departamento de moda do *Times* chamada Joan McCracken. Formada no Oberlin College, filha de um ministro congregacionalista, ela começara no jornal em 1955 depois de ter trabalhado para o Conselho Mundial de Igrejas em Genebra, na Suíça. Os dois se conheceram na primavera de 1958. Alden estava separado de Helen e tinha 44 anos; Joan, solteira, tinha 28.

Uma tarde, Joan descera de sua sala no nono andar até a redação no terceiro levando uma página de prova com a tinta ainda molhada para ser aprovada pelo editor de cidades. Alden, no copidesque da seção nacional, ergueu os olhos e reparou naquela morena miúda com vestido de estampa paisley.

Depois de descobrir seu nome, ele começou a enviar para ela bilhetes anônimos em envelopes marrons pelo malote do jornal. O primeiro dizia: "Você fica deslumbrante de estampa paisley", e assinou: "Associação Americana de Paisley". Mais tarde ele se identificou, e os dois jantaram no restaurante Teheran na rua 44 Oeste, onde apreciaram imensamente a companhia um do outro até serem interrompidos pelo maître, que avisou que era hora de fechar.

Na entrevista que fiz com Joan para o artigo da *Esquire* — enquanto almoçamos no Sardi's após minha terceira visita a Alden —, citei o comentário feito por ela sobre sentir-se imediatamente fascinada pela prodigiosa mente colecionadora de Alden, que guardava todo tipo de informação inútil. Ela mencionou que ele era capaz de recitar a lista de papas de trás para a frente e de frente para trás; sabia os nomes das amantes de cada rei e a data de seu reinado; sabia que o Tratado de Vestfália foi assinado em 1648, que as Cataratas do Niágara têm 51 metros de altura e que as cobras não piscam; que os gatos se apegam a lugares e não a pessoas, e os cães a pessoas e não a lugares; ele era assinante regular da *New Statesman*, de *Le Nouvel Observateur* e de quase todos os jornais de outras cidades e países que havia na banca da Times Square; lia dois livros por dia e já assistira a Bogart em *Casablanca* mais de trinta vezes.

Após o primeiro encontro dos dois, Joan soube que tinha de vê-lo novamente, apesar de ela ser filha de ministro e ele ser ateu; ela também não criticou o passado político de Alden, nem seus anos de "pândega" na juventude que levaram a dois casamentos infelizes e a ser um pai praticamente ausente de quatro filhos.

Na verdade, depois de Joan se casar com Alden em novembro de 1960, uma de suas missões foi entrar em contato com os filhos dele e ajudá-lo a conseguir, ainda que tardiamente, alguma forma de reconciliação — e isso foi feito. Tanto assim que, quando a segunda mulher de Alden, Helen, sofreu um ataque cardíaco fatal em 1961 deixando um filho de catorze anos e uma filha universitária, Joan assumiu de pronto e com eficiência o papel de mãe substituta. Ela e Alden dividiram o apartamento durante alguns anos com o rapaz (que viria a estudar em Harvard e se tornar médico); e, além de conseguir empregos temporários nas férias de verão para a garota no necrotério do *Times*, ambos a visitavam regularmente na faculdade e assistiram à sua formatura. Ela mais tarde se tornou bibliotecária.

No início de 1964, Alden completou 25 anos como copidesque. Estava com 51 anos e, como ele próprio admitiu: "O tempo estava passando e eu queria andar um pouco num carrossel mais divertido que a mesa nacional do *New York Times*". A oportunidade chegou ainda naquele ano, quando, após a aposentadoria de um correspondente estrangeiro idoso que por um período extenso se especializara em redigir obituários, Alden foi indicado para substituí-lo. Assim começou sua nova carreira como "um feliz remador do Estige".

Sua primeira incumbência foi atualizar e se necessário reescrever um extenso obituário antecipado de Winston Churchill parado ociosamente já por algum tempo no necrotério do *Times*; mas, com informes de que a saúde do líder britânico da Segunda Guerra estava em rápido declínio, de pronto a missão de Alden ganhou urgência. Depois de trabalhar por longos dias reorganizando o material, ele conseguiu deixar tudo preparado para publicação duas semanas antes da morte de Churchill em Londres, em janeiro de 1965. O texto, de 20 mil palavras, ocupou dezesseis páginas do *Times*.

O primeiro obituário que Alden escreveu desde o início foi o do poeta T.S. Eliot, que também morreu em Londres em janeiro de 1965. Alden encontrara Eliot algumas vezes quando este era poeta residente em Harvard, e o tributo de 6 mil palavras ao poeta começava dizendo: "É assim que o mundo acaba/ É assim que o mundo acaba/ É assim que o mundo acaba/ Não com um estrondo, mas com um lamento". Prosseguia descrevendo Eliot como uma figura em nada parecida com a de um poeta, sem "efervescência, excentricidade no vestir ou no agir, e sem nada de romântico. Não tinha aura, não lançava olhares hipnóticos e usava o coração, tanto quanto se podia observar, em seu próprio lugar anatômico".

Desde sua estreia como autor de obituários, Alden Whitman expandiu o escopo da tarefa além das práticas de seus predecessores. Os colegas mais velhos do *Times* haviam produzido obituários antecipados com base, em grande medida, em informações obtidas em recortes de jornais arquivados no necrotério; ou, quando se tratava de um indivíduo de muito destaque, podiam encontrar perfis em revistas ou até biografias e autobiografias para subsidiar o texto.

Mas Alden, afora tudo isso, convenceu os editores seniores a permitir que ele viajasse pelo país e para o exterior a fim de fazer pessoalmente entrevistas que fornecessem detalhes observados com atenção. Por exemplo, depois de encontrar-se com Pablo Picasso no estúdio do artista em Paris, ele escreveu que Picasso era "um homem de baixa estatura e atarracado, de ombros e braços musculosos. Tinha imenso orgulho de suas mãos e pés pequenos e de seu peito cabeludo. Já ancião, possuía ainda um físico firme e compacto, e sua cabeça com contornos de bala de canhão, quase careca, luzia como bronze".

Depois de fazer uma lista de pessoas que ele gostaria de entrevistar, Alden escrevia-lhes cartas lisonjeiras explicando que o *Times* queria "atualizar seus arquivos" sobre a vida de pessoas ilustres como elas com "revelações e reflexões biográficas", portanto solicitava uma breve visita pessoal. Embora não houvesse menção a "obituário antecipado" ou "morte" nessas cartas, nem fosse explicado que as entrevistas eram destinadas a publicação póstuma, o propósito da missiva não deixava de ser óbvio para a maioria dos destinatários; de fato, tendo conseguido uma entrevista no Missouri com Harry Truman, o ex-presidente recebeu Alden dizendo: "Sei por que está aqui, e quero ajudar tanto quanto puder".

Se por um lado alguns se recusavam sem explicações a dar a entrevista — por exemplo, o escritor e crítico literário Edmund Wilson, o ministro francês da Cultura André Malraux e o visconde Bernard Law Montgomery, o general britânico da Segunda Guerra Mundial —, por outro o próprio Alden Whitman se recusava a entrevistar muitas pessoas que não eram "suficientemente notáveis". Quem se enquadrava ou não em seus critérios de "notabilidade" era, em boa medida, decisão dele. Os editores e repórteres do departamento de notícias dedicavam seus dias à cobertura dos vivos, enquanto era prerrogativa de Alden lidar como quisesse com os mortos e os quase mortos.

Ele também deixou claro — numa declaração na revista mensal para o público interno *Editor & Publisher* — que não era receptivo a solicitações de empresas de relações públicas nem de outros "mascates de influência" que pudessem ter clientes desejosos de uma entrevista *ante mortem* com ele. "Este é rigorosamente um negócio no qual nós procuramos você; não nos procure", disse, e acrescentou: "O *Times* atribui seu próprio valor a um óbito, e me recuso a conversar com qualquer um que me procure sugerindo que fulano de tal, ainda vivo, daria um óbito interessante, por isso será que eu poderia fazer uma entrevista [...]. Eu me recuso terminantemente a falar com alguém que tente garantir a imortalidade antes de morrer".

Para completar minha entrevista com Alden Whitman para a *Esquire*, uma das minhas últimas perguntas foi sobre sua própria partida deste mundo, especialmente porque em nossas conversas ele havia enfatizado a precariedade de sua saúde.

"Mas então o que acontecerá com o senhor depois que morrer, sr. Whitman?", perguntei.

"Não tenho uma alma que irá para algum lugar", ele respondeu. "É simplesmente uma questão da extinção do corpo."

"Se tivesse morrido durante seu ataque cardíaco, qual, na sua opinião, teria sido a primeira coisa que sua mulher faria?"

"Primeiro ela tomaria providências para que fosse dado ao meu corpo o destino que eu desejei: ser cremado sem alarde nem ostentação", ele disse.

"E depois?"

"Depois disso ela daria atenção às crianças."

"E depois?"

"Depois, acho que ela iria desmoronar e chorar um bocado."

"Tem certeza?"

Whitman fez uma pausa.

"Sim, presumo que sim", ele disse finalmente, com uma baforada no cachimbo. "Esse é o escoadouro formal da tristeza em tais circunstâncias."

13.

Três meses depois de eu ter concluído as entrevistas com Alden Whitman, meu artigo sobre ele saiu na edição de fevereiro de 1966 da *Esquire*. O editor da revista, Harold Hayes, gostou e publicou a matéria com o título "O sr. Má Notícia" e o subtítulo "A morte, que vem para todos, vem para Alden Whitman todos os dias. É um ganha-pão".

Comecei o texto recriando uma cena que Joan descrevera durante nosso almoço:

> "Winston Churchill lhe deu seu ataque cardíaco", disse a mulher do obituarista, mas o obituarista, um homem de baixa estatura e muito tímido, de óculos de aro tartaruga e fumante de cachimbo, contestou com brandura: "Não, não foi Winston Churchill".
>
> "Então T.S. Eliot lhe deu o ataque cardíaco", ela acrescentou depressa, despreocupadamente, pois estavam num jantar em Nova York e os outros pareciam estar achando graça.
>
> "Não", tornou a dizer o obituarista com brandura. "Não foi T.S. Eliot."

Se estava irritado por aquele questionamento da esposa, a afirmação feita por ela de que escrever longos obituários para o *New York Times* sob a pressão de prazos talvez estivesse acelerando sua própria ida para o túmulo, ele não demonstrou, nem alteou a voz; mas, pensando bem, ele raramente faz isso.

O artigo rendeu uma reação favorável não só dos assinantes da revista, mas também de alguns editores do alto escalão do *Times*, e logo eles suspenderam a regra de anonimato do jornal para os obituários e começaram a publicar o nome de Whitman como autor dos textos. E, à medida que ele continuou a produzir seus memoriais bem escritos e informativos, tornou-se uma minicelebridade na classe jornalística, e mais tarde faria uma reverência perante milhões de telespectadores enquanto falava sobre seu trabalho com Johnny Carson no programa da NBC *The Tonight Show*.

Ele não só continuou a escrever obituários por mais dez anos, mas também contribuiu com resenhas de livros e fez entrevistas para o jornal na hora do almoço com muitos romancistas e poetas renomados, às quais geralmente comparecia usando uma capa. Também foi fotografado por Jill Krementz, que se especializou em retratar figuras literárias e era esposa do escritor Kurt Vonnegut.

Mas em 1976, após outro ataque cardíaco e quase totalmente cego, ele foi forçado a deixar o *Times*. Outros herdariam sua função, é claro, embora nenhum viesse a se identificar tão singularmente com aquele trabalho. Com a aposentadoria dele, Joan pediu demissão do departamento de moda e os dois se mudaram para Southampton, Long Island, onde ela pagava a alunos da Universidade de Long Island para lerem livros e jornais todos os dias para o marido. Enquanto isso, ela trabalhou como editora freelancer de livros, escreveu em coautoria alguns livros de culinária e ajudou na edição de grandes best-sellers escritos pelo crítico de gastronomia do *Times* Craig Claiborne.

Quando o sr. Claiborne celebrou seu septuagésimo aniversário em Monte Carlo em 1990, Joan pegou um avião e foi à festa, acompanhada por seu marido de 76 anos, agora cadeirante. O filho solteiro de Alden, dr. Daniel S. Whitman, de 43 anos, foi junto para dar uma assistência adicional. Além dos problemas de visão, Alden quase não conseguia falar, mas parecia compreender tudo o que lhe diziam.

Um dia após sua chegada, os três foram a um coquetel num terraço ao ar livre do Hotel de Paris, onde todos os convidados estavam hospedados. Alden ficou sentado na cadeira de rodas enquanto Joan levava diversos convidados para apresentá-los a ele, que cumprimentava cada um com um sorriso de reconhecimento. Mais tarde ele começou a espirrar alto e repetidas vezes, e sua cabeça tombou para a frente. Joan e o filho de Alden logo o conduziram para seu quarto no hotel e o puseram na cama. Ele permaneceu vivo mas inconsciente por toda a noite.

No dia seguinte, decidiram que o filho permaneceria com ele enquanto Joan iria ao jantar de aniversário, que aconteceria fora do hotel. Mas, enquanto ela aguardava no saguão com os demais convidados pela chegada do transporte, Alden deu um suspiro na cama e morreu imediatamente de hemorragia cerebral. Seu filho conseguiu avisar Joan antes que ela saísse para o jantar, e os dois entraram em contato com o gerente, que notificou a polícia. Mais tarde o corpo de Alden foi levado para uma funerária onde, de acordo com suas instruções prévias, foi feita a cremação.

Joan e o dr. Whitman pegaram um avião até Paris levando as cinzas de Alden e as espalharam em seu lugar favorito na cidade, os Jardins de Luxemburgo. Na manhã seguinte, o *Times* publicou um obituário de 23 parágrafos acompanhado por seu retrato e o cabeçalho "Alden Whitman morre aos 76 anos; fez dos obituários do *Times* uma arte".

Pouco do que havia no obituário lembrava aquele texto que ele me mostrara quando o entrevistei para a *Esquire*. Ao que parece, sua versão foi reescrita e atualizada por colegas; de qualquer modo, o texto do *Times* não vinha com créditos. Começava assim:

> Alden Whitman, repórter aposentado do *New York Times* que foi o pioneiro na prática de entrevistar pessoas notáveis para personalizar e energizar seus obituários, faleceu ontem [...].
>
> O sr. Whitman organizou duas extensas coletâneas de seus textos em forma editada, *The Obituary Book*, publicado em 1971 por Stein & Day, e *Come to Judgement* [Venha para o julgamento], publicado em 1980 pela Viking Books. Na introdução de *Come to Judgement* ele expôs seu critério para um obituário exemplar:
>
> Uma vívida expressão da personalidade e do caráter junto com uma exposição consciente dos principais fatos da vida da pessoa. Um bom obituário tem todas as características de um instantâneo bem focalizado, quanto mais completo melhor. Quando o instantâneo é nítido, quem olha obtém uma posição rápida sobre a pessoa, suas realizações, suas deficiências e sua época.

Sua viúva, Joan, que tinha 59 anos quando ele morreu, nunca tornou a se casar. Continuou a viver em Southampton, Long Island, até morrer de enfisema em 2016, aos 86 anos. Seu obituário no *Southampton Press* menciona que ela foi uma líder cultural na comunidade, membra da diretoria da biblioteca local, gerente de sua concorrida livraria e integrante da comissão consultiva do Projeto John Steinbeck. Também menciona que ela gostava de jogar bridge duplicado em torneios no vilarejo vizinho de Water Mill.

Ela não teve um obituário publicado no *New York Times*.

PARTE II

À SOMBRA DE SINATRA

14.

Para cumprir o combinado com Harold Hayes, depois que ele publicou minha matéria sobre Whitman eu me dedicaria à sua ideia sobre Frank Sinatra. Hayes sugeriu que o artigo fosse não apenas divertido, mas fácil de fazer. Os representantes de Sinatra e a revista já haviam chegado a um acordo. A *Esquire* dedicaria sua capa exclusivamente ao artigo e indicou que aquele não seria um texto "malicioso", enquanto o cantor prometeria fazer o possível para estar disponível para a entrevista apesar de sua agenda muito cheia no fim do ano de 1965.

Na segunda-feira 8 de novembro, Sinatra iria aos estúdios da Warner Bros. em Burbank, próximo a Los Angeles, onde gravaria várias músicas para um especial da NBC intitulado *Frank Sinatra: A Man and His Music*, um programa em cores de uma hora que seria transmitido na noite de 24 de novembro. Ele também estava terminando as últimas cenas do filme *Assalto a um transatlântico*, após o qual atuaria em dois outros. Já atuara em mais de quarenta filmes desde 1944. Até então fora conhecido especialmente como um cantor magricela de voz suave e maneiras românticas no rádio, e no palco atraía sobretudo garotas adolescentes conhecidas como *bobby-soxers*.

Dali a pouco mais de um mês, em 12 de dezembro, a família e os amigos de Sinatra comemorariam o aniversário dele no hotel Beverly Wilshire em Los Angeles. Hayes providenciou para que eu me hospedasse no mesmo hotel, mas eu não ficaria lá tempo suficiente para poder comparecer à festa, para a qual muito provavelmente não seria convidado. Mas chegaria a tempo para me encontrar em 5 de novembro com o diretor de publicidade de Sinatra, que forneceria meu itinerário — o qual incluía assistir à sessão de gravação na NBC —, e então Hayes me esperava de volta a Nova York dali a uma semana.

Harold Hayes era conhecido por sua gestão parcimoniosa e suas expectativas elevadas. Com quarenta anos, nascido em Elkin, Carolina do Norte, era filho de um ministro batista, e durante a Guerra da Coreia servira como oficial da marinha. Embora na *Esquire* vestisse elegantes ternos Brooks e possuísse conhecimentos quase de sommelier sobre vinhos finos, dava a impressão de ser um rapaz do interior, alto, esguio, de olhos escuros, que subestimava sua inteligência e percepção aguçadas, e no entanto marcava sua aproximação andando pela sala de trabalho com chapinhas metálicas afixadas na sola dos sapatos.

Ao me oferecer uma passagem na primeira classe para Los Angeles, ele estava não apenas sinalizando a prioridade dada ao trabalho sobre Sinatra, mas também expressando confiança em que depois eu aumentaria as vendas da revista e assim justificaria sua generosidade. Durante os últimos cinco anos a partir de 1960 — usando parte do meu tempo de férias e fins de semana de folga no *Times* —, eu escrevera mais de uma dezena de matérias para a *Esquire*, algumas que requeriam viajar de avião, mas nunca antes Hayes voluntariamente concedera acomodações na primeira classe.

Com isso ele parecia dizer que minha importância aumentara em sua avaliação e que eu tinha menos desculpas para decepcioná-lo. Disse que, assim que eu voltasse de Los Angeles, esperava que eu entregasse a matéria sobre Sinatra em sua forma final no prazo de uma semana a dez dias. Não discuti, sobretudo porque ele disse que depois eu poderia dar seguimento ao que de fato queria fazer para a *Esquire*, que era escrever um perfil do genro de Harry Truman, Clifton Daniel, editor-chefe do *New York Times*.

Parti de Nova York para Los Angeles na tarde da quarta-feira 3 de novembro, num voo da TWA, e cheguei bem antes do encontro marcado com o assessor de imprensa de Sinatra na manhã de sexta. Essa seria minha terceira viagem a Los Angeles a serviço da *Esquire*. A primeira foi um sucesso, a segunda, um desastre.

A primeira foi no começo de fevereiro de 1962, quando, depois de passar alguns dias em Nova York entrevistando o ex-campeão peso-pesado Joe Louis, eu o acompanhei na volta para Los Angeles, onde ele morava com sua terceira esposa, a afro-americana Martha, uma renomada e orgulhosa advogada de defesa naquela cidade. Toda vez que seus colegas do tribunal ou seus amigos perguntavam: "Mas como foi que você conheceu Joe Louis?", ela retrucava depressa: "Mas como foi que Joe Louis me conheceu?".

O ex-campeão tinha então 48 anos e, embora eu estivesse a par de alguns de seus comentários memoráveis feitos no auge da carreira — quando lhe perguntaram em 1941 como ele iria se virar com um adversário tão ligeiro e esquivo quanto Billy Conn, Louis replicou: "Ele pode correr, mas não pode se esconder"; e, quando lhe perguntaram sobre lutar praticamente de graça como soldado raso na Segunda Guerra Mundial, respondeu: "Não estou lutando de graça, estou lutando pelo meu país" —, me surpreendi durante nossas conversas com seu senso de humor absurdo.

Por exemplo, ao embarcarmos no voo para Los Angeles, decidi trocar minha passagem por uma na primeira classe para me sentar ao lado dele, e me perguntei em voz alta como é que a companhia aérea podia justificar uma diferença de preço tão grande. "Os assentos da primeira classe ficam na parte da frente do avião", Joe Louis replicou ironicamente, "então você chega mais rápido a Los Angeles."

Meu artigo, intitulado "Joe Louis: The King as a Middle--Aged Man" [Joe Louis: O rei na meia-idade], saiu na edição de junho de 1962. Hayes gostou e me reembolsou a diferença no preço da passagem.

Mais tarde naquele ano, fui mandado de classe econômica para entrevistar a atriz de cinema Natalie Wood, então no apogeu de sua longa carreira iniciada ainda em criança. Em 1961 ela recebera uma indicação para o Oscar de melhor atriz por *Clamor do sexo*, seguido pelo musical de enorme sucesso *Amor, sublime amor*, e em 1962 foi aclamada por sua atuação em *A vida de uma cigana*. Entre esses trabalhos e sua participação em dois filmes futuros, seu assessor de imprensa reservou três entrevistas de uma hora para mim, mas Natalie Wood não compareceu a nenhuma delas. Como eu tinha de retornar ao meu trabalho no *Times*, abandonei a incumbência e peguei o avião de volta para Nova York, conformado porque ao menos minhas despesas naqueles três dias foram cobertas pela *Esquire* — e também porque Natalie Wood fora inadvertidamente responsável por eu conhecer um casal em Beverly Hills com quem teria uma amizade duradoura.

Eram Jack e Sally Hanson, atraentes e carismáticos, donos e gerentes de uma concorrida butique de artigos esportivos para mulheres chamada Jax, situada na esquina de Bedford Drive com Wilshire Boulevard, a dois quarteirões do hotel Beverly Wilshire, onde eu não estava hospedado. Hayes reservou para mim um hotel mais barato numa rua lateral próxima. Eu fora à Jax para encontrar Natalie Wood, cujo assessor inicialmente me convidara para ir até lá a fim de sermos apresentados antes da nossa primeira entrevista na hora do almoço. A srta. Wood era cliente regular da Jax. Depois que ela me deu o cano, Jack e Sally Hanson me levaram para almoçar, e continuei a encontrar-me com eles não só em Los Angeles mas também mais tarde em Manhattan, onde eles tinham uma loja Jax na rua 57 Leste, entre a Terceira Avenida e a Lexington.

Havia na época ao menos meia dúzia de lojas Jax no país, instaladas em Chicago, San Francisco, Palm Beach, Southampton e três no sul da Califórnia. Jack Hanson, um ex-jogador profissional de beisebol alto e corado de 44 anos, e sua segunda esposa, Sally, mulher esguia e elegante de 32 anos e cabelos cor de mel presos num rabo de cavalo, eram milionários que rodavam pela cidade em Rolls-Royces conversíveis — o dele pintado de branco, o dela de azul pastel — e moravam numa mansão de colunas brancas com quinze cômodos em estilo neossulista que lembrava Tara, a casa-grande da fazenda no filme *... E o vento levou*. Situado na North Beverly Drive, a alguns quarteirões de sua loja principal, o casarão ficava atrás de um vasto gramado com uma enorme árvore de magnólia na frente e ladeado por uma dúzia de pinheiros de mais de vinte metros de altura.

Jack comprara a propriedade em 1958, um ano depois de se casar com Sally, do espólio do produtor Hal Roach, que décadas antes enriquecera com sua série *Os Batutinhas*, as comédias de Harold Lloyd e mais de uma centena de filmes com Laurel e Hardy. Roach, amante do tênis, tinha uma quadra nos fundos flanqueada por um pórtico de três arcos; anos mais tarde, Jack Hanson, que também gostava de tênis, jogaria sozinho e em duplas nos fins de semana com amigos como Paul Newman, Robert Duvall, o fotógrafo Gordon Parks, o estilista Oleg Cassini, o tenista veterano profissional Pancho Segura e o jogador de futebol que virou ator Jim Brown.

As ambições de Hanson como atleta profissional foram barradas porque o recrutaram para o serviço militar em 1942. Antes disso, em 1940, depois de destacar-se na Hollywood High School e na Universidade do Sul da Califórnia, ele assinara um contrato para jogar beisebol com a organização do Chicago Cubs e fora escalado para um time menor na Liga da Costa do Pacífico. No ônibus do time, alguns de seus colegas de equipe acharam graça, ou até ficaram perplexos, ao vê-lo com um bloco de papel na mão desenhando mulheres em trajes esportivos. Ele nunca falara sobre aquilo com seus companheiros do time, mas frequentemente pensava que, se não ganhasse dinheiro suficiente jogando beisebol, talvez houvesse um lugar para ele no mundo da moda.

Em 1945, após três anos na força aérea do exército — durante os quais se tornou amigo do sargento Joe DiMaggio na base de Santa Ana, Califórnia —, ele decidiu deixar o beisebol e investir suas economias e mais um empréstimo na primeira loja da Jax, ao sul de Los Angeles, na Ilha Balboa. Em parceria com sua primeira esposa, Nina, com quem tivera um filho em 1946, ele vendia bermudas, roupas esportivas e trajes de banho.

Mas ele e Nina logo se revelaram incompatíveis como coproprietários. Haviam se casado em 1939, no último ano de Jack na USC, e agora que seu casamento iria completar oito anos, e com um filho para cuidar, Nina deixou de ir regularmente à loja, além de se sentir cada vez mais infeliz em casa. E sua desaprovação ao modo como o marido promovia o negócio piorava as coisas. Como não tinha recursos para gastar em anúncios, ele contratava jovens beldades praianas para permanecerem na vitrine principal da loja por algumas horas diárias, em poses atrativas, usando mercadorias da Jax. Isso estimulou a circulação e as vendas, mas acelerou o fim da união com Nina, em especial depois que Jack começou a socializar com algumas de suas modelos após o expediente. O casal se divorciou em 1948.

Passado um ano, Jack conheceu Sally. Ela estava com dezoito anos e, como Jack, fora aluna da Hollywood High School. Quando ela entrou pela primeira vez na loja da Ilha Balboa, não foi à procura de trabalho como modelo de vitrine, o que Jack teria apreciado — Sally tinha as medidas perfeitas e era linda —, e sim como aspirante a estilista de moda.

Ela nascera em Erie, Pensilvânia, e aos quatro anos chegara a Los Angeles, em 1935, com a mãe divorciada, que, como muitas mães naquela época e naquela cidade, acalentava a fantasia de que sua filhinha seria a próxima Shirley Temple. Aos oito anos, Sally fizera o papel de uma munchkin no filme *O Mágico de Oz*, de 1939. Em 1940 representara uma das crianças não nascidas que Shirley Temple imagina no filme de conto de fadas *O Pássaro Azul*. Sally também fez um breve papel em *Lassie — A força do coração*, de 1943, estrelado por Elizabeth Taylor, então com dez anos de idade, e Roddy McDowall, com catorze.

Mais que de atuar diante das câmeras, Sally gostava de ficar nos bastidores com as responsáveis pelos figurinos, e com elas aprendeu muito sobre costurar, ajustar e desenhar.

Aos doze anos, na máquina de costura da mãe, ela começou a fazer suas próprias roupas. Quando entrou pela primeira vez na loja de Jack Hanson, conversou sobre a possibilidade de introduzir um item único que ele nunca havia pensado em ter no estoque: calças compridas feitas exclusivamente para mulheres.

Até aquela época, com exceção das operárias em fábricas nos anos da guerra, poucas mulheres usavam calça comprida em público. E, quando usavam, o corte era parecido com o masculino: pernas largas com pregas, bolsos laterais, barra italiana e abertura na frente, embora para mulheres o zíper às vezes ficasse ao lado. De qualquer modo, ainda era um estilo masculino que não se prestava a uma grande aceitação social, apesar de atrizes aventureiras como Marlene Dietrich aparecerem em filmes pré-guerra ostensivamente de calça e paletó como os homens, e em geral junto com chapéu-coco ou boina e cigarro na mão.

Jack Hanson menosprezava aquilo como "moda de lésbica parisiense", mas o que Sally tinha em mente o agradou de imediato. Ela sugeriu criar calças femininas justas nos quadris com o zíper na costura traseira, acentuando generosamente a curvatura das nádegas; e nada de bolsos, para que a peça adelgaçasse ainda mais a silhueta; e, embora as pernas tivessem uma linha estreita e alongada, a calça não seria colada na pele. A peça teria forro de seda para não enrugar atrás dos joelhos.

Sally fez amostras e voltou à loja de Jack usando uma delas; e, depois que ela vestiu uma das modelos de Jack e a pôs na vitrine, a explosão das vendas foi tamanha que ficou difícil manter as calças em estoque. Sally logo se tornou a principal estilista não só das calças da Jax, mas também de camisas, terninhos e outras peças; e, após a inauguração da loja de Beverly Hills em 1952, atrizes de cinema rapidamente adotaram a marca — uma das primeiras foi Marilyn Monroe, embora na época ela ainda não fosse uma estrela.

Marilyn fora elogiada em 1950 por seu pequeno papel em *O segredo das joias*, apesar de seu nome não constar no cartaz do filme; e, quando Sally a conheceu e lhe vendeu uma calça de cinquenta dólares, a atriz dirigia um estropiado Chevrolet 1937. Mas um ano depois, em 1953, como estrela de *Torrentes de paixão* e *Os homens preferem as loiras* — e a caminho de se casar com Joe DiMaggio em 1954 —, Marilyn Monroe gastava prodigamente na Jax, o que aconteceria no futuro também com Audrey Hepburn, Natalie Wood e Elizabeth Taylor, que fez um pedido no valor de 3 mil dólares num único dia.

Além de aumentarem o número de suas lojas, Jack e Sally

Hanson compraram em 1962 uma propriedade perto do hotel Beverly Wilshire, na North Rodeo Drive, 326, onde construíram um clube privado chamado Daisy. O número de membros era limitado a quatrocentos, quase todos figuras bem conhecidas dos mundos do entretenimento, moda e esportes.

À tarde os membros encontravam-se para almoçar no átrio, e à noite ocupavam mesas num salão na penumbra com música ambiente e teto forrado de lustres de cristal com lâmpadas suaves em feitio de lágrima. Atrás do bar havia uma sala de bilhar com duas mesas e vários bancos acolchoados encostados nas paredes para a comodidade de quem assistia e às vezes apostava nos ardilosos jogadores de bilhar do clube.

Eu tinha estado no Daisy uma ocasião em 1964, como convidado dos Hanson e, depois de telefonar para eles de Nova York um ano mais tarde e contar que chegaria à cidade na noite de 3 de novembro a serviço da *Esquire*, me convidaram para jantar na noite seguinte com eles em sua mesa privativa.

Estar no Daisy naquele momento foi uma sorte para mim. Em pé num canto do bar, com um drinque numa das mãos, um cigarro na outra e flanqueado por duas loiras de penteado elaborado e terninho, estava ninguém menos que Frank Sinatra.

15.

Durante o voo para Los Angeles pelas Trans World Airlines, eu havia lido numa coluna de jornal que Sinatra estava zangado com o radialista da CBS Walter Cronkite e até ameaçava processar a rede porque, num documentário a ser transmitido dali a duas semanas, Cronkite dizia que Sinatra tinha amizade com membros do crime organizado.

Até então eu nem sabia sobre o documentário da CBS, e me perguntei por que, se Harold Hayes estava a par do assunto, não o mencionara. Hayes me levara a acreditar que fora prometida cooperação à *Esquire*, mas depois de ler aquela coluna fiquei em dúvida se Sinatra se mostraria receptivo com jornalistas — por isso, tendo-o avistado no bar, resisti ao impulso de me levantar da mesa dos Hanson, atravessar a sala lotada e me apresentar.

Contribuiu para minha cautela uma conversa que eu tivera no avião com uma comissária de bordo ruiva chamada Betty Guy. Ela me contara que Sinatra viajava com frequência pelas Trans World Airlines e, na opinião dela, era o "Dr. Jekyll e Mr. Hyde" — às vezes a maior simpatia com ela e com os passageiros, e às vezes, imprevisivelmente, mal-humorado, carrancudo e quase mudo durante o longo voo de Nova York a Los Angeles. Ele costumava viajar acompanhado por alguns homens, ela contou, supostamente seus guarda-costas ou assistentes administrativos, mas também não ligava para eles e se mantinha sozinho num assento ao lado da janela, alternando entre tomar bourbon e dormir, o que dava a Betty Guy a impressão de que ele talvez fosse a pessoa mais solitária a bordo.

Enquanto eu, de olho em Sinatra no bar, participava da conversa geral naquela mesa enorme com meia dúzia de outros convidados dos Hanson, Sally, sentada a meu lado, comentou: "Ele vem bastante aqui, e em geral traz Mia". Ela se referia a Mia Farrow, a atriz de vinte anos com quem Sinatra vinha saindo o ano todo, mas naquela noite ela não estava à vista. Sally não sabia o nome das duas loiras sentadas no bar, ambas de trinta e tantos anos, mas conhecia dois dos homens amigos de Sinatra que estavam perto dele, ambos de terno e gravata.

Um dos homens era Brad Dexter, um ator coadjuvante de ombros largos beirando a casa dos cinquenta, que aparecera em vários filmes e programas de televisão mas era mais conhecido em Hollywood por ter salvado Sinatra de se afogar no Havaí um ano antes. Na época Sinatra dirigia e estrelava um filme sobre a Segunda Guerra Mundial com participação de personagens japoneses intitulado *Os bravos morrem lutando*, e Dexter fazia o papel de um sargento mascador de charutos. Mas durante uma pausa nas filmagens, quando Sinatra e a esposa do produtor foram nadar, a maré alta arrastou-os para o fundo, e os dois poderiam ter morrido não fossem os esforços de Dexter, que nadou algumas centenas de metros e foi auxiliado por dois surfistas. Depois disso, Sinatra, agradecido, contratou Dexter como executivo da Sinatra Enterprises, e os dois se tornaram grandes amigos.

O outro homem ao lado de Sinatra no Daisy era Leo Durocher, de sessenta anos, cuja associação de longa data com o cantor começara em meados dos anos 1940, quando Durocher era o vociferante treinador do time de beisebol Brooklyn Dodgers e popularmente conhecido como "Leo the Lip" ["Leo Lança-Fogo", em tradução livre]. No começo da carreira, em meados da década de 1920, ele jogara nos Yankees como infielder durante a era Babe Ruth; mas onde quer que Durocher atuasse durante suas décadas no beisebol, como jogador e treinador de vários times, ele se distinguia como combativo e determinado a vencer a todo custo. A citação que melhor o caracterizava e que ele mesmo cooptara, embora provavelmente fosse apócrifa, era: "Os bonzinhos chegam por último".

Para dar uma olhada mais de perto em Sinatra e seus amigos, pedi licença na mesa dos Hanson e atravessei a sala, passando entre as dezenas de casais que dançavam ao ritmo do folk-rock vindo de um aparelho de som, e me posicionei na sombra a alguns metros do bar. Sinatra estava de costas para mim, mas, mesmo se ele se virasse ou visse meu reflexo no espelho do bar, não havia razão para me reconhecer. Nunca tinha me encontrado antes.

A única vez que eu o vira tinha sido a certa distância algum tempo antes naquele mesmo ano, no bar Jilly's, na rua 52 Oeste em Nova York, onde ele ocupava uma grande mesa privativa nos fundos em companhia de amigos chegados — Sammy Davis Jr. era um deles — e de suas filhas, Nancy e Tina. Um pouco antes naquela noite, Sinatra fizera um show e fora aplaudido de pé em Forest Hills, Queens, e naquela mesa do Jilly's ele parecia estar com ânimo para celebrar com muitas risadas, bebidas e abraços.

Mas agora, no Daisy, a coisa era bem outra. Sinatra bebia seu bourbon em silêncio e, salvo por acender com seu isqueiro dourado o cigarro estendido por uma de suas acompanhantes, as ignorava. Também não dizia nada a Durocher nem a Dexter, sentados ali perto. Eu me lembrei da descrição que a comissária de bordo da TWA, Betty Guy, fizera dele no avião: um sujeito que parecia solitário sentado ao lado da janela tomando bourbon e evitando todo mundo — tão diferente da figura simpática e vivaz que ela vira em outros voos da TWA: "Jekyll e Hyde".

Mas para mim, naquela ocasião, ele pareceu em grande medida ansioso e impetuoso. Digo isso porque, quando o telefone tocou no bar e o barman demorou a atender porque estava a vários passos de distância pondo bebidas na bandeja de um garçom, Sinatra ergueu-se de supetão na ponta dos pés e estendeu o braço para pegar o receptor do telefone de baquelite que estava em cima de uma toalha no lado oposto do bar. Levou o bocal aos lábios e disse um seco: "Alô". Sem se identificar, ele escutou por um segundo a pessoa do outro lado da linha e então largou o telefone pesadamente no balcão e gritou na direção do barman: "George, é para você".

George, um quarentão troncudo de óculos, parou imediatamente o que estava fazendo e se apressou rumo ao telefone, enxugando as mãos numa toalha antes de pegar no aparelho. Depois disse, olhando na direção de Sinatra: "Obrigado, Frank, desculpe incomodar", e atendeu a chamada. Sinatra, enquanto isso, tinha virado para o outro lado e voltara ao seu bourbon enquanto as duas loiras conversavam e fumavam, e Dexter e Durocher, apoiados na beirada do balcão, drinques na mão, assistiam aos jovens casais que pulavam na pista de dança.

Alguns minutos mais tarde o telefone tocou de novo, e de novo Sinatra atendeu antes que o barman pudesse chegar — dessa vez estava curvado enchendo um balde de gelo — e, depois que Sinatra disse: "George, é para você", o barman não só tornou a se desculpar, mas talvez também tenha achado humilhante não ser mais rápido que seu impaciente secretário autonomeado.

Eu observava e me perguntava por que Sinatra estaria fazendo aquilo. Por que atendia o telefone do barman? Talvez ele fosse apenas um maníaco por controle, um sujeito predisposto a se encarregar, a comandar o telefone, a supervisionar o clube todo. Ou talvez Sinatra, por ter um ouvido musical tão delicadamente sintonizado, fosse hipersensível ao som estridente daquele instrumento intrometido; embora útil para o barman, o toque incomodava indivíduos como Sinatra, em especial durante noites em que ele não se sentia bem.

Ou quem sabe ele estivesse atendendo o telefone como um favor para George, a quem talvez visse como um barman assoberbado de trabalho com uma mulher ou namorada carente em casa ligando para dizer que estava sozinha e precisava dele e queria saber até quando ele ficaria no trabalho. Como uma mulher dessas reagiria se soubesse que a primeira voz que ela acabara de ouvir no telefone pertencia ao mais famoso solitário da América?

Ou seria possível que Sinatra estivesse tão ansioso para atender o telefone do bar porque esperava que a ligação fosse de Mia Farrow tentando falar com ele, precisando dele!

Enquanto eu conjeturava, o disc jockey trocou subitamente o rock por "In the Wee Small Hours of the Morning", uma linda balada que Sinatra gravara dez anos antes, em 1955, durante seu casamento infeliz com a estrela de cinema Ava Gardner, cuja índole independente e arredia frustrava o marido ao mesmo tempo que aumentava seu desejo — e a letra da música provavelmente refletia o anseio dele:

"*In the wee small hours of the morning/ while the whole wide world is fast asleep/ you lie awake and think about the girl...*"*

A música encheu a sala, a pista de dança lotou com casais

* "No comecinho da madrugada/ enquanto o mundo inteiro dorme profundamente/ você está acordado pensando na garota..." (N. T.)

juntinhos movendo-se lentamente, as duas loiras sentadas no bar viraram-se para ver os que dançavam e oscilar o corpo ao ritmo suave da orquestra de Nelson Riddle que acompanhava a voz doce de Sinatra, e eu permaneci de olho no dono daquela voz, achando que ele logo mudaria sua postura, se viraria para participar do momento e prestar uma atenção respeitosa no clássico da Capital Records que gravara dez anos antes.

Mas ele não se moveu. Parecia não haver ligação entre sua voz gravada e sua presença física, exceto pelo fato de que ele agora personificava sua própria imagem retratada no álbum *In the Wee Small Hours* — um homem melancólico, bem-vestido, chapéu na cabeça, cigarro na mão, parado perto de um poste numa rua escura de madrugada.

Pensamentos zumbiam na minha cabeça e eu queria anotá-los antes que sumissem, por isso deixei a área do bar e fui para o banheiro masculino. Sempre que desejo fazer anotações em particular, sem chamar a atenção para minha pessoa como repórter, o que muitas vezes altera a relação entre observador e observado, eu me isolo em lugares como um banheiro, em geral atrás da porta fechada de uma das cabines; e, em vez de escrever em papeizinhos finos sobrepostos ou num bloco de bolso — este último costuma ser encadernado em espiral e ficar preso no forro do paletó —, escrevo na superfície branca de um pedaço de papelão de dobrar camisa que vem junto com minhas roupas da lavanderia.

Depois de lavar e passar uma camisa social, o funcionário da lavanderia põe a peça num cabide ou a dobra em volta de um pedaço de papelão de 35 × 20 centímetros que o cliente em geral descarta quando veste a camisa. Mas eu sempre guardo esses papelões numa pilha perto da minha escrivaninha em casa; antes de sair para uma entrevista, pego uma tesoura e corto um deles em cinco pedaços e em seguida arredondo as bordas. Assim crio um bloquinho jeitoso e firme de 18 × 7 centímetros para escrever que entra e sai facilmente do bolso do paletó; em certas ocasiões, eu até ajeito uma só dessas folhas por dentro do punho da camisa e escrevo discretamente algumas palavras na beirada do papelão quando acho que não há risco de me observarem.

Eu nunca me atreveria a fazer anotações numa sala cheia de gente, ainda mais nas proximidades de amigos e protetores de Sinatra, e não me demorei escrevendo nem mesmo na privacidade do banheiro. Tudo o que fiz foi anotar de forma abreviada lembretes do que vi, senti e pensei enquanto observava Sinatra — logo:

FS matutando no bar
Música de FS atrai gente para dançar
Voz de FS etereamente afrodisíaca?
Letras de FS > multidões se amando em carros estacionados, coberturas, quartos alugados etc.
FS levando bolo da Mia esta noite?

Durante minha ausência, Sinatra e seus companheiros Durocher e Dexter tinham deixado as loiras no bar com o avantajado guarda-costas do cantor, Ed Pucci, um ex-jogador profissional de futebol americano do Washington, e entrado na sala de bilhar. Lá se juntaram a um grupo de cinquenta a sessenta jovens que assistiam em pé ou sentados à competição de Bola 8 nas duas mesas.

Quando me acomodei discretamente no meio de uma multidão, próximo à porta, notei que Sinatra, copo na mão, estava sentado do outro lado da sala, encostado na parede. Ele vestia um terno oxford cinza bem cortado com lenço de bolso e forro de seda vermelho. De pernas cruzadas, dava para ver seus sapatos de camurça bordô em estilo britânico, que pareciam ter sido polidos até na sola. Também reparei que em ao menos duas ocasiões ele tirou um lenço branco do bolso de trás da calça e enxugou o nariz; eu soube depois que estava resfriado.

Só ele e seus dois acompanhantes, Dexter e Durocher, estavam de terno e gravata; os demais usavam roupas mais casuais, embora não baratas — suéteres de caxemira, mocassins Gucci, jeans feitos sob medida e, é claro, prevalentes nas membras do clube, calças Jax. Ainda que todos parecessem à vontade na presença de Sinatra, pois já o tinham visto com frequência outras vezes e estavam acostumados a ter gente famosa entre os membros do clube, mantinham uma distância respeitosa, cientes de seu temperamento volátil.

Leo Durocher, enquanto isso, pegara um taco e se insinuara num jogo na mesa próxima. Demonstrou logo por que muitas vezes fora descrito nos jornais como um craque do bilhar, que crescera jogando e tinha aumentado consideravelmente seus ganhos espoliando os companheiros de time durante seus anos como jogador de beisebol. Enquanto ele dava suas tacadas fortes e habilidosas pela superfície de feltro verde, Sinatra e Dexter se revezavam aplaudindo e gritando palavras de incentivo; mas de repente Sinatra desviou sua atenção para um jovem baixinho que estava atrás de Durocher, vestido com um suéter verde Shetland felpudo, calça de veludo cotelê marrom, jaqueta de camurça bege e botas de guarda-caça.

Depois eu ficaria sabendo que aquele sujeito de 1,65 metro, traços marcantes, cabelo aloirado e óculos quadrados era um prolífico escritor de romances e roteiros de ficção científica chamado Harlan Ellison. Mas o que mais impressionara Sinatra foram as botas de Ellison.

"Ei", Sinatra perguntou em voz alta, fungando por causa do resfriado, "botas italianas?"

"Não", Ellison respondeu, virando-se e encarando Sinatra. A sala subitamente ficou silenciosa. Durocher, que estava debruçado sobre seu taco pronto para fazer uma jogada, congelou naquela posição por um segundo.

"Espanholas?"

"Não!", Ellison disse.

"Inglesas?"

"Sei lá, cara", Ellison respondeu com impaciência, franzindo o cenho e se virando para Durocher, talvez à espera de que ele intercedesse. Durocher não se moveu. Sinatra então desceu do banco e andou com passadas lentas e arrogantes na direção de Ellison. Suas passadas secas eram o único som da sala. Olhando diretamente para Ellison com as sobrancelhas ligeiramente erguidas e um sorrisinho maroto, Sinatra perguntou: "Está prevendo uma tempestade?".

Ellison deu um passo para o lado e indagou: "Ei, você tem alguma razão para estar falando comigo?".

"Não gosto do modo como você está vestido", Sinatra respondeu.

"Sinto incomodar, mas eu me visto como bem entender", Ellison retrucou.

Agora se ouviam alguns murmúrios na sala, e alguém falou: "Vamos cair fora daqui, Harlan". Leo Durocher deu sua tacada e disse: "É, vamos".

Mas Ellison ficou firme.

Sinatra perguntou: "O que você faz?".

"Sou encanador", Ellison respondeu.

"Não é, não", bradou outro jovem do outro lado da mesa. "Ele escreveu *The Oscar*."

"Ah, sim, eu assisti, é uma merda", Sinatra disse.

"Isso é estranho", Ellison devolveu, "porque ainda não foi lançado."

"Pois eu vi, e é uma merda", Sinatra repetiu.

Agora Brad Dexter, muito nervoso e muito corpulento em contraste com a figura miúda de Ellison, disse: "Vamos, garoto, não quero você nesta sala".

"Ei!", interrompeu Sinatra, falando com Dexter. "Não vê que estou falando com o cara?"

Dexter ficou confuso. Em seguida mudou totalmente de atitude. Sua voz suavizou-se e ele perguntou a Ellison, quase suplicando: "Por que você insiste em me atormentar?".

A cena estava ficando ridícula, e parecia que Sinatra não falava muito a sério, talvez simplesmente reagisse a um tédio imenso ou a um desespero íntimo; de qualquer modo, depois de trocarem mais algumas palavras, Harlan Ellison e um amigo deixaram o lugar, e eu logo fui atrás deles, abandonando temporariamente meu interesse em Sinatra. Senti que tinha de falar com Ellison e que, se não o alcançasse agora, talvez tivesse dificuldade para localizá-lo mais tarde.

Toquei de leve em seu ombro, me desculpei pela intrusão e me apresentei. Perguntei se ele poderia conversar comigo por alguns minutos do lado de fora do clube.

"Desculpe, tenho compromisso agora", Ellison disse. "Me ligue amanhã." Ele me deu seu número e eu anotei depressa num pedaço de papelão: BR9-1952.

Depois de Ellison ter ido embora e eu ter voltado para a mesa dos Hanson, notei que Sinatra, junto com Dexter e Durocher, tinha retornado para as mulheres e o guarda-costas no bar, mas naquela noite específica eu sentia que já vira o suficiente. Agora só queria voltar logo para meu hotel e para minha companheira de viagem, uma Olivetti portátil, e fazer o que sempre faço antes de dormir quando estou viajando a trabalho: pegar folhas de sulfite e redigir uma ou duas páginas descrevendo o que eu observara naquele dia, as pessoas que vira e minhas impressões sobre elas, registrando tudo enquanto ainda estava fresco na memória.

Comecei escrevendo a data no alto da página inicial ["Terça-feira, 4 nov. 1965"]; o local ["meu quarto, nº 451 no hotel Beverly Wilshire"]; e em seguida consultei minhas anotações em papelão:

FS matutando no bar… FS "Wee Small hrs"… Voz de FS etereamente afrodisíaca?… FS > Harlan Ellison. Depois comecei a expandir o material e criar cenas como se eu fosse um escritor de contos, mas ao mesmo tempo dizendo a mim mesmo que eu era um repórter em busca da precisão.

Embora eu não tivesse feito anotações na sala de bilhar, enquanto datilografava me sentia confiante de que estava reproduzindo fielmente o diálogo que ouvira entre Sinatra e Ellison. Isso não quer dizer que tenho "recordação perfeita" — era o que Truman Capote dizia enquanto pesquisava para *A sangue frio* —, mas, durante as décadas que passei ouvindo pessoas sem contar com a ajuda de um gravador, penso que cultivei uma alta capacidade de retenção.

Mesmo assim, planejei conferir tudo com Harlan Ellison quando me encontrasse com ele, não só para confirmar o que eu lembrava e talvez obter mais detalhes, mas também para perguntar a Ellison o que ele tinha sentido enquanto fora alvo de Sinatra. Ficara surpreso com o acontecido? Pensara que Sinatra talvez fosse lhe dar um soco? Ou jogar bebida nele?

O que passara pela cabeça de Ellison durante aqueles momentos? Como repórter sempre me interesso em descrever o que as pessoas sobre quem escrevo pensam, tanto quanto o que fazem e dizem. Também me interesso pelo que eu mesmo estou pensando enquanto dedico atenção a outra pessoa. Por exemplo, o que se passava na minha mente enquanto eu observava Sinatra em seus estados de espírito contrastantes no Daisy? Naquela noite eu o vira sobretudo comportando-se com agressividade na sala de bilhar, enquanto no bar ele fora uma figura quieta e isolada. Ele nem sequer reagiu quando foi tocada "In the Wee Small Hours of the Morning", embora essa música romântica impelisse dezenas de casais para a pista de dança; e, enquanto eu os observava dançando muito próximos, pensava que a voz de Sinatra era etereamente afrodisíaca — as palavras que escrevera no pedaço de papelão no banheiro —, e tive visões daqueles jovens casais saindo do clube mais tarde e fazendo amor na cama em casa, ou em quartos alugados, ou numa variedade de outros lugares — todo tipo de lugar, inclusive carros estacionados, enquanto a música de Sinatra tocava no rádio e a bateria enfraquecia.

Não só imaginei uma cena assim e registrei um primeiro esboço em papel, como também muitas semanas depois, quando entreguei meu artigo em sua forma final para Harold Hayes, o texto obviamente fora pautado no que eu datilografara na minha Olivetti na noite de 4 de novembro no hotel Beverly Wilshire, ainda que numa forma mais polida e totalmente refletida:

> "In the Wee Small Hours of the Morning"... como muitos dos seus clássicos, uma música que evoca solidão e sensualidade e, quando combinada com penumbra, álcool, nicotina e necessidades do fim da noite, torna-se uma espécie de afrodisíaco etéreo. Sem dúvida as palavras dessa música, e de outras como ela, já puseram milhões de pessoas no clima, era música para fazer amor, e sem dúvida muito amor foi feito ao som dela em todo o país à noite dentro de carros enquanto a bateria enfraquecia, em chalés à beira do lago, em praias durante cálidas noites de verão, em parques ermos e coberturas de luxo, em quartos mobiliados, em cabines de iates, táxis e cabanas — em todo lugar onde as músicas de Frank Sinatra podiam ser ouvidas estavam essas palavras que abrasavam as mulheres, que as cortejavam e as conquistavam, cortando o último fio de inibição, e que gratificavam os egos masculinos de amantes ingratos; duas gerações de homens tinham sido beneficiárias dessas baladas, que os deixaram com uma dívida eterna e talvez tenham merecido seu ódio eterno. E, no entanto, ali estava ele, o dono daquela voz, no começo da madrugada em Beverly Hills, fora do alcance.

16.

Na manhã de sexta-feira 5 de novembro, fui a pé do meu hotel até o escritório do relações-públicas de Sinatra, Jim Mahoney, um homem afável de 37 anos, ombros largos e cabelo loiro claro, que me recebeu vestido com terno marrom-escuro feito sob medida, gravata de seda bege e camisa listrada com suas iniciais J. M. bordadas no bolso do paletó.

O monograma dourado também aparecia em sua pasta, que estava sobre a escrivaninha ao lado de uma alentada pilha de correspondências não abertas. Com um gesto de mão ele me disse para sentar na frente dele e empurrou descuidadamente a pilha, derrubando algumas cartas no chão. "Contas, contas", disse, parecendo aturdido. "Dinheiro que é bom, nada; só contas, contas..." Deixou os envelopes no chão.

A secretária entrou para avisar que Kay Gardella, do *New York Daily News*, queria falar com ele no telefone. Ele me pediu desculpas pela interrupção, pegou o fone e se reclinou em sua poltrona de couro e ouviu por um momento. Depois disse alto: "É isso mesmo, Kay, fique sabendo que a CBS jogou sujo com Frank. Mentiram para ele, Kay, tinham um acordo de cavalheiros de que não fariam perguntas sobre a vida pessoal de Frank, mas Cronkite foi em frente e pediu: 'Frank, fale sobre essas ligações'. Essa pergunta, Kay — está fora. Essa pergunta nunca deveria ter sido feita".

Enquanto a conversa continuava, olhei em volta e notei uma foto autografada do presidente Kennedy pendurada na parede, algumas fotos de Sinatra ao lado de Mahoney em eventos públicos, e uma de Mahoney com sua mulher e os cinco filhos. Nas prateleiras havia vários troféus de golfe ganhos por Mahoney, e também uma reprodução em moldura de madeira do bilhete de resgate de 240 mil dólares que Sinatra recebera em 1963 dos sequestradores de seu filho de dezenove anos, Frank Jr., que na época iniciava sua carreira musical no Harrah's Club Lodge à beira do lago Tahoe. Foi Mahoney quem entregou o dinheiro que libertou Frank Jr. O FBI logo capturou e encarcerou os criminosos, e quase todo o dinheiro do resgate foi recuperado.

Depois que Mahoney terminou de falar com Kay Gardella, a secretária entrou de novo e disse que um certo senhor estava na linha.

"Ele sabe que estou aqui?", Mahoney perguntou.

"Não", ela disse.

"Então diga que não estou."

Ele se virou para mim e disse: "Sinto muitíssimo incomodar você com o que está acontecendo, mas Frank não está se sentindo bem, e infelizmente sua conversa com ele terá de ser adiada por algum tempo".

"Quanto tempo?", eu quis saber.

"Não tenho certeza", ele respondeu. "Frank está resfriado, e partiu mais cedo hoje para passar o fim de semana em sua casa em Palm Springs, onde espera se recuperar a tempo de gravar algumas músicas na segunda-feira na gravadora da NBC em Burbank. Mas há outro problema que o preocupa, e ao advogado dele, Mickey Rudin, também, e esse tem a ver com você."

"Comigo?"

"Eles estão muito zangados por terem sido traídos por Cronkite e a entrevista dele que logo será transmitida pela CBS, e querem que você assine um acordo permitindo que Rudin faça uma revisão do seu artigo antes de ser publicado."

"Jim, sabe que não posso fazer isso", respondi depressa. "Não podia fazer isso no *Times*, e não posso na *Esquire*, nem em qualquer outro lugar que eu conheça."

"Lamento, mas isso não é comigo", Mahoney disse. "Frank e Mickey precisam de alguma garantia, do contrário não poderemos dar seguimento a essa entrevista."

"Posso garantir a eles que não associarei Sinatra com a Máfia no meu artigo", falei, "é o máximo que posso fazer."

"Talvez não seja suficiente", Mahoney avisou.

"Harold Hayes vai odiar saber disso", eu disse, e acrescentei que fizera aquela viagem sob o pressuposto de que a *Esquire* e Sinatra haviam chegado a um acordo, e além disso eu não devia permanecer em Los Angeles por muito mais que uma semana. "Agora vou ter que telefonar para Hayes e dizer que o combinado não vale mais e, como eu já disse, aposto que ele vai ficar furioso."

"Torno a dizer que lamento", Mahoney replicou. "Talvez possamos dar um jeito de ressarcir suas despesas e levar você nós mesmos."

"Duvido que Hayes concorde", respondi, embora não tivesse tanta certeza. Talvez ele concordasse e cancelasse o combinado com Sinatra, e assim me deixaria livre para fazer o que eu preferia fazer — entrevistar o diretor-chefe do *Times*, Clifton Daniel. De qualquer modo, a decisão teria que ser de Hayes, por isso me levantei para ir embora do escritório de Mahoney; disse que voltaria para meu hotel e tentaria entrar em contato com Hayes, depois daria o retorno para Mahoney.

"Não, espere", Mahoney falou, "talvez eu tenha uma ideia melhor. Vamos esperar para saber como Frank estará na segunda-feira, após o ensaio na NBC em Burbank, e só então telefonamos para Harold Hayes. Eu estava planejando levar você comigo para a sessão de gravação. Você poderá assistir enquanto ele canta, mas tente não entrevistá-lo ainda. Precisa me dar a chance de ver se consigo resolver a situação. Está bem assim?"

Depois que concordei, ele disse que me pegaria no hotel na segunda-feira às dez da manhã em ponto — e apareceu pontualmente como prometera, ao volante de seu Mercedes conversível. Durante a viagem de meia hora até Burbank, em resposta às minhas perguntas, ele me contou sobre si.

Nasceu em Culver City, uma cidade a cerca de oito quilômetros de Beverly Hills, muito conhecida por ser a sede dos estúdios da Metro-Goldwyn-Mayer. Seu pai era pintor e frequentemente o contratavam para trabalhar nas residências de astros do cinema da MGM, um dos quais era Clark Gable, que morava numa casa de campo numa propriedade de oito hectares em Encino, no San Fernando Valley.

Na adolescência, Jim Mahoney às vezes acompanhava o pai no trabalho, e foi assim que conheceu Clark Gable, que logo simpatizou com ele e lhe conseguiu trabalho como assistente do chefe de publicidade da MGM, Howard Strickling. Um dia, em 1953, Strickling mandou Mahoney levar de carro a atriz da MGM Ava Gardner, na época mulher de Sinatra, até o aeroporto em que ela pegaria um avião para a África, onde iria filmar *Mogambo*, com Clark Gable e Grace Kelly.

Quando Mahoney chegou à casa de Ava Gardner em Nichols Canyon, Hollywood Hills, ela ainda não estava pronta, por isso disse a ele para entrar e preparar um drinque. Ele entrou na sala e, quando se dirigia ao bar, foi interpelado por uma voz masculina: "Quem é você, seu merda?". Frank Sinatra estava sentado numa poltrona em um canto sombreado da sala, obviamente de péssimo humor.

"Sou do escritório de Strickling", Mahoney respondeu, "e me mandaram levar a sra. Sinatra para o aeroporto."

A atitude de Sinatra abrandou-se; ele se levantou e disse: "Tudo bem, garoto. O que vai beber?".

Mas passados alguns instantes Ava Gardner desceu com sua bagagem e se despediu do marido. Mahoney notou que Sinatra tinha os olhos marejados. Mais tarde, ficou sabendo que ela estava decidida a se afastar de Sinatra, que ela recentemente abortara o filho do casal, e Sinatra estava tão deprimido que em ao menos uma ocasião tentara suicidar-se. Além de problemas pessoais, ele estava com dificuldades financeiras em razão de seu declínio no mundo do entretenimento. Já fizera o teste para o papel que lhe daria o Oscar em *A um passo da eternidade*, mas ainda não sabia que fora escolhido.

Anos depois, com a carreira triunfante de Sinatra restaurada, Mahoney encontrou-o uma segunda vez no estúdio da MGM, onde Sinatra estrelava *Só ficou a saudade*. Mahoney estava ajudando na promoção, e um dia Sinatra perguntou: "Quando é que você vai cair fora desse negócio furado?".

"Quando aparecer coisa melhor", Mahoney respondeu.

"Acaba de aparecer", Sinatra disse. Ofereceu-lhe um bom aumento e um emprego como seu relações-públicas exclusivo. Isso foi em 1958, e desde então, Mahoney contou, "tenho estado com ele nos anos bons, nos anos ruins e nos anos mais ou menos".

Enquanto Mahoney entrava no gigantesco estacionamento dos estúdios da Warner Bros. em Burbank, formado por dezenas de sets de gravação que lembravam hangares de avião, notei várias pessoas descarregando instrumentos musicais de seus carros e entrando pela porta lateral de um prédio particularmente movimentado. Também reparei numa figura masculina muito conhecida saindo de uma limusine, de suéter laranja, chapéu Fedora de aba dobrável, e levando uma pasta e uma capa de chuva debaixo do braço naquele dia nublado e inesperadamente fresco na Califórnia.

"Jim", exclamei, "aquele não é o Frank Sinatra!"

Mahoney parou o carro e olhou através do para-brisa na direção do homem que eu apontava.

"Não", respondeu. "Não é Frank. É seu dublê, Johnny Delgado."

Fiquei surpreso ao ouvir que Sinatra tinha um dublê, mas não disse nada, entendendo que, fosse o que fosse que eu estivesse pensando, era melhor Mahoney não saber. Ele me avisara para não me aproximar de Sinatra, mas não dissera nada sobre o dublê. Johnny Delgado era o tipo de personagem secundário que me interessava como escritor. E eu podia dizer o mesmo sobre muitos outros que trabalhavam para Frank Sinatra ou eram socialmente ligados a ele — uma lista que incluía seu relações-públicas Mahoney, seu advogado Rudin, seu guarda-costas Pucci e dezenas de outros, incluindo alguns de seus empregados domésticos especiais e inúmeros personagens de bastidores e bajuladores.

De qualquer modo, se eu não estivesse comprometido com o trabalho encomendado por Harold Hayes, teria preferido, incomparavelmente, escrever o perfil do dublê ao do homem propriamente dito; e mentalmente já fizera uma compilação de muitas perguntas para Delgado. Como conseguira aquele emprego? Que prazeres, vantagens e perigos ele trazia? Sabendo que Sinatra estava então trabalhando em *Assalto a um transatlântico*, filmado na costa do Pacífico, eu supunha que Delgado fora mandado para ser filmado nas cenas aquáticas enquanto Sinatra permanecia seco na praia, mas o que Delgado estaria fazendo ali naquele dia na sessão de gravação? Ele sabia cantar? Teria sido outrora um aspirante a cantor ou ator? Em caso positivo, quais eram suas experiências? Ele tinha um relacionamento pessoal com Sinatra?

Se eu o procurasse, falaria comigo? Ou me evitaria, temendo perder seu emprego? Só saberia a resposta se conseguisse chegar até ele, mas, antes de poder fazer isso, teria que dar um jeito de driblar Jim Mahoney.

17.

Permaneci perto de Mahoney enquanto entrávamos no estúdio de televisão vasto e barulhento onde centenas de pessoas conversavam em volta da plataforma elevada na qual alguns músicos sentados se aqueciam; e com vista para esse palco estava a cabine de controle envidraçada onde o diretor e seus auxiliares testavam suas câmeras e equipamentos de som na esperança de que Frank Sinatra vencesse o resfriado e fizesse uma apresentação que valesse a pena.

Depois de passar pelo palco, prosseguimos até chegar à sala de ensaio no outro extremo do estúdio. Mahoney parou para conversar com algumas pessoas que estavam à porta, mas não me apresentou nenhuma delas. Três eram homens bem-vestidos, de terno escuro, quase na meia-idade, e havia também uma mulher de cabelos grisalhos e vestido com estampa floral, carregando uma maleta. Eu soube mais tarde que ela se chamava Helen Turpin e seu trabalho em tempo integral era seguir Sinatra discretamente por toda parte onde ele se apresentasse, levando uma maleta com as perucas dele. Para ser sua carregadora de topetes, ela recebia quatrocentos dólares por semana.

Na sala de ensaio, acompanhado por um pianista, Sinatra testava sua voz. Como a porta estava entreaberta, podíamos ouvi-lo parar frequentemente de cantar para reclamar de alguma coisa, e por duas vezes ele até esmurrou o piano, enquanto o acompanhante pedia, com brandura mas repetidas vezes: "Procure não se irritar, Frank".

Os que estavam à porta não fizeram nenhum comentário, mas supus que eles, como Mahoney, tinham algum tipo de associação próxima com Sinatra e deviam sentir-se abalados e preocupados com a situação. Mahoney, além disso, talvez estivesse zangado consigo mesmo por permitir minha presença ali quando Sinatra estava claramente descontrolado.

"Venha", disse então Mahoney, pegando no meu braço e me conduzindo na direção de um homem que acenava para ele a certa distância. "Tem alguém com quem eu quero conversar."

Logo ele me apresentou a Andy Williams, o artista que gravara sucessos como "Moon River" e tinha um programa semanal de variedades na NBC. Enquanto os dois batiam um longo papo, prestei pouca atenção porque estava mais interessado em ver o teste da iluminação do palco com Johnny Delgado, posicionado atrás de um microfone acoplado a um pedestal. E então veio juntar-se a nós uma jovem morena extrovertida, a mulher de Andy Williams, Claudine Longet, atriz e dançarina nascida na França.

A imprensa noticiara amplamente seu primeiro encontro com Andy Williams, cinco anos antes. Na época ela era dançarina do Folies Bergère num cassino de Las Vegas, e uma tarde, quando seu carro parou na rua com problema mecânico, Andy Williams, que vinha passando em seu próprio carro, desceu para ajudá-la. Ele tinha então 32 anos, e ela dezoito. Os dois começaram a namorar, e um ano depois se casaram. Antes disso ele tivera um longo relacionamento com uma mulher que tinha o dobro de sua idade — Kay Thompson, cantora e professora de canto que o ajudara a decolar na carreira. Mais tarde ela escreveu os livros infantis da série Eloise. Após o casamento de Andy Williams com Claudine, Kay Thompson mudou-se para Roma.

Depois que Claudine veio ao encontro do marido e de Mahoney, ela dominou a conversa e pressionou Mahoney para levá-los até Sinatra. "Ele está ocupado e indisposto", Mahoney explicou.

Mas ela insistiu: "Frank adora Andy, e nós dois vamos animá-lo".

"Agora ele está ensaiando, não posso interromper", Mahoney disse.

Ela então replicou: "Vamos esperar por ele aqui fora. Por favor, preciso falar com ele. Ele se sentirá melhor".

Por fim Mahoney cedeu. "Está bem, vamos até lá ver como estão as coisas. Mas não prometo nada." Antes de ir com os dois, Mahoney virou-se para mim e pediu: "Espere por mim aqui, está bem? Não vou demorar".

Permaneci no meio da sala apinhada, cercado por uma massa de pessoas que nunca vira. Mahoney havia mencionado que estariam presentes muitos vendedores de cerveja e suas famílias — a Budweiser era a patrocinadora do programa da NBC —, além de muitas secretárias e outros funcionários de vários escritórios instalados na propriedade da Warner Bros. Finalmente avistei alguém que me lembrava de ter visto no Daisy — Ed Pucci, o ex-atacante do NFL que era guarda-costas de Sinatra. Ele seguiu na direção da sala de ensaio e, depois de alcançá-lo, eu me apresentei como jornalista da *Esquire* que estava escrevendo um perfil de seu chefe.

"*Esquire*!", Pucci repetiu alegremente. "É minha revista favorita. Leio sempre. Gosto muito da coluna 'Dining Out'. Sou sócio de um restaurante sensacional aqui perto, quem sabe você gostaria de jantar comigo lá uma noite dessas, e talvez me mencionar na 'Dining Out'?"

"Eu adoraria", falei, "e com prazer darei a dica do seu restaurante ao editor da coluna." Anotei depressa o número do telefone de Pucci no pedaço de papelão que tirei do paletó, e marcamos um jantar mais para o fim da semana. Obviamente eu torcia para que Pucci não contasse nada disso a Mahoney.

Depois que Pucci se foi e antes de Mahoney voltar, notei que Delgado e o pessoal da iluminação estavam fazendo um intervalo perto dos degraus do palco, por isso me aproximei rapidamente, e ele se mostrou cordial e receptivo. Peguei seu número de telefone e consegui sua promessa de me dar uma entrevista assim que sua agenda permitisse. Ele explicou que, quando era um jovem aspirante a ator em 1953, fizera um teste para um papel em *A um passo da eternidade*, mas o diretor de elenco, impressionado com sua semelhança com Sinatra, contratou-o como dublê do cantor.

Desde então Delgado trabalhava regularmente como dublê quando Sinatra cantava ou filmava nos Estados Unidos e no exterior. Às vezes, quando Delgado estava de folga em cidades estrangeiras e saía para passear pelas ruas ou entrava num bar, era confundido com Sinatra, e pessoas vinham pedir autógrafos e fotos — que ele, depois de esclarecer a situação, negava educadamente. Mas de quando em quando garotas o perseguiam com intenções românticas. Nessas situações, admitiu com uma piscadela e uma sobrancelha erguida, ele nem sempre se mostrava tão resistente.

Eu me afastei dele quando vi Mahoney vindo na minha direção com o casal Williams. Claudine parecia abatida, e permaneceu em silêncio quando perguntei se tinha visto Sinatra. Mahoney respondeu por ela: "Frank está ocupado, mas felizmente se sente melhor. Logo estará pronto para começar".

Cinco minutos depois, a sala explodiu em vivas e palmas, e vi Pucci abrir caminho no meio da multidão com Sinatra atrás dele. Seguiram para o palco. Sinatra estava de chapéu Fedora e óculos de aro tartaruga pretos, carregando o que supus ser uma partitura. Trajava calça e sapatos marrons e um suéter de gola alta cor de laranja.

Laranja era sua cor favorita. Eu soube disso por seu camiseiro célebre, Richard Carroll, cuja loja em Beverly Hills visitei no fim de semana. O sr. Carroll, um homem no começo da casa dos quarenta prematuramente grisalho que abriu seu negócio em 1949 e usava trajes e acessórios tão elegantes quanto os manequins à sua volta, me contou que Sinatra comprava luxuosos suéteres de caxemira escocesa não só para si, como para muitos de seus amigos e também para empregados como seu piloto, que sempre usava um suéter laranja quando levava Sinatra em seu jatinho Lear — que, aliás, tinha carpete laranja, painéis laterais de couro laranja e listras laranja pintadas na fuselagem.

Ao longo dos anos, a fita métrica de Richard Carroll explorara cada centímetro do corpo de Sinatra — cintura 81, quadris 99, comprimento da entreperna da calça 76, comprimento do paletó 74,3, tamanho do chapéu 7¼, tamanho do sapato 39. Embora com 1,70 metro de altura ele fosse quase três centímetros mais alto que Napoleão Bonaparte, Carroll sabia que isso não era consolo nenhum para Sinatra, por isso seus sapatos tinham palmilhas que aumentavam sua altura para quase 1,75 metro.

Carroll também sabia exatamente, pois consultara o camareiro de Sinatra, Dominic di Bona, o que o cantor usaria nas três ocasiões em que trocaria de roupa enquanto cantava dezoito músicas durante o especial de uma hora da NBC que seria transmitido em 24 de novembro. O show começaria com um vídeo de Sinatra atravessando a passos largos todo o estúdio. Depois de atirar seu chapéu num canto, ele subiria numa plataforma branca e, com músicos da orquestra tocando nas sombras atrás dele, pegaria um microfone e começaria a cantar "I've Got You under My Skin".

Para essa música e as cinco seguintes, ele vestiria um paletó de tweed bege com colete laranja criado por Carroll, calça e sapatos marrons, gravata de seda estampada marrom e camisa social branca com minúsculas abotoaduras circulares de pérola. Do bolso do paletó brotaria um lenço laranja. Para sua sétima música, "It Was a Very Good Year", Sinatra usaria um terno com colete cinza-escuro e camisa com prendedor de colarinho, gravata de seda cinza e lenço de bolso laranja-avermelhado.

Sua última troca de roupa se daria quando ele vestisse um smoking para a 15ª música, "Come Fly with Me". O paletó preto tinha ombreira e lapelas de cetim, e sob um colete Sinatra usaria camisa branca com colarinho de pontas viradas, gravata-borboleta preta e botões cravejados. A calça tinha uma faixa na cintura e, novamente, o paletó era ornado com um lenço de bolso vermelho-tomate.

Carroll já fizera quarenta smokings para o cantor, mas o traje formal era tão associado à presença de Sinatra como artista que era necessário entregar sete smokings novos por ano. Carroll contou que seus alfaiates precisavam de aproximadamente quatro semanas para fazer cada um, e que sempre havia dois em processo de produção.

Depois que Ed Pucci abriu caminho através da multidão ao redor do palco, ele ficou de lado e Sinatra subiu numa pequena plataforma branca em que havia um microfone, um atril e um banquinho estofado em couro branco, flanqueado por árvores de plástico branco com ramos enfeitados por dezenas de crisântemos cor de laranja. Ele tirou os óculos e guardou no bolso do suéter — todos os seus suéteres tinham um bolso para óculos —, em seguida se virou e olhou na direção das fileiras de músicos sentados; a maioria deles soprava instrumentos ou testava cordas, a cerca de dez metros atrás e vários metros acima de Sinatra.

Sinatra sorriu e apontou para um trombonista que se levantou para fotografá-lo; então olhou em volta e perguntou em voz alta: "Onde está Nelse?".

Nelson Riddle, o bandleader e arranjador — um quarentão jovial de cabelos escuros, corpulento e modesto que era colaborador musical de Sinatra fazia mais de uma década —, chegou depressa pelo lado esquerdo da plataforma e disse: "Tudo pronto, Frank". Cinco minutos depois, com Riddle atrás do pódio empunhando sua batuta e a orquestra de 43 instrumentos em vibrante resposta, a voz de Sinatra, acompanhada pelos estalos de seus dedos atrás do microfone, reverberou através do sistema de som:

"*I've got you under my skin/ I've got you, deep in the heart of me/ So deep in my heart that you're really a part of me...*"*

Ele parou de cantar antes de terminar um terço das músicas porque aquele era apenas um aquecimento para a orquestra, não seria gravado, e também porque foi interrompido pelo diretor do show, Dwight Hemion, que o chamou da cabine de controle.

"A voz está ótima, Frank, mas poderia subir aqui um momento para dar uma olhada? Talvez estejamos com muito movimento das mãos."

Hemion, um cavalheiro loiro e afável de trinta e poucos anos, deslocava-se pela cabine silenciosamente de tênis apesar de vestir terno e gravata. Na década anterior recebera vários prêmios Emmy pela direção de espetáculos musicais, o mais recente estrelado por Barbra Streisand.

Enquanto Sinatra subiu seguido por Nelson Riddle para examinar os monitores com Hemion, houve um intervalo de dez

* "Eu tenho você sob a minha pele/ Eu tenho você, fundo neste coração meu/ Tão fundo em meu coração que você é já parte de mim..." (N. T.)

minutos. Como Sinatra parecia estar saudável o suficiente para se apresentar, expressões de alegria e alívio apareceram no rosto de seus amigos e associados reunidos num círculo perto do palco. Além de Mahoney e Andy Williams e sua esposa, Claudine, o grupo agora incluía Brad Dexter, Leo Durocher, meu novo melhor amigo Ed Pucci e várias outras pessoas que eu nunca vira. Enquanto Mahoney estava ocupado conversando com Dexter, perguntei discretamente a Pucci quem eram, e ele os identificou como Mo Ostin, um executivo da gravadora de Sinatra, a Reprise; Layne Britton, maquiador de Sinatra; Al Silvani, treinador de boxe e ex-dublê que figurou em muitos filmes de Sinatra; e John Lillie, parceiro de golfe de Sinatra e corretor de seguros.

Avistei, não muito longe dali, a mulher das perucas, Helen Turpin. Deixei o grupo brevemente e fui me apresentar à sra. Turpin, que para minha satisfação me deu seu número de telefone e concordou em marcar uma entrevista mais tarde.

Enquanto isso, Frank Sinatra voltara ao palco e estava próximo ao atril conversando com Hemion, Riddle, o compositor Gordon Jenkins e alguns técnicos de iluminação. Discutiam como Sinatra deveria se posicionar quando terminasse de cantar a segunda música, "Without a Song", e então ficasse de frente para a câmera de televisão e lesse as primeiras linhas do roteiro, que diziam: "Já parou para pensar como seria o mundo sem música?... Seria muito sem graça... Dá o que pensar, não?".

Depois de ler essas frases uma vez, Sinatra tossiu. "Perdão", ele disse, e acrescentou: "Caramba, preciso de um drinque."

"Sem pressa, Frank", disse Hemion para encorajá-lo, e então uma mulher morena passou subitamente por trás dele e de outros homens no palco, pôs um braço nos ombros de Sinatra e sussurrou algo em seu ouvido. Sinatra pareceu não se importar com a presença dela, mas ouvi na minha frente Jim Mahoney gritar e apontar para o palco: "Que diabos Claudine está fazendo lá?".

Vermelho de raiva, Mahoney se virou para o homem que estava ao seu lado, Andy Williams, com quem ele antes tinha sido tão solícito, e repetiu a pergunta. Williams encolheu os ombros e pediu desculpas, depois subiu depressa ao palco, pegou sua mulher pela mão e a escoltou escada abaixo e na direção dos fundos do estúdio, bem longe de Mahoney.

"Já parou para pensar como o mundo seria sem música?", Sinatra repetiu, dessa vez sem tossir, e então, acompanhado pela orquestra, conseguiu cantar sem falhas partes da terceira música do show, "Don't Worry About Me"; em seguida dirigiu sua atenção para Dwight Hemion, agora de volta à cabine de controle, e perguntou: "Por que não gravamos essa droga?".

Hemion não prestou atenção, então Sinatra repetiu: "Por que não gravamos essa droga?".

No mesmo instante, o diretor de cena, postado atrás do palco e usando fones de ouvido, repetiu exatamente as palavras de Sinatra a Hemion: "Por que não gravamos essa droga?".

Sinatra estava ficando muito impaciente. Tinha estado em pé sob luzes quentes por vinte minutos, já investira sua energia em três músicas, mas a NBC ainda não estava pronta para gravar. Nada menos que trinta funcionários da NBC subordinados a Hemion, além de vinte assistentes de palco, trombavam frequentemente uns com os outros enquanto se apressavam por toda parte ajustando ângulos de câmera, movendo o cenário, realinhando os assentos da orquestra e debatendo como as sombras de Sinatra deveriam se distribuir quando o cantor perambulasse pelo palco com o microfone na mão. Johnny Delgado às vezes era chamado para ficar no lugar de Sinatra e criar sombras no palco que seriam filmadas e mais tarde representadas como as de Sinatra.

Um dos dispositivos do estúdio que requeria testes frequentes era um soprador de folhas que, quando Sinatra começasse a cantar a quarta estrofe de "It Was a Very Good Year" — "*By now* *the days are short/ I'm in the autumn of the year...*" —,* essa máquina elevada teria de liberar uma vibrante cascata de folhas cor de laranja que deveriam redemoinhar lentamente no ar antes de cair e se espalhar por todo o piso ao redor do microfone. Mas infelizmente o soprador vivia dando defeito, e as folhas permaneciam bloqueadas lá dentro. Sinatra, observando aquela engenhoca imprevisível, comentou desanimado: "É como ficar esperando um filho nascer".

Em sua longa carreira como cantor e astro do cinema, Sinatra tinha a má fama de confrontar diretores e em especial de se encolerizar quando achava que seu ritmo de trabalho estava sendo retardado devido a despreparo ou meticulosidade excessiva. Para ele, um diretor de filmagem bem organizado devia ser capaz de gravar uma cena em uma ou duas tomadas, e não esperar que um ator a repetisse várias vezes em razão de erros evitáveis no estúdio ou talvez de falsas noções de perfeccionismo.

Quanto a Dwight Hemion, um amável e competente mestre dos especiais musicais, Sinatra certamente não podia culpá-lo por gravar cenas em excesso, e sim pelo oposto. Hemion parecia tão enredado em minúcias que não estava gravando cena alguma — e Sinatra estava cansado de esperar. Queria ir para o camarim, tirar o suéter, botar o paletó e a gravata, e voltar ao palco para começar o show de verdade.

Por isso ele olhou de novo para a cabine envidraçada e interpelou Hemion:

"Por que não botamos paletó e gravata e gravamos isso?"

Silêncio persistente de Hemion. Talvez o interruptor na sua cabine estivesse desligado. Ou talvez ele simplesmente não tivesse pressa de responder, sendo um sujeito ponderado, de uma calma deliberada, que costumava avançar pela vida como bem en-

* "Por ora os dias são curtos/ Eu estou no outono do ano..." (N. T.)

tendia e no seu próprio ritmo. E então por fim se ouviu a voz serena e baixa de Hemion: "Frank, você se importa de voltar...".

"Sim, eu me importo de voltar", Sinatra disparou. "Quando pararmos de fazer as coisas aqui do modo como fazíamos em 1950, talvez..." Sinatra continuou a vociferar, mas não provocou nenhuma elevação no tom monotônico de Hemion; por isso, continuou a gritar: "Que diabos você está fazendo aí em cima, Dwight? Tem alguma festa ou alguma coisa acontecendo aí em cima, Dwight?".

Sinatra permanecia em pé sozinho no palco, de braços cruzados, aguardando uma resposta que não veio. Os músicos inativos sentados atrás dele sem dúvida também estavam impacientes, e talvez por isso Nelson Riddle logo se juntou a Sinatra no palco, pôs uma das mãos em seu ombro e começou a conversar com ele por alguns minutos.

Riddle voltou então para o pódio e fez sinal para sua orquestra começar a tocar a quinta música programada: "Nancy (With the Laughing Face)". Essa era uma das marcas registradas do vasto repertório de Sinatra; fora composta mais de vinte anos antes por Jimmy van Heusen e Phil Silvers, e era associada ao nascimento da filha primogênita e presumivelmente favorita do cantor, Nancy: "*If I don't see her each day/ I miss her/ Gee what a thrill/ Each time I kiss her/ Believe me I've got a case/ On Nancy with the laughin' face...*".*

Logo Sinatra estava acompanhando a orquestra, e graças ao seu fraseado incomparável e sua enunciação distinta, os ouvintes conseguiam ouvir com clareza cada palavra escrita pelos autores da letra. O escritor Pete Hamill comentou certa vez que multidões

* "Se eu não a vejo todos os dias/ Sinto sua falta/ Nossa, que emoção/ Toda vez que a beijo/ Acredite em mim, eu estou apaixonado/ Pela Nancy de rosto risonho..." (N. T.)

de recém-chegados aos Estados Unidos familiarizaram-se com a língua inglesa ouvindo Sinatra cantar.

"*She takes the winter and makes it summer/ Summer could take some lessons from her/ Picture a tomboy in lace/ That's Nancy with the laughin' face...*"*

Sinatra completou essa música satisfatoriamente, mas, quando Nelson Riddle o conduziu pelas partes do sexto número — "My Kind of Town" —, sua voz emitiu notas roucas e por duas vezes falhou por completo. A orquestra parou de repente quando Sinatra se curvou e espirrou. Cantar "Nancy" com perfeição provavelmente fora tudo o que sua voz tinha para dar naquele dia, por isso, depois de tirar um lenço do bolso da calça e assoar o nariz, ele deixou o palco e se dirigiu à cabine de controle para dizer a Hemion que o ensaio terminara. Seria preciso reagendar.

Em consequência, tudo o que acontecera naquele dia seria descartado, com exceção talvez da conta de 200 mil dólares ou mais que ainda assim teria de ser paga para cobrir as despesas do dia — coisas como aluguel do estúdio, montagem da orquestra de 43 instrumentos, salários dos auxiliares de palco, guardas de segurança, equipe da NBC e seu diretor.

Antes de se despedir de Sinatra, Dwight Hemion sentou-se brevemente com ele diante da tela, assistindo enquanto ele cantava "My Kind of Town" e era traído por sua voz. "Devia ter parado antes disso", Sinatra disse, e suas palavras foram ouvidas pelo sistema de som. "Não devíamos ter demorado tanto." Hemion não discordou.

Olhando sua própria imagem na tela, Sinatra disse: "Pense num homem que está resfriado".

* "Ela transforma o inverno em verão/ O verão poderia aprender com ela/ Imagine um moleque com um laço/ Esta é a Nancy de rosto risonho..." (N. T.)

18.

Enquanto me levava de volta para meu hotel em seu carro, Mahoney disse que Sinatra fora para sua casa no deserto em Palm Springs para se recuperar, e minha entrevista estava temporariamente suspensa.

"Por quanto tempo?", perguntei.

"Só vou saber quando falar com Frank", Mahoney respondeu, e repetiu que a organização de Sinatra providenciaria o reembolso das minhas despesas se eu quisesse desistir da entrevista e voltar para Nova York.

"Jim, sabe que não posso tomar essa decisão", falei. "Quando voltar para meu quarto, entrarei em contato com Harold Hayes, depois informarei a você o que ele resolveu."

No entanto, mesmo antes de telefonar, eu supunha que Hayes era orgulhoso demais como editor para cogitar essa proposta; além disso, sabendo o quanto ele queria publicar uma matéria sobre Sinatra, eu me sentia na obrigação de atendê-lo. Anos antes, quando eu ainda trabalhava como repórter do *Times*, cancelei peremptoriamente um trabalho como freelancer para a *Esquire* em Los

Angeles em razão dos atrasos de Natalie Wood, mas agora minha situação era outra. Agora eu era um escritor de 33 anos com um contrato de um ano que me tornava subordinado exclusivamente a Harold Hayes. De mais a mais, minha mulher e eu recentemente tivéramos nosso primeiro filho, e a *Esquire* era nossa principal fonte de renda. Por fim, eu tinha um sentimento de lealdade e gratidão a Hayes por me permitir escrever com mais liberdade e espaço do que teria sido possível para mim no *Times*.

Liguei para ele do hotel e contei o que Mahoney me dissera. Hayes respondeu do modo esperado, rejeitando o oferecimento de Mahoney como ridículo. Também descartou minha sugestão para me transferir do Beverly Wilshire para um hotel mais barato e assim reduzirmos as despesas da *Esquire*.

"Fique onde está", ele disse, "e continue a fazer o que está fazendo. Continue a falar com quem quiser falar com você por aí."

Entre as pessoas com quem eu esperava falar, obviamente sem que Mahoney soubesse, estava Nancy Sinatra Jr., cujo número de telefone residencial eu conseguira com Sally Hanson, que a conhecia porque era frequentadora do Daisy.

Outro que eu acreditava ser capaz de influenciar Sinatra a meu favor era o peso-pesado Floyd Patterson, um velho amigo meu de quem Sinatra também gostava. Sinatra apostara nele na luta contra Muhammad Ali dali a duas semanas pelo título de peso-pesado em Las Vegas, no dia 22 de novembro. Pretendia não só comparecer ao evento, Mahoney me contou, mas também enviaria antecipadamente a Patterson um antigo funcionário, Al Silvani, de 55 anos, que já fora um renomado treinador de boxe e agora tinha uma estratégia que presumivelmente ajudaria Patterson a derrotar Ali.

Sinatra era fã ardoroso do boxe fazia tempo, e tinha muitos ex-lutadores e seus auxiliares em sua lista de presentes e em sua folha de pagamento. O pai de Sinatra, Marty, um siciliano de olhos azuis, antes de ser bombeiro e dono de bar, fora um boxeador peso-galo com oitenta lutas profissionais, até fraturar os dois pulsos e ser forçado a deixar o esporte.

O próprio Sinatra tivera aulas de boxe no começo de sua carreira de cantor com Henry "Hank" Sanicola, um ex-demonstrador de músicas e ex-lutador que seria depois o primeiro empresário de Sinatra. Em 1942, quando Sinatra começou a cantar no Paramount Theatre na Times Square, Sanicola alugou um espaço no prédio para treinar Sinatra nos fundamentos da autodefesa. Sanicola, um homem fortíssimo e troncudo de noventa quilos, queria evitar lesões faciais no cantor, por isso insistia para que nos treinos eles limitassem os contatos aos ombros do adversário e não golpeassem acima do pescoço.

Mas um dia durante o treino, talvez incapaz de resistir à tentação de intimidar o grandalhão, Sinatra deu um soco no queixo de Sanicola. Mais surpreso do que fisicamente machucado, por instinto Sanicola retaliou com um soco no abdome que jogou Sinatra esparramado no chão. Sinatra permaneceu ali por um momento e não disse nada. Depois se pôs em pé devagar e, com um sorriso amarelo, pediu desculpas a Sanicola.

Quando Mahoney me contou que Sinatra iria assistir à luta Patterson-Ali, negligenciei dizer a ele que eu também pretendia ir; já assistira a mais de uma dezena das lutas de Patterson desde que ele conquistara pela primeira vez o título de peso-pesado em 1956, com 21 anos.

Durante aquele ano e nos anos seguintes, escrevi mais de trinta matérias sobre ele no *Times*, além de um perfil para a *Esquire* — textos que falavam de seus desafios no ringue e também na sua vida privada.

Discorri sobre sua formação de jovem negro no Brooklyn, que matava aula e cometia pequenos furtos e que aos dez anos foi mandado para a Wiltwyck School for Boys — um reformatório no interior de Nova York que verdadeiramente o reformou. Lá ele foi ensinado a aceitar a disciplina e a responsabilidade pessoal e, aos catorze anos, ao receber aulas de boxe num ginásio, enfim encontrou no ringue um lugar onde não se sentia inferior.

Aos dezessete anos ele conquistou a medalha de ouro como peso-médio nos Jogos Olímpicos de 1952 em Helsinque, e depois disso virou lutador profissional, ganhou peso e assinou contrato com um ascético empresário nascido no Bronx chamado Cus D'Amato, que usava ternos escuros e chapéu-coco e no passado pensara em se tornar padre, apesar de ser conhecido na vizinhança como um brigão que não se deixava intimidar por uma lesão ocular permanente. D'Amato foi não só o empresário, mas também um patriarca para Patterson até 1962, quando Patterson — que acabara de completar 27 anos e recuperara seu título de peso-pesado lutando contra Ingemar Johansson — desafiou D'Amato assinando um contrato para lutar contra Sonny Liston, um nocauteador muito mais corpulento e forte, com um alcance desproporcionalmente longo.

A luta foi marcada para 25 de setembro em Comiskey Park em Chicago, e alguns dias antes do evento fui à concentração onde Patterson treinava na suburbana Elgin, Illinois, a cerca de 65 quilômetros a noroeste do Loop, levando comigo um amigo romancista, James Baldwin. Eu conhecera Baldwin dois anos antes numa festa promovida pela *Esquire* para comemorar a edição de julho de 1960 da revista, um número especial para o qual nós dois havíamos contribuído e que era totalmente dedicado a pessoas e lugares da Cidade de Nova York.

Depois disso, convidei Baldwin muitas vezes para jantar em minha casa com minha mulher, amigos chegados e às vezes alguns colegas do *Times* — ocasiões agradáveis quase sempre, exceto por uma noite em que Baldwin discutiu com o correspondente político do jornal, Tom Wicker, cujas sugestões e expressões de simpatia pelos liberais brancos foram menosprezadas e ridicularizadas por Baldwin com tanto ardor, que a mulher de Wicker, Niva, logo deixou a mesa chorando e protestando: "Como pode falar assim com Tom?".

Em Chicago, antes da luta Patterson-Liston, eu me surpreendi quando vi Baldwin no elevador do meu hotel; depois que ele explicou que estava na cidade para descrever a luta para a revista *Nugget*, eu o convenci a ir de carro comigo até a concentração de Patterson, parando pelo caminho para comprar alguns livros de Baldwin que eu queria que ele autografasse para o lutador.

Depois de uma hora de viagem durante a qual Baldwin contou que deixara de ser um grande fã do boxe desde 1951, quando Joe Louis, aos 37 anos e fortemente endividado, fora nocauteado por Rocky Marciano, de 28 anos, estacionei meu carro alugado num terreno lamacento no meio das árvores de um morro próximo a uma casa de madeira branca de dois andares com janelas verdes e uma cabra amarrada a uma estaca no quintal da frente.

Era lá que Patterson estava alojado, e atrás havia casas menores de feitio parecido, ocupadas por seus sparrings, um treinador e um segundo treinador que também fazia as vezes de cozinheiro. Patterson acabara de acordar de um cochilo vespertino quando chegamos, e foi assim que Baldwin recordou essa ocasião e mais tarde a descreveu na revista *Nugget*:

> Ele cumprimentou Gay e dissimuladamente me observou com atenção, parecendo concluir que, se eu estava com Gay, devia ser gente boa. Nós o seguimos até o ginásio [...] assistimos enquanto pulava corda, o que ele tem de fazer de acordo com alguma música em sua cabeça, luzidio, belo e distante como um garoto santo dançando sem poder conter-se e visto através das janelas embaçadas de uma igreja de garagem.

Entramos com ele na casa depois do treino, nos sentamos na cozinha e tomamos chá; ele tomou chocolate. Gay sabia que eu estava um pouco tenso, sem saber como fazer contato com Patterson — eu sentia que ele tinha um desafio duríssimo pela frente e todos deviam deixá-lo em paz; por acaso eu gostaria se todo dia me forçassem a responder a perguntas vazias sobre o progresso dos meus trabalhos? —, então falou com Patterson sobre alguns dos meus escritos. Mas Patterson nunca ouvira falar de mim, nem lera nada do que eu escrevera.

Com a explicação de Gay, porém, ele olhou diretamente para mim e disse: "Já vi você em algum lugar. Não sei onde, mas sei que já vi".

Gay disse que talvez tivesse sido na TV. Eu esperava que aquela conversa derivasse para algo mais pessoal, como um amigo mútuo ou alguma atividade ligada à escola Wiltwyck, mas Floyd lembrou-se do assunto de um debate que ele vira na TV — o problema racial, obviamente — e seu rosto se iluminou. "Eu *sabia* que tinha visto você em algum lugar!", ele disse, triunfante, e por um momento me olhou com o mesmo orgulho fraternal que eu sentia — e sinto — por ele.

Os dois continuaram bem entrosados durante a meia hora restante da nossa visita, e no final peguei os dois best-sellers de Baldwin que eu tinha comprado — *Terra estranha* e *Nobody Knows My Name* — e pedi ao autor que os autografasse para o lutador. "Para: Floyd Patterson", Baldwin escreveu. "Porque nós dois sabemos de onde viemos e temos alguma ideia de para onde estamos indo." Quando nos despedimos à porta, Patterson não só agradeceu a Baldwin pelos livros, como também disse que esperava ser o vencedor na luta contra Sonny Liston.

Mas no dia seguinte, quando Baldwin, eu e dezenas de outros da imprensa fomos à concentração de Liston em Aurora, Illinois, a 32 quilômetros da concentração de Patterson em Elgin, ficamos impressionados com a superioridade de Liston. Liston, com seus 1,86 metro de altura e 97,5 quilos, superava Patterson, de 1,83 metro, em mais de nove quilos, além de ter uma vantagem de 33 centímetros no alcance de braço. Depois de nos sentarmos ao lado do ringue de treinamento de Liston e vê-lo pulverizar seus sparrings como se fossem sacos de pancada, Baldwin e eu admitimos que Floyd Patterson provavelmente estava em desvantagem.

De fato, o resultado em Comiskey Park em Chicago mostrou-se ainda mais desequilibrado do que tínhamos imaginado. Liston nocauteou Patterson em pouco mais de dois minutos do primeiro assalto e se tornou o campeão peso-pesado. E, na revanche dez meses depois em Las Vegas, Patterson não se saiu melhor; Liston novamente o nocauteou no primeiro assalto.

Parecia que a carreira de Patterson havia terminado e que Liston dominaria na divisão dos pesos-pesados por um longo período — mas em fevereiro de 1964, em Miami Beach, Liston, com probabilidade sete vezes maior de vencer, perdeu sua coroa após o sexto assalto para Muhammad Ali, de 1,91 metro, mais rápido e surpreendentemente mais forte; e além disso Liston não conseguiu recuperar o título em Lewiston, Maine, em maio de 1965, demolido por Ali no primeiro assalto.

Por isso, e talvez também por motivos políticos, Floyd Patterson conseguiu assinar em 1965 um contrato desafiando Muhammad Ali para o título mundial em Las Vegas em 22 de novembro. Patterson teve a sorte de ser um desafiante num período em que os lutadores mais pesados em atividade não eram os favoritos da maioria dos fãs do boxe. Liston tinha o ônus de sua ficha criminal passada — dois anos na prisão por roubo e assalto à mão armada — enquanto Ali tinha ligações abertas com os Black Muslims e com frequência era criticado por falta de patriotismo, especialmente depois de ter recusado o alistamento durante a Guerra do Vietnã. Comparado a esses dois, Patterson aumentava as vendas na bilheteria por falta de opção melhor.

Além de sua vantagem moral e da tendência da maioria das pessoas a torcer pelo mais fraco, Patterson foi destacado pelo escritor Norman Mailer como "o primeiro lutador negro a ser considerado, e depois usado, como uma força política. Ele era da elite liberal, um favorito de Eleanor Roosevelt, um trampolim político para a NAACP...* um homem de modos incomparavelmente gentis, discretos e privados".

Embora Patterson tivesse sido ineficaz contra Liston e provavelmente houvesse sido nocauteado mais vezes do que qualquer peso-pesado de renome na história — foi derrubado sete vezes numa única luta em 1959, quando perdeu seu título para o sueco Ingemar Johansson —, também era verdade que ele era o líder dos pesos-pesados em se levantar da lona desde o surgimento do boxe. Estava ficando em pé depois que Johansson o derrubara, mas o árbitro encerrou a luta. Na segunda luta com Liston, em 1963, o árbitro encerrou o combate quando Patterson, que já tinha ido à lona duas vezes, tentava se levantar pela terceira vez.

Assim, por menos qualificado que Patterson pudesse parecer para ser o adversário de Muhammad Ali na luta pelo título, os promotores o anunciaram como um exemplo de perseverança, um homem que nunca desiste e sempre tenta se levantar. E, entre os muitos fãs do boxe que ainda acreditavam nele, estava Frank Sinatra, que conhecia em primeira mão a possibilidade de retornar em grande estilo.

* NAACP, sigla de National Association for the Advancement of Colored People, organização dedicada à defesa dos direitos civis das pessoas de cor nos Estados Unidos. (N. T.)

19.

Durante o período em que Sinatra tentava se recuperar do resfriado em Palm Springs e eu tinha dores de cabeça lidando com Jim Mahoney em Beverly Hills, consegui localizar Floyd Patterson no hotel Thunderbird em Las Vegas e, sem que eu precisasse usar de persuasão, ele prometeu falar bem de mim para Sinatra.

Eu não tinha o número do telefone da casa de Sinatra em Palm Springs, mas Patterson disse que provavelmente conseguiria obtê-lo com o auxiliar do cantor, Al Silvani, o ex-treinador que chegaria dali a um ou dois dias para ajudar na preparação para a luta contra Ali. Patterson também disse que o próprio Sinatra planejava visitar sua concentração antes da luta, portanto eu podia ter certeza de que meu pedido de entrevista seria ouvido.

Eu me senti aliviado e gratificado depois de falar com Patterson. Tendo esperado no hotel Beverly Wilshire por mais de uma semana sem muita esperança de chegar a Sinatra, agora eu percebia uma mudança na minha sorte. E naquela mesma tarde foi outro alento para mim quando, ao tentar entrar em contato com a filha de Sinatra, Nancy, a mãe dela atendeu a ligação e teve uma conversa simpática comigo.

"Sim, ouvi falar sobre você e sobre o artigo que está escrevendo", disse Nancy sênior depois de eu me apresentar. "Minha filha não está, mas chegará às seis horas, e, se quiser vir até aqui, poderá conversar um pouquinho com nós duas."

"Seria uma honra", falei, mal contendo o entusiasmo. Ela deu o endereço, Nines Road, 700, em Bel Air, e me avisou para entrar pelo portão leste.

Depois de desligar, permaneci sentado ao lado do telefone no hotel por alguns minutos, comemorando em silêncio a minha boa sorte. Logo me encontraria com a primeira sra. Sinatra, a secretária morena e miúda com quem Frank se casara em 1939, quando era um garçom cantor em Nova Jersey. Mais tarde ela faria todas as gravatas-borboletas que ele usava com seus ternos e smokings nas apresentações como ídolo das *bobby-soxers*.

Apesar de divorciar-se dela para se casar com Ava Gardner em 1951, Frank e Nancy, juntamente com seus três filhos, mantiveram um relacionamento carinhoso ao longo dos anos, e da minha perspectiva de entrevistador não existia ninguém mais no mundo que conhecesse Frank por mais tempo e melhor do que a mulher com quem eu tinha marcado uma conversa às seis horas.

E então o telefone tocou no meu quarto de hotel e a voz do outro lado perguntou com irritação: "Eu não disse para não falar com a filha de Frank?". Era Mahoney.

"Não falei com ela", respondi depressa. "Falei com a mãe dela."

"Mas eu não avisei que não era para você ficar mexendo os pauzinhos?"

"Não sei do que está falando", respondi. "Falei com a mãe dela, que foi muito gentil, e ela me convidou para ir lá hoje às seis horas."

"Pois pode esquecer."

"Como assim, 'esquecer'?"

"Eu cancelei", ele disse. "Ela não vai receber você."

"Como ousa!", gritei. "Você não é relações-públicas dela! Trabalha para Frank, não para a ex-mulher dele. Muita cara de pau a sua, interferir desse modo."

"Ela não vai receber você", ele repetiu. "Portanto nem perca tempo indo até lá. Os guardas do portão leste não vão deixá-lo entrar." E desligou.

Furioso, mas sem saber o que fazer, fiquei ali sentado olhando em volta do quarto por algum tempo, depois fitei o teto e me perguntei se o quarto poderia estar grampeado. Pois de que outra maneira Mahoney saberia tão rapidamente sobre minha conversa com a sra. Sinatra? Decerto não teria sido difícil naquela cidade, onde Sinatra tinha tanta influência e poder, um de seus colaboradores subornar um funcionário da manutenção do hotel para instalar um minúsculo dispositivo de escuta no quarto.

Dali em diante passei a usar os telefones pagos no saguão quando solicitava entrevistas ou me comunicava com Harold Hayes. Eu já tinha até feito uma lista de prováveis fontes que incluíam algumas pessoas que talvez não gostassem de Mahoney, Sinatra ou das pessoas que os cercavam — entre elas, algumas que podiam ter feito parte do círculo íntimo de Sinatra no passado mas foram expulsas e quem sabe agora se dispusessem a falar sobre isso.

Quando comecei no *Times*, o mais famoso membro da equipe era o colunista James Reston, que trabalhava de Washington, cujo conselho recorrente para seus colegas jornalistas era "Converse com os insatisfeitos". Ao criar minha lista de pessoas insatisfeitas que pudessem falar sobre Sinatra, um nome quase no topo era o de Warren Cowan, o relações-públicas que Sinatra demitiu antes de contratar Mahoney.

Quando telefonei para o escritório de Cowan e pedi para agendar uma conversa — ele era sócio da firma Rogers & Cowan —, inicialmente não mencionei Sinatra, e me apresentei como um recém-contratado pela *Esquire* que estava interessado em conversar sobre a longa experiência do sr. Cowan no mundo do entretenimento.

Consegui o encontro dali a um ou dois dias, mas, quando me sentei em sua sala e aludi ao seu relacionamento com Sinatra, Cowan de pronto encerrou a entrevista. "Devo dizer que, embora eu sinta muitíssimo não mais representar o sr. Sinatra, ainda o considero um grande amigo que espero um dia reaver como cliente. Antes de dizer qualquer coisa a respeito dele, prefiro consultá-lo primeiro e, como ele anda muito ocupado, isso pode demorar um pouco." Ele se levantou, me agradeceu por ter ido até lá e a partir de então ficou indisponível para mim.

Essa seria a minha experiência também com outros da minha lista dos presumivelmente insatisfeitos. Eu ouvira falar que o roteirista, dramaturgo e produtor Rod Serling estava furioso com Sinatra porque este mexera no roteiro escrito por Serling de *Assalto a um transatlântico*, o filme com estreia marcada para 1966 estrelado por Sinatra e pela atriz italiana Virna Lisi.

"Entreguei um bom roteiro, mas aquele magricela desgraçado criticou tudo", Serling me disse por telefone depois de se recusar a me receber pessoalmente e insistir em não ter seu nome citado no meu artigo para a *Esquire*. Ele admitiu que Sinatra era "um ator instintivo bom", porém não excelente, e que, embora poucos filmes estrelados por Sinatra fossem obras-primas, a maioria ainda rendia quantias que enriqueciam a vida de todos, desde os diretores do estúdio até os auxiliares de cena — uma das razões pelas quais os produtores e diretores acatavam os ditames dele, permitiam que ele editasse roteiros, moldasse as cenas e influenciasse a duração do cronograma das filmagens.

Os executivos de Hollywood em geral tinham medo dele, pois sabiam que antes de sua volta por cima muitos o haviam desprezado, e agora ninguém cometeria o mesmo erro de novo, Serling comentou. Concluiu me avisando que a indústria do entretenimento era um ramo arriscado, em que se investiam somas colossais em projetos que com frequência fracassavam. E, como ninguém no topo podia predizer com segurança o que o público iria aceitar ou rejeitar, os que tomavam as decisões nos estúdios tinham um sentimento coletivo de ansiedade e pânico diante da perspectiva de serem culpados por um fiasco de bilheteria — que talvez os privasse do estilo de vida luxuoso ao qual se acostumaram em Beverly Hills e imediações.

"Eles levam uma vida tão boa que não querem arriscar nada", disse Peter Bart, um amigo meu da redação do *Times* que agora chefiava a divisão de Los Angeles do jornal. "Todo mundo aqui é rico à beça — todos menos os repórteres e oficiais de justiça têm piscina." O mundo privilegiado a que ele se referia eu já tinha observado naquela visita a Beverly Hills e em ocasiões anteriores: as mansões magníficas construídas ao longo de bulevares ladeados de palmeiras, os vastos gramados e as quadras de tênis privadas e a abundância de gente bonita como Sally Hanson, frequentemente presa no trânsito no Wilshire Boulevard sentada em seu Rolls-Royce Silver Cloud conversível com a capota recolhida numa tarde de sol, o que dava um toque de glamour a um congestionamento.

Eu tinha a impressão de que quase todos que eu via na área de Beverly Hills, tanto os homens como as mulheres, eram atraentes e estavam em boa forma física, e talvez descendessem de pessoas que, gerações atrás, de todas as partes do país, haviam sido marcadas como as "mais bonitas" nos anuários do ensino médio e depois foram para Hollywood sonhando em fazer sucesso no cinema. Embora poucos deles tenham chegado perto de uma carreira bem-sucedida diante das câmeras, transmitiram sua beleza física aos filhos e netos. Algumas dessas pessoas da Califórnia com quem tive contato — garçons e garçonetes, funcionários de locadoras de carros, donos de armarinho, cabeleireiros, balconistas da drogaria do meu hotel — pareciam encarnadas na esbelta e graciosa camareira de olhos azuis que vinha toda manhã arrumar meu quarto. Ela me contou que fazia aulas de teatro e tinha conhecidos entre residentes do hotel Beverly Wilshire, como o ator Warren Beatty e o diretor da William Morris Agency, Abe Lastfogel.

Nenhum daqueles trabalhadores jamais me deu a impressão de estar descontente ou sem esperança. Talvez, como a minha camareira, fossem influenciados por suas aulas de teatro ou pelo clima de irrealidade que os cercava. Fosse como fosse, com uma notável exceção, eles sorriam muito e pareciam seguros de si e satisfeitos mesmo em sua servidão.

A exceção era representada pelos mal remunerados e frequentemente espoliados rapazes que trabalhavam durante o dia e até depois da meia-noite como manobristas de estacionamento em alguns dos melhores restaurantes e clubes privados da cidade. Eram eles que traziam os tíquetes de estacionamento e vinham receber, quase sem merecer um olhar em troca, os motoristas que chegavam em carros caros que custavam mais do que muitos manobristas ganhavam em dois ou três anos — Bugattis, Ferraris, Daimlers, Rolls-Royces, Bentleys. Muitos daqueles carros eram equipados com recursos personalizados, como as chamadas "chaves para manobrista", que destravavam as portas laterais mas não o porta-malas nem o porta-luvas, onde podiam estar guardados bens valiosos: joias, dinheiro, sacos plásticos de sanduíche cheios de cocaína ou outros pertences que os donos quisessem manter fora do alcance daqueles cuidadores temporários de seus carros.

Em nenhuma outra parte de Hollywood coexistiam ricos e pobres em tamanha proximidade como naqueles pontos de manobristas. O porteiro do meu hotel e outro indivíduo que já fora chefe de manobristas me contaram que, embora alguns dos que trabalhavam estacionando carros à noite fossem estudantes dando duro para pagar os estudos, a maioria deles eram sujeitos insatisfeitos que não arrumavam emprego em nenhum outro lugar e cuja personalidade amarga ficava ainda mais injuriada com a falta de respeito comumente demonstrada pelos ricos e privilegiados donos dos carros: magnatas do cinema ou superagentes, e também pelos filhos mimados de astros das telas que tinham mais ou menos a mesma idade dos manobristas mas, afora isso, nada em comum com eles, nem muito a lhes dizer quando as chaves do carro eram entregues e eles iam embora jantar (às vezes com garotas tão decorativas e estilizadas quanto os ornamentos no capô do carro), enquanto os manobristas, antes de entrarem com aqueles clássicos numa garagem ou terreno de estacionamento próximo, divertiam-se dando uma volta no quarteirão e se exibiam ajustando o banco e o espelho, acelerando o motor e aumentando o som, e depois (gosto de imaginar) botando a cabeça para fora da janela e gritando para o povo daquela cidade de latão, fingimento e faz de conta: "Por que não eu?".

E de novo, mais alto: "Por que não eu?".

20.

Assim que se recuperou um pouco do resfriado em seu retiro no deserto em Palm Springs, a cerca de duzentos quilômetros de Beverly Hills, Frank Sinatra decidiu que a gravação do especial da NBC que ele havia cancelado devia ser remarcada para quarta-feira 17 de novembro, no estúdio da Warner Bros. em Burbank, e fiquei decepcionado quando soube que meu nome não estaria na lista de convidados.

Jim Mahoney me informara dois dias antes do evento, numa ligação telefônica ao meio-dia que começou assim:

"Bem, Gay, aconteceu como eu previa."

"O que aconteceu?", perguntei.

"Frank disse: 'Nada feito.'"

"Ele disse 'Nada feito' para o quê?"

"Como você não cumpriu o combinado, ele não concorda", Mahoney respondeu.

"Não havia nenhum combinado, exceto o que você criou", falei, referindo-me ao pedido dele para que o advogado de Sinatra revisasse meu manuscrito antes da publicação pela *Esquire*.

"Pois é assim que vai ser", Mahoney continuou.

"Quer dizer que não vou poder seguir Sinatra nem ir com você à gravação em Burbank?"

"Não, não vai", ele disse.

Ficamos em silêncio por alguns segundos.

"Ok, Jim", eu disse finalmente. "Vou telefonar para Harold Hayes e informá-lo."

"Não vá pintar um retrato muito feio de mim", Mahoney pediu.

"Claro, Jim."

"Quero dizer, explique a Hayes que não pude fazer nada."

"Claro, Jim", repeti, e desliguei.

Fui então para o saguão telefonar para Hayes, mas ele estava numa conferência, por isso me sentei ao balcão da lanchonete para pedir o almoço e refletir sobre minhas opções. Primeiro, concluí que era inútil continuar a lidar com Mahoney. Se ele tinha vetado meu encontro com a sra. Sinatra, desconfiei que também tivera um papel no cancelamento de outras entrevistas com pessoas que inicialmente haviam concordado em me receber mas depois deram desculpas diversas para me evitar — entre elas estava o dublê de Sinatra, Johnny Delgado; a mulher das perucas, Helen Turpin; o amigo de Sinatra, Leo Durocher; o ator Richard Conte, que atuou em alguns filmes de Sinatra mas disse que talvez estivesse disponível se eu quisesse escrever sobre ele; e o camareiro e cozinheiro residente de Sinatra, George Jacobs, um ex-marinheiro afro-americano bonito e malandro de 38 anos que depois trabalhou como oficial de justiça em Los Angeles e mais tarde como motorista de Rolls-Royce para o agente de talentos de Hollywood Irving Paul "Swifty" Lazar.

No entanto, eu sabia que minhas dificuldades não podiam ser totalmente atribuídas a Mahoney. Ele estava apenas obedecendo a ordens do advogado de Sinatra, Mickey Rudin, e sem dúvida do próprio cantor. Eu também compreendia por que minha presença deixaria aquelas pessoas muito constrangidas e não cooperativas. Sinatra era um artista orgulhoso que funcionava melhor quando estava inteiramente no controle, e ter um repórter xereta na cena não era nem um pouco desejável quando ele claramente não estava no controle — quando estava inseguro quanto ao pleno uso de sua voz; quando talvez o apontassem como amigo da Máfia num programa da NBC que seria transmitido na terça-feira seguinte; quando era o astro de *Assalto a um transatlântico*, um filme que o deixava um tanto apreensivo; quando precisava superar suas mazelas, dúvidas e distrações e garantir um desempenho sensacional em Burbank na quarta-feira durante as gravações do especial da NBC *Frank Sinatra: Um homem e sua música*.

Em circunstâncias estressantes e desafiadoras como essas, que outros artistas de sucesso ficariam à disposição de repórteres? Ella Fitzgerald? Elvis Presley? Pavarotti? Picasso? Acho que essas pessoas não se mostrariam mais disponíveis do que Sinatra. Também me lembrei do comentário de James Baldwin depois de termos comparecido a algumas das entrevistas coletivas organizadas pelo promotor de Patterson-Liston antes da luta em Chicago: como eu me sentiria se fosse forçado a todo dia responder a perguntas vazias sobre o progresso do meu trabalho?

Na verdade, Mahoney e eu não éramos adversários, e sim homens subordinados. Ele tinha de prestar contas a Sinatra, eu a Harold Hayes, um ex-fuzileiro naval durão que me mandara subir o morro e batalhar com um superastro recalcitrante. Nessa situação eu me comparei ao escriturário subalterno de Herman Melville, cujas respostas "Prefiro não fazer" eram sufocadas pela determinação do meu chefe na *Esquire* de ter seu desejo satisfeito — de me obrigar a tirar proveito da fama de Sinatra e satisfazer leitores da revista com uma matéria de capa que renderia vendas estratosféricas nas bancas.

Não pela primeira vez, disse a mim mesmo que não era mais o jovem repórter solteiro sem amarras e independente de outrora, e sim um homem casado com obrigações familiares que requeriam dar à minha situação o melhor desfecho possível. Felizmente, enquanto eu me sentava ao balcão da lanchonete, encontrei numa mesa próxima dois estranhos que se ofereceram para me ajudar.

Eu os entreouvira conversando sobre Sinatra e suas experiências passadas trabalhando para ele. Um era diretor de elenco, Mike McLean, e o outro um ator, James Brolin.

Ambos tinham vinte e poucos anos e dividiam um apartamento em Los Angeles. Fui até eles e me apresentei, e eles me convidaram a sentar e participar da conversa. Brolin era uma fonte particularmente boa, pois no ano anterior, na Europa, passara várias semanas nas proximidades de Sinatra enquanto este estrelava o filme de aventura da Segunda Guerra Mundial *O expresso de Von Ryan*.

Sinatra fazia o papel do coronel Joseph Ryan, um piloto de caça P-38 americano que é derrubado na Itália ocupada pelos nazistas, acaba num campo de prisioneiros de guerra com vários soldados aliados — Brolin fazia o papel do soldado raso Ames — e trama a fuga deles. O filme foi dirigido por Mark Robson, mas, segundo Brolin, Sinatra vivia furioso com o ritmo lento das filmagens, e uma ocasião mostrou sua irritação pegando uma metralhadora e disparando uma rajada de balas de festim no ar. Em outra ocasião, quando mais uma vez as filmagens emperraram devido ao que Sinatra interpretava como excesso de reflexão do diretor, o cantor deixou o set de filmagens, situado na periferia de Roma, embarcou em seu helicóptero e aterrissou no telhado do prédio da RCA daquela cidade para gravar algumas músicas no estúdio.

Ninguém ficava entediado quando Sinatra estava por perto, Brolin continuou, acrescentando que também achava que os diretores costumavam demorar mais que o necessário para filmar as cenas, e pouco se importavam se os atores tinham de estar no estúdio às seis da manhã e ficar esperando horas para as câmeras rodarem. Em filmes com Sinatra, o elenco não chegava para trabalhar muito antes do meio-dia por insistência dele, e depois do trabalho ele frequentemente os levava para jantar fora e então para noitadas.

Quando as filmagens de *O expresso de Von Ryan* foram transferidas para o norte, da área de Roma para Cortina d'Ampezzo nos Alpes italianos, o pessoal da produção ocupou parte do hotel Cristallo — onde as redes e postes das quadras de tênis foram removidos a fim de criar um espaço livre para o helicóptero de Sinatra aterrissar. Ele organizou uma festa de aniversário para um membro do elenco uma noite em que as coisas saíram de controle. As pessoas beberam demais, borrifaram champanhe umas nas outras, atiraram profiteroles por toda a sala, trombaram com abajures, derrubaram vasos e causaram tantos danos que no dia seguinte, como indenização por toda aquela farra, Sinatra entregou ao gerente do hotel um grosso maço de notas de cem dólares totalizando cerca de 1500 dólares. Brolin citou Sinatra: "Valeu a pena".

Mas Brolin frisou que, apesar dessas escapadas noturnas, todos trabalhavam bem juntos nas filmagens dia após dia e, graças à influência de Sinatra, o cronograma foi reduzido de oito para cinco semanas. Quando *O expresso de Von Ryan* estreou em junho de 1965, foi um sucesso de bilheteria, faturando mais de 17 milhões de dólares com um orçamento de 5,76 milhões.

Antes de eu sair da lanchonete, James Brolin me recomendou que procurasse outros atores e agentes que haviam participado do filme — entre eles o relações-públicas Martin Fink e um ator coadjuvante de 34 anos de origem armênio-canadense chamado Richard Bakalyan, que fizera o papel de um cabo em *O expresso de Von Ryan* e antes atuara em outros dois filmes com Sinatra, representando um gângster na comédia *Robin Hood de Chicago* e um vigoroso fuzileiro naval veterano em *Os bravos morrem lutando*.

Consegui contato primeiro com Bakalyan, e ele concordou em se encontrar comigo na lanchonete no dia seguinte para o café da manhã. Naquela noite eu tinha marcado o jantar no restaurante do guarda-costas Ed Pucci, o único indivíduo do círculo de Sinatra que me tratava com simpatia — sem dúvida porque esperava que eu convencesse o colunista da coluna "Dining Out" da *Esquire* a divulgar seu restaurante, que ficava em Encino, na região de San Fernando Valley, a cerca de 25 quilômetros de Beverly Hills.

Pucci veio me receber à porta com um exuberante abraço de urso de 115 quilos, depois me conduziu por um salão lotado, com um pianista ressonante no fundo e um maître d'hôtel bajulador na frente chamado Fred Farouk, que Pucci apresentou como "Rei Farouk". A primeira coisa que Farouk me disse foi que sua revista favorita era a *Esquire*. Quando elogiei seu belo relógio de pulso com pedras preciosas, ele disse que tinha sido presente de Pucci. Eu me virei para Pucci e indaguei por que ele dera um presente tão impressionante a Farouk, e ele respondeu: "Porque ele não se mete onde não deve".

Quando nos sentamos para jantar, chegou outra convidada e Pucci pediu a ela que se acomodasse na cadeira ao meu lado — uma morena vivaz e muito perfumada de vestido de festa vermelho que, antes do primeiro prato, me deu seu número de telefone e se ofereceu para me mostrar a cidade sempre que eu tivesse um tempo livre. Eu não tinha provas, obviamente, mas me ocorreu que talvez ela fosse parte de uma trama de Pucci para me deixar numa posição comprometedora que o favorecesse — ou que favorecesse Sinatra. Prudentemente, não telefonei para ela, embora mais tarde transmitisse o desejo de publicidade de Pucci ao editor da coluna de gastronomia da *Esquire*. O editor não se interessou.

Na manhã seguinte, Richard Bakalyan, um sujeito compenetrado de traços rudes e cabelos escuros que lembrava seus colegas atores John Garfield e Peter Falk, chegou para o café da manhã na lanchonete e, talvez em razão de seu desentendimento com Sinatra no ano anterior, foi bem franco.

Ele contou que conheceu Sinatra em 1963 durante as filmagens de *Os bravos morrem lutando*, um filme sobre a Segunda Guerra Mundial em que dezesseis soldados japoneses isolados numa ilha no Pacífico acabam em companhia de dezenove americanos que sobrevivem à queda do avião que os transportava, derrubado por um piloto japonês.

Sinatra não só dirigiu o filme, mas também o estrelou como um médico em crise de consciência que decide tratar um oficial japonês gravemente ferido e sem esperanças. Embora Bakalyan tivesse apenas um pequeno papel como um cabo, observou de perto o progresso das filmagens todos os dias, e uma ocasião teve a audácia de dar um conselho a Sinatra. Bakalyan achou que uma cena filmada no Havaí não condizia com uma cena associada que tinha sido filmada no estúdio da Warner Bros. em Los Angeles; assim, na presença de outros atores durante um intervalo, ele comentou isso com Sinatra.

"Frank ficou furioso", Bakalyan recordou, "e me perguntou irritado: 'E você é o quê, seu merda, um editor de filmes?'. Depois olhou para as pessoas em volta, entre elas o produtor executivo Howard Koch, e comentou sarcasticamente: 'Atores de merda agora são editores'.

"Ninguém disse nada, mas percebi que estavam com medo, especialmente Koch, que sempre era intimidado por Sinatra. Frustrado, eu desisti e me afastei, e daí em diante Sinatra nem olhou mais para mim. Mas alguns dias depois Sinatra se aproximou e disse: 'Quero conversar antes que você vá embora hoje', e eu pensei: 'Ai, caramba, vou ser despedido ou cortado do filme'. Eu me lembro que era uma sexta-feira à tarde, e quando Sinatra está num filme ele sempre dá uma festa no fim da semana de trabalho, às sextas-feiras, não só para os atores mas também para a equipe técnica. Manda trazer comida e todo tipo de bebida e costuma ser um anfitrião encantador. Então, no começo da festa, fui procurá-lo e disse: 'Queria falar comigo, Frank?', e ele respondeu: 'Sim, pegue um drinque e volte aqui'. Quando voltei, ele disse: 'Quero que você entre em contato com o seu agente e diga que não vai mais trabalhar como ator'. 'O quê?', falei, e ele disse: 'Você vai ser meu assistente'."

Bakalyan não sabia se sua franqueza ganhara tardiamente o respeito de Sinatra. "Frank nunca diz: 'Errei' ou 'Sinto muito'", explicou, "mas ele demonstra de outros modos." Para Bakalyan, isso foi demonstrado em sua repentina mudança de status no set de filmagem, no respeito exibido pelo elenco e equipe técnica, e por sua admissão gradual no círculo íntimo dos amigos e associados de Sinatra que incluía Brad Dexter, Leo Durocher, o camareiro George Jacobs, Mahoney, Pucci e outros.

Sinatra também deixou claro que após o término das filmagens de *Os bravos morrem lutando* e de dois filmes subsequentes — *O expresso de Von Ryan* e *Assalto a um transatlântico* — Bakalyan assumiria em tempo integral seus deveres como assistente dele no filme do ano seguinte, *Vamos casar outra vez*, uma comédia estrelada por Deborah Kerr e Dean Martin; mas enquanto isso Bakalyan deveria se familiarizar com o modo de trabalhar de Sinatra, acompanhando-o à Itália para *O expresso de Von Ryan* e, além de fazer o papel do cabo Giannini, ele foi incentivado a dar a Sinatra sugestões sobre o progresso do filme.

Antes de uma viagem à Itália para uma pré-produção de *O expresso de Von Ryan*, Bakalyan juntou-se ao séquito de Sinatra para um fim de semana em Nova York e ficou hospedado na cobertura do cantor, próxima ao rio East, na rua 70. Ele também tinha acesso à mesa sempre lotada na sala dos fundos do bar da rua 52 Oeste pertencente ao itinerante amigo do peito de Sinatra Jilly Rizzo, onde ele conheceu o relações-públicas do cantor na Costa Leste, Henry Geni, e a mulher de Jilly, Honey, a quem Sinatra se referia afetuosamente como "Judia Azul".

Mais tarde, em Roma, Bakalyan ficou com Sinatra e outros numa casa de campo nos arredores da cidade, mas certas noites eles iam comer e beber num dos bares nas calçadas da Via Veneto e eram inevitavelmente acossados por paparazzi. E, como Ed Pucci trabalhava só na Califórnia, Bakalyan algumas vezes sentiu-se inclinado a assumir o papel de guarda-costas de Sinatra, não apenas protegendo-o dos paparazzi, mas também de mulheres afoitas que queriam fotos abraçadas com ele.

Sinatra gostava especialmente da proximidade de Bakalyan em Roma quando procurava privacidade adicional durante visitas de sua ex-mulher, a quem ele ainda amava — Ava Gardner, então trabalhando no sul da Itália sob a direção de John Huston em *A Bíblia*. Um dia em Roma, um fotógrafo abordou Bakalyan e disse que pagaria 15 mil dólares se Sinatra posasse com Ava Gardner. Bakalyan transmitiu a mensagem, e Sinatra fez uma contraoferta de 30 mil dólares para quebrar uma das pernas do fotógrafo.

Concluídas as cenas de *O expresso de Von Ryan*, Sinatra bancou um cruzeiro de comemoração pelo Mediterrâneo num iate de 36 metros alugado em que ele hospedou não só membros do elenco, mas também alguns amigos de Hollywood em férias na Europa.

Depois Sinatra zarpou para Mônaco a fim de visitar Grace Kelly, e em seguida pegou um avião para a Espanha (com Bakalyan a bordo) para descansar alguns dias em Madri. Enquanto estavam lá, Bakalyan soube que sua namorada em Los Angeles estava adoentada, por isso Sinatra disponibilizou o telefone da companhia de produção para que Bakalyan pudesse permanecer regularmente em contato com ela; e, quando Sinatra soube que ela gostava de objetos decorados com motivos de animais, mandou lhe entregar um lindo broche em feitio de animal.

No fim de 1964 Bakalyan voltou para Los Angeles com Sinatra e a equipe de filmagem para começarem a rodar algumas cenas internas de *O expresso de Von Ryan*, e durante os feriados ele e a namorada foram convidados para a grande comemoração de Natal de Sinatra no restaurante de Chasen.

Mas no começo do novo ano e prolongando-se por fevereiro e março, Bakalyan notou um esfriamento gradual de sua relação com Sinatra. Deixou de receber telefonemas frequentes do cantor e de todos que trabalhavam com ele. De início, pensou que Sinatra simplesmente era um homem muito mais ocupado na Califórnia do que tinha sido na Europa; ou que Sinatra agora estava assoberbado com responsabilidades distantes do ramo do cinema, isto é, suas gravações e uma turnê de shows que o levou além da Costa Oeste; ou talvez que ele tivesse problemas pessoais, como a tristeza pela morte de seu amigo Nat King Cole, aos 45 anos, por câncer de garganta; ou quem sabe Sinatra estivesse distraído por seu relacionamento intermitente com Mia Farrow, de vinte anos.

Fosse o que fosse, Bakalyan achou que Brad Dexter talvez pudesse lhe dar alguma pista, e mais tarde, por telefone, Dexter fez isso.

"Ficamos sabendo que você anda criticando Frank", Dexter começou.

Bakalyan ficou momentaneamente sem fala, chocado; aquilo era uma mentira.

"Isso é uma brincadeira de mau gosto, Brad", ele por fim respondeu, "e você sabe."

"Não sei de nada", Dexter replicou. "Só estou lhe dizendo o que ouvi."

"Onde foi que ouviu?"

"Não posso contar, mas as notícias circulam." Então Dexter desligou.

Bakalyan logo conjeturou que o próprio Dexter talvez estivesse envolvido, tentando envenenar o relacionamento próximo de Bakalyan com Sinatra por inveja ou porque se sentisse ameaçado profissionalmente.

Em seguida Bakalyan telefonou para o escritório de Jack Donohue, o diretor que estava então concluindo *Assalto a um transatlântico* enquanto seu filme seguinte, *Vamos casar outra vez*, seria aquele em que Bakalyan trabalharia como assistente de Sinatra; mas ficou sabendo por um dos auxiliares de Donohue que *Vamos casar outra vez* estava suspenso devido a problemas sindicais e outras dificuldades. Um dia depois, Bakalyan recebeu um telefonema do advogado de Sinatra, Mickey Rudin, que perguntou: "Você está querendo um acordo?".

"Não", Bakalyan respondeu. "Não estou atrás de dinheiro. Só quero descobrir o que está acontecendo. E não consigo falar com Frank."

"Ele não está", Rudin disse, "mas direi a ele que você está tentando entrar em contato."

Semanas se passaram, e nada de Sinatra fazer contato. Já era fim de março, e ele não via Sinatra desde a festa de Natal. Em 25 de março escreveu uma carta ao cantor e a passou por baixo da porta de sua residência em Los Angeles. Dizia: "Se tem alguém fazendo a minha caveira, gostaria de saber quem é". Alguns dias mais tarde, Sinatra telefonou para ele de algum lugar no exterior e disse: "Não se preocupe. Tudo vai ser resolvido. Vou tratar disso quando voltar para Los Angeles daqui a mais ou menos uma semana".

Passadas duas semanas, nada ainda. Bakalyan não estava ganhando dinheiro e ansiava por perguntar diretamente a Frank: "Continuo a ser seu assistente ou não?". Ligou várias vezes para um número de telefone privado que relutara em usar antes porque estava a par dos horários irregulares de sono e da índole imprevisível de Sinatra, mas ficou sem resposta até que uma tarde o camareiro, George Jacobs, afinal atendeu e disse que Frank estava dormindo mas retornaria a ligação. Não retornou. Em vez disso, alguém do escritório de Jack Donohue telefonou e perguntou a Bakalyan se ele gostaria de trabalhar subordinado a Donohue como diretor de diálogos em *Assalto a um transatlântico*. Não era o que Sinatra havia prometido, por isso Bakalyan recusou.

Um dia depois, Brad Dexter telefonou: "Tem certeza que não quer o trabalho de diretor de diálogos?".

"Vá se foder, Brad", Bakalyan disse, e bateu o telefone.

E assim acabou o caso. Dali em diante — desde abril de 1965 até o momento em que tomei café da manhã com ele na lanchonete do Beverly Wilshire naquela terça-feira 16 de novembro — Bakalyan havia perdido totalmente o contato com o pessoal de Sinatra e ainda não tinha ideia do motivo do rompimento.

Será que ele inadvertidamente dissera alguma coisa a alguém que fora mal interpretada como uma crítica a Sinatra e isso chegara a Brad Dexter? Bakalyan duvidava, mas podia ter certeza? Ele também reconheceu durante nossa conversa a possibilidade de que, depois de Sinatra ter lhe oferecido o trabalho de assistente, e com o acesso íntimo que acompanhava a função, talvez tivesse pensado que estava tudo garantido e não se empenhara em reforçar sua ligação com Sinatra. Por mais ocupado que o cantor fosse, e talvez por causa disso, Bakalyan devia saber que tinha que fazer de tudo para permanecer "chegado" a Sinatra, como ele disse, e assim ficar menos vulnerável aos que controlavam o acesso ao cantor e pelo visto o haviam exilado.

"Acho que quem quiser uma amizade duradoura com Sinatra tem de estar presente todos os minutos", Bakalyan admitiu.

Justamente quando ele dizia isso ouvi meu nome anunciado no alto-falante da lanchonete. Uma ligação tinha sido transferida do meu quarto de hotel para a mesa do caixa e eu estava sendo convidado a responder dali. Pedi licença a Bakalyan, saí da mesa e peguei o receptor.

Ouvi a voz de Mahoney na linha: "O que está fazendo?".

"Nada", respondi, tentando parecer despreocupado, embora pego de surpresa.

"O que está aprontando?"

"Nada de importante, Jim", continuei.

"Por que não vem até aqui?"

"Agora não posso", respondi, "mas hoje à tarde poderei."

"Hoje à tarde não estarei. Só vou ficar aqui por uma ou duas horas."

"Sinto muito, Jim, estou ocupado agora, mas amanhã procurarei você."

Desliguei e dei uma olhada rápida à minha volta, para a multidão sentada no balcão de refrigerantes e nas divisórias de couro branco, e me perguntei: será que estou sendo vigiado? Será que Mahoney tem um espião aqui me seguindo?

Depois de pagar apressadamente a conta no caixa, voltei para Bakalyan e disse: "Não posso explicar agora, mas vamos cair fora daqui". Após alguns momentos, no saguão, sem comunicar minhas suspeitas sobre Mahoney, perguntei a Bakalyan se poderia encontrar com ele mais tarde num lugar qualquer fora do hotel. Ele disse que estaria em casa com sua namorada aquela noite e eu poderia ir até lá e assistir ao programa da CBS em que Walter Cronkite entrevistaria Sinatra. Aceitei com satisfação e, depois de anotar o endereço de Bakalyan e acompanhá-lo até o táxi, me dirigi a um dos telefones no saguão a fim de ligar para Harold Hayes.

"Ah, não se preocupe", ele disse quando mencionei minha suspeita de estar sendo seguido. "Já mandei uma carta expressa que vai sacudir Mahoney. Provavelmente já há uma cópia esperando por você na recepção do seu hotel. Pegue e leia."

16 de novembro de 1965
Sr. Jim Mahoney
120 El Camino
Beverly Hills, Califórnia

Prezado sr. Mahoney:

Estou muito insatisfeito com o modo como tem agido para dar andamento à nossa solicitação de uma entrevista com Frank Sinatra, e penso que não devo deixar que suas ações fiquem sem registro e sem protesto...

Acabo de receber de Talese a confirmação de que nossa solicitação para agendar uma conversa com o sr. Sinatra foi negada. E, além disso, de que Talese não será autorizado a estar presente no set do filme que o sr. Sinatra está preparando e que, por implicação, ele não deve esperar de qualquer pessoa próxima de Sinatra ou que tenha simpatia por ele nenhuma cooperação para escrever sua matéria.

Como eu já tinha explicado a você, nossa intenção era — e ainda é — preparar uma matéria favorável ao sr. Sinatra. Agora prosseguiremos com essa matéria sem a sua cooperação, e presumivelmente sem a do sr. Sinatra, já que só posso deduzir daquilo que disse a Talese nestes últimos dias que, de algum modo, esse contratempo é obra nossa e que você está muito ir-

ritado porque o pusemos nessa posição perante o seu chefe e que, por extensão, ele também está muito irritado.

Quero assegurar-lhe que eu não estou irritado, mas penso ter adquirido alguma ideia sobre o modo como o negócio é tocado na firma Jim Mahoney Associates... Atenciosamente, Harold Hayes, editor.

cc: Sr. Robert Stein, editor, McCall's
Sr. William Emerson, editor, Saturday Evening Post
Sr. Don Schanche, editor, Holiday
Sr. Sey Chassler, editor, Redbook
Sr. Frank Sinatra

Minha primeira reação à carta foi achar que era desnecessariamente dura com o procedimento de Jim Mahoney. Em vez de limitar o problema à *Esquire* e a Sinatra, o fuzileiro naval Hayes ampliara o conflito recrutando seus amigos do alto escalão editorial de outras revistas para se aliarem à sua causa e talvez criarem uma espécie de embargo que pudesse afetar negativamente não só a cobertura futura de Frank Sinatra em cinco revistas, mas também a de muitos outros artistas que Mahoney e seus assistentes também representavam — uma lista que incluía Liza Minnelli, Yul Brynner, Debbie Reynolds, Glenn Ford, Bob Newhart e outros cujas fotografias eu tinha visto em molduras penduradas nas paredes do escritório de Mahoney quando estive lá.

Tudo bem se o que Hayes tinha em mente era dar uma lição a Mahoney; mas ele queria prejudicar todo o seu negócio, então minhas simpatias estavam com Mahoney, seus cinco filhos dependentes e sua esposa jovem e sorridente cuja foto eu vira em sua mesa. Por outro lado, a carta de Hayes deixava bem claro que ele estava decidido a publicar uma matéria sobre Sinatra na *Esquire*; e, embora Mahoney tivesse recentemente me desconvidado para as gravações na NBC de *Frank Sinatra: Um homem e sua música*, que deveriam acontecer em Burbank na tarde seguinte, decidi ir até lá assim mesmo. Senti que tinha de ir. Precisava concluir aquela matéria e ficar livre. Tirar Hayes do meu pé. Já fazia mais de duas semanas que estava em Los Angeles, com despesas enormes, e até então conseguira pouco para mostrar em troca. Sim, repeti a mim mesmo: no dia seguinte eu dirigiria até Burbank o meu carro médio alugado na Avis, entraria de penetra e veria até onde conseguiria ir.

21.

Durante o trajeto de 45 minutos até o estúdio em Burbank, embora eu nunca tivesse me sentido tentado a fazer meia-volta, estava preocupado com o modo como seria recebido. O que Mahoney faria quando me visse? O guarda-costas Pucci ainda seria amistoso? E se eu desse de cara com Sinatra: o que diria a ele?

Ao mesmo tempo, dizia a mim mesmo que estava sendo dramático demais. Desde que chegara a Los Angeles eu talvez tivesse adquirido um senso de realidade exagerado, já que tudo o que se relacionava a Sinatra tendia a ser exagerado — seu poder, seu charme, sua solidão, sua extravagância, sua generosidade, sua vingança, sua quase filiação à Máfia.

Eu tinha pensado sobre isso na noite anterior, quando estava com Richard Bakalyan e sua namorada, Dolores, assistindo à entrevista de Sinatra realizada por Walter Cronkite na casa do cantor em Palm Springs: um programa que fora anunciado como um evento apocalíptico, a inquisição de um cantor ligado ao crime, uma escandalosa exposição tão danosa de sua vida privada que seu advogado, Mickey Rudin, ameaçara processar a CBS antes da transmissão do programa — o que obviamente instigou notícias que acirraram a controvérsia e predisseram audiência ainda maior para a rede.

Mas o programa foi uma decepção, uma noite branda durante a qual o afável Cronkite, sentado frente a frente com um Sinatra trajando elegantemente um terno escuro, fez uma série de perguntas tranquilas que foram acompanhadas por trechos de vídeos mostrando o cantor no palco, em sessões de gravação e em ocasiões sociais misturado cordialmente aos seus amigos mais chegados e a pessoas da família. Um crítico na Associated Press qualificou a transmissão de "programa água com açúcar", enquanto Kay Gardella, do *New York Daily News*, escreveu que as perguntas indelicadas de Cronkite "foram editadas para apaziguar o astro temperamental". O crítico do *New York Times* Jack Gould comentou que o programa "não foi previamente submetido à aprovação de Sinatra, mas poderia ter sido".

Em outras palavras, o programa foi mais um exemplo de badalação e engrandecimento de Sinatra, parte do espetáculo bombástico que já tinha décadas de existência, desde a primeira vez que o cantor de baladas magricela aparecera de gravata-borboleta diante de *bobby-soxers* esganiçadas no Paramount Theatre na Times Square nos anos 1940; e talvez fosse com um senso de importância inflado que eu agora imaginava conflitos durante minha visita ao estúdio em Burbank.

Será que eu estava exagerando a importância da minha chegada ao estúdio? Com tudo o que ocupava a mente de Sinatra, será que ele me reconheceria ou mesmo repararia em mim se eu estivesse sentado diante dele? Além do mais, que direito Mahoney tinha de proibir minha presença naquela gravação? Ela estava sendo produzida sob o patrocínio da NBC, e não da Sinatra Enterprises. Se ele tentasse impedir minha entrada, eu poderia reclamar prontamente com o departamento de publicidade da NBC ou até ao diretor do show, Dwight Hemion, que era um amigo meu de Nova York, embora nunca tivesse mencionado isso a Mahoney. Morávamos na mesma região da cidade e nos encontrávamos regularmente num restaurante de estilo familiar em Lexington próximo à rua 61 chamado Gino's, um lugar à moda antiga onde os clientes eram atendidos por ordem de chegada, que não aceitava cartões de crédito nem contratava garçons de brinco, e se distinguia por seu papel de parede vermelho-tomate estampado com zebras saltando para escapar de flechas.

Mas, pensando bem, apesar de sermos ambos frequentadores assíduos do Gino's, eu sabia que Sinatra pesaria muito mais na balança para Hemion. Ainda assim, o que Sinatra poderia fazer comigo? Mandar Pucci me intimidar?

Oferecer 30 mil dólares a quem quebrasse uma das minhas pernas? Começar uma cena comigo como a que ele fizera com Harlan Ellison na sala de bilhar do Daisy?

Não, tornei a dizer a mim mesmo quando entrei no estacionamento do estúdio, eu estava sendo ridículo. E também estava chovendo forte, e eu não tinha trazido guarda-chuva. Por isso, depois de fechar a porta do carro, atravessei correndo o estacionamento e me juntei a dezenas de pessoas que se espremiam para passar pela porta de entrada sem serem paradas pelos seguranças. Para minha surpresa, não havia ninguém a postos para verificar os nomes ou credenciais, por isso continuei a avançar com todos os outros, muitos dos quais supus serem funcionários da Warner Bros. ou representantes de vendas da Budweiser e suas famílias, até que fiquei a aproximadamente nove metros do palco e parei.

Diante de mim estava um Frank Sinatra sorridente no meio de um círculo de associados e simpatizantes apertando mãos, abraçando, e conversando alto e alegremente sobre a entrevista de Cronkite da véspera.

"Ah, foi bacana", ouvi Sinatra dizer quando parei atrás de duas pessoas que reconheci, Brad Dexter e Leo Durocher.

"Foi o máximo, Frank", disse Dexter.

"Sabe o que Jilly falou depois do programa?", Sinatra continuou. "Ele me mandou um telegrama dizendo: 'Nós governamos o mundo'. Palavras de ouro de um dono de bar bêbado."

"Absolutamente certo, Frank", disse alguém, embora eu não saiba quem. À nossa volta estavam o camareiro de Sinatra, George Jacobs; seu maquiador, Layne Britton; sua carregadora de perucas, Helen Turpin; seu bandleader e arranjador, Nelson Riddle; o compositor Gordon Jenkins; e o cantor Andy Williams com a mulher, Claudine. Um pouco mais longe, vindo na nossa direção, estava Pucci, seguido por Mahoney.

"Eles tinham muito mais para usar", Sinatra prosseguiu, ainda se referindo à entrevista de Cronkite. "Viram a coluna de Jack Gould no *Times* hoje de manhã? Ele está com a razão. Devia ter mais sobre o homem e não tanto sobre a música."

"Concordo", disse Durocher.

E então o bandleader, Nelson Riddle, pegou no braço de Sinatra e o puxou na direção do palco, dizendo: "Frank, estamos quase prontos". Mas, antes de ir, Sinatra quis dar mais alguns apertos de mão e, reparando em mim atrás de Dexter, estendeu uma das mãos na minha direção. Eu não tinha ideia se ele sabia ou não quem eu era, mas estendi a mão para ele e disse: "Também gostei do programa da CBS de ontem, sr. Sinatra. Parabéns". Ele sorriu e repetiu: "Poderia ter tido mais sobre o homem".

"Bem, é por isso que estou aqui", aproveitei logo. "Venho tentando entrar em contato com o senhor, mas até agora não tive sorte."

Ele me olhou diretamente de uma maneira simpática e, quando Riddle o puxou dali, disse, quase como que se desculpando: "Ando superocupado". Em seguida acrescentou baixinho — tão baixinho que eu talvez tenha ouvido o que desejava ouvir e não o que ele disse ou pretendia dizer: "Talvez seja possível dar um jeito".

Depois que ele se foi, permaneci ali momentaneamente em silêncio, e no entanto sabendo que Pucci e Mahoney estavam perto de mim e tinham testemunhado meu diálogo com o chefe deles; e pude sentir, ao menos no caso de Mahoney, o qual me deu um aperto de mão, que meu status havia subido. Mahoney, que dias antes fora tão desatencioso, agora estava muito cordial.

"Amanhã telefonarei para você", ele disse, "e poderemos conversar." Talvez ele tivesse recebido a carta de Hayes. Mas isso não tinha importância.

"Claro", falei. "Amanhã conversamos."

Depois acenou, virou-se e se afastou, seguido pelo amigável Pucci, a quem eu ainda não dissera que o editor da coluna "Dining Out" da *Esquire* havia decidido não divulgar seu restaurante. Enquanto os dois seguiam sem pressa para se juntarem à sua turma agora congregada diante do palco, fiquei onde estava, ponderando minha situação.

Será que agora eu estava livre para permanecer no estúdio, em meio a algumas centenas de pessoas, esperando o começo das gravações? Estaria temporariamente liberado do meu vigia, Mahoney? Alguns dias antes ele havia informado que Sinatra dissera "Nada feito" sobre minha presença ali, e no entanto ali estava eu e ninguém ameaçava me expulsar.

E assim, embora de início mantendo distância do círculo íntimo de Frank, passei as duas horas seguintes perambulando mais ou menos à vontade, e a gravação da NBC que observei naquela tarde foi completamente diferente da que eu vira mais de uma semana antes. A voz de Sinatra agora estava cem por cento recuperada depois do resfriado, e, desde a primeira música e por todas as outras dezessete, seu belo barítono entoou impecavelmente cada palavra, e quem ouviu acreditou que tudo o que o letrista havia escrito vinha do coração e da alma daquele cantor de vida profundamente experiente e variada.

Mesmo quando houve interrupções por erro de algum músico ou alguma falha técnica, ele permaneceu tolerante e imperturbável. Enquanto ele cantava "When We Were Young", uma câmera sobre rodas derrubou uma árvore de plástico branco que estava perto do microfone. Sinatra parou de cantar e se virou calmamente para a orquestra.

"Esperem", ele disse. "Tivemos um pequeno acidente." O operador da câmera, petrificado, pediu desculpas, mas Sinatra o tranquilizou. "Não se preocupe. Podemos começar de novo", disse.

Se a colisão tivesse ocorrido durante a primeira gravação, quando Sinatra estava doente e desafinado, a inabilidade do operador de câmera teria sido recebida de um modo menos clemente, suponho. Mas nesse dia — com a voz de Sinatra em esplêndida forma e ele livre da preocupação com o que a entrevista de Cronkite poderia acarretar para sua carreira — o clima prevalecente no estúdio era descontraído, animado e totalmente desprovido da tensão que dominara as gravações nove dias antes — por exemplo, entre Sinatra e Dwight Hemion.

Depois de Sinatra ter ensaiado satisfatoriamente "The Girl Next Door", Hemion quis filmá-lo e perguntou lá da cabine: "Ok, Frank, vamos tentar uma?".

Sinatra respondeu animado: "Você é quem manda, Dwight". E, depois de ter cantado maravilhosamente seis músicas e estar prestes a começar a sétima, ele olhou para Hemion e perguntou: "Que tal algo quente depois desta? Para animar o corpo?".

A orquestra deu vivas ao fundo, e Hemion respondeu: "Como quiser, Frank". Terminada a sétima música, houve uma pausa para um lanche durante a qual foram servidos petiscos e drinques nas mesas dispostas do lado de fora do camarim de Sinatra.

Lentamente, fui me juntar aos comensais, e ouvi Sinatra conversando com Durocher e outros sobre a luta entre Floyd Patterson e Muhammad Ali marcada para breve em Las Vegas. Embora em 1964 Ali tivesse repudiado seu "nome escravo" (Cassius Clay) em favor do nome escolhido por seu líder espiritual, Elijah Muhammad, Sinatra e seus amigos, e até alguns membros da imprensa e também Floyd Patterson, ainda demoravam a aceitar o nome muçulmano.

"Floyd tem o equipamento", ouvi Sinatra dizer.

"Sim, mas Clay tem o alcance", Durocher replicou.

"Mas veja bem", Sinatra continuou, "se Clay fizer com Floyd o que fez com Liston — recuar, baixar as mãos e deixar a cabeça desprotegida —, Floyd vai acertá-lo sessenta vezes. Floyd tem as mãos mais rápidas..."

"Tomara que você esteja certo, Frank", disse Brad Dexter.

Alguém nos fundos falou para Dexter que o comediante George Jessel, o qual no passado havia se apresentado com Sinatra em um show num clube, estava tentando entrar em contato com o cantor.

"Ah, não se preocupe com Jessel", Dexter disse. "Ele usa peruca..."

"E um certo cantor italiano que eu conheço também", respondeu outra pessoa, alguém que não consegui identificar. Mas Sinatra apenas riu, depois ergueu uma garrafa de bourbon, serviu uma dose num copo de plástico e bebeu. "Para animar o corpo", repetiu. Sua voz melodiosa às vezes era chamada de "barítono de bourbon" pelos de seu círculo.

Depois de trocar de roupa para outra série de músicas, Sinatra voltou para o palco e o programa continuou de modo tranquilo e rápido. Novamente, nos momentos em que foi preciso parar, ele não pareceu irritado, como quando errou o ritmo enquanto cantava "*When I was twenty-one, it was a very good year...*" —

simplesmente disse ao compositor Gordon Jenkins: "Entrou um pouco de areia aqui, vamos começar de novo". Ao terminar sua última música — "Put Your Dreams Away (For Another Day)" —, ele deu meia-volta por trás do microfone, apontou para Gordon Jenkins e exclamou: "Lindo, Gordie". Então convidou seus companheiros para irem à sala de controle e assistirem ao replay do programa no monitor.

Entre vinte e trinta pessoas subiram gradualmente a escada e se postaram atrás dos assentos de Hemion e sua equipe, e logo Sinatra juntou-se a elas. Como ninguém objetou e eu me sentia invisível, entrei na procissão e logo me vi espremido na terceira fileira de pessoas em pé atrás de um dos roteiristas do programa, Sheldon Keller.

Do outro lado, em pé na segunda fileira e logo atrás de Sinatra e Hemion, concentrados no monitor, estavam Durocher, Mahoney, Andy Williams e Brad Dexter, que era sempre o primeiro a aplaudir no fim de cada música. "Maravilhoso, Frank, simplesmente maravilhoso", Dexter não parava de dizer. Depois de ouvir uma dúzia de músicas, ele comentou em voz alta: "Frank, esse vai ser o show mais sensacional que eu já terei visto na vida".

Sinatra então se virou e disse, descontraído: "Cala a boca, Brad".

Mas isso não desanimou Dexter, e tampouco Sinatra parecia se importar com o fluxo contínuo de adulação dos seus seguidores. Ele próprio claramente estava satisfeito e impressionado, e quase no fim do show, resplandecente em seu smoking, se aproximou de Hemion, inclinou o corpo e disse: "Se as pessoas ainda gostam de música, acho que esse show vai servir".

Depois da última música, "Put Your Dreams Away", todos voltaram para as mesas do lado de fora do camarim de Sinatra para continuar a festa. Mahoney aproximou-se de Sinatra com um papelzinho na mão e explicou que o produtor da CBS Don Hewitt queria falar com ele.

"Não foi Hewitt quem causou toda a confusão?", Sinatra indagou, pois tinha ouvido que Hewitt instigara Cronkite a acrescentar ao programa perguntas sobre a Máfia.

"Ele mesmo", Mahoney disse. "Como devo responder?"

Sinatra replicou: "Dá para mandar um soco por carta?".

22.

No dia seguinte fui ao escritório de Mahoney, onde ele me recebeu com a mesma cordialidade mostrada em Burbank, e perguntou se estava interessado em acompanhá-lo quando fosse assistir à luta de Patterson-Ali, acrescentando que também poderia providenciar para mim uma entrevista antes da luta com o veterano treinador de boxe no corner de Patterson, Al Silvani, que por muito tempo estivera na folha de pagamento de Sinatra fazendo serviços diversos e que mais recentemente fora assistente de produção no filme de Sinatra em andamento, *Assalto a um transatlântico*.

Além de surpreso com esse oferecimento de Mahoney, desconfiei que, como o telefone do meu quarto de hotel supostamente estava grampeado, ele sabia dos meus telefonemas privados para Patterson (que já reservara um ingresso para mim); e agora talvez Mahoney estivesse tentando me recrutar como companheiro de viagem para poder ficar de olho em mim em Las Vegas e garantir que eu não perseguiria Sinatra insistentemente como talvez fizesse se ele me deixasse por minha conta.

Mesmo assim, não vi razão para recusar, pois estar com Mahoney provavelmente significava que ao menos eu poderia ficar na periferia do círculo de Sinatra. Assim, como sugerido, fomos juntos de avião para Las Vegas na manhã de segunda-feira 22 de novembro, e, depois de pegar um táxi para o hotel Sands and Casino, onde nos hospedaríamos, fomos recebidos no saguão pelo chefe do cassino, um gigante jovial chamado Jack Entratter, cinquentão de cabelo escuro, vestido com elegância em seu 1,93 metro de altura e 113 quilos, que nos anos 1940 já era célebre como um bem-educado leão de chácara do Stork Club em Nova York.

Mahoney me contara no avião que Jack Entratter e Sinatra eram amigos desde o começo da década de 1950, a época em que Entratter trocara seu cargo de gerente da boate Copacabana em Nova York para ir ajudar na decolagem do hotel Sands and Casino em Las Vegas. Familiarizado com muitos artistas de destaque desde sua temporada no Copacabana e usando suas habilidades diplomáticas para conseguir apoio de investidores, inclusive alguns ligados ao universo das gangues, Entratter logo estabeleceu o Sands como o mais luxuoso cassino da cidade, ganhou milhões e se distinguiu por apresentar artistas de primeira linha como Sinatra e seus companheiros do Rat Pack, Dean Martin, Joey Bishop e Sammy Davis Jr.

Dois deles se apresentariam com Sinatra naquela noite no palco do Sands após a luta, Mahoney disse, e acrescentou que Entratter me daria um ingresso para o show, o que ele fez de imediato. Entratter mostrou-se ainda mais prestativo do que Mahoney prometera. Depois de nos registrar em nossos quartos, confirmar nossa reserva para o almoço no restaurante com o treinador Al Silvani e nos levar ao seu escritório para pegarmos os ingressos para a luta, Entratter sentou-se e conversou só comigo por uns dez minutos enquanto Mahoney foi a algum outro lugar, provavelmente entrar em contato com Sinatra, que chegara na noite anterior em seu avião particular. Quando estava em Las Vegas, Sinatra sempre se hospedava no Sands.

"Frank e eu temos mais ou menos a mesma idade, e eu também sou rico e bem-sucedido", Entratter começou. "Tenho imóveis em vários lugares e poderia ter um Learjet se quisesse. Desde que minha querida esposa faleceu quatro anos atrás, estou sozinho e livre para fazer o que quiser. E eu queria viver como Frank Sinatra. Mas não consigo."

Ele fez uma pausa, depois repetiu: "Queria, mas não consigo, pois a verdade é que não sei como viver. Sou como muitos cinquentões que na juventude conheceram emoção e aventura. Mas, apesar de nos darmos bem, a vida depois entrou na rotina e ficou monótona. No meu caso, provavelmente é porque, no fundo, sou um conservador". Ele explicou que era religioso, presidira a congregação do Templo Beth Sholom em Las Vegas, e disse também que não jogava, não bebia, nem fumava. Admitiu que tinha uma namorada, Lari Laine, mas não mencionou que ela fora modelo de capa de revistas como a *Playboy*.

"Lari é uma pessoa adorável", ele disse, "mas não acho que me casaria com ela. Isso não combinaria muito com o que tenho ensinado às minhas duas filhas. Sei lá. Estou amarrado. Me sinto preso. Mas, na companhia de Frank, tudo muda de repente. Ele traz emoção. Vive cada momento. Se recusa a envelhecer. Tem um talento enorme, sim, mas também sabe se divertir. Isso acontece com muitos de nós que andamos com Frank. Ele dá o exemplo de como viver e se divertir. É contagiante. Ele vive nossa vida por nós."

Mahoney voltou para o escritório de Entratter, nós nos despedimos e fomos para o restaurante atravessando a área de jogo, onde só músicas de Sinatra ecoavam nos alto-falantes. No caminho cruzamos com um amigo escritor que me acenou de uma das máquinas caça-níqueis.

"Aquele não é o Norman Mailer?", Mahoney perguntou, parando para ver melhor.

"É ele", falei. "Mailer é fã de lutas. Encontro com ele em todas as lutas importantes."

"É rico?"

"Não sei quão rico ele é", respondi. "É autor de best-sellers, portanto presumo que esteja bem de vida."

"Então por que usa aqueles sapatos molambentos que estão praticamente caindo dos pés dele? Por que não se veste melhor?" Mahoney, como de costume, estava bem-vestido e calçava mocassins caros com fivela, camisa branca listrada e gravata marrom, e um blazer de caxemira com lenço de bolso cor de laranja. Possivelmente tinha comprado tudo na loja masculina favorita de Sinatra em Beverly Hills, Carroll & Co.

"Você quer indicar o camiseiro de Frank Sinatra para Mailer?", perguntei, forçando um sorriso. "Isso seria ridículo. Mailer não é chegado a roupas finas como você e o sr. Sinatra."

Mahoney nada disse enquanto nos aproximávamos do restaurante, mas eu pensava comigo que, com exceção das roupas, Mailer e Sinatra na verdade tinham muito em comum. Ambos possuíam egos enormes, eram prodigiosamente produtivos, haviam alcançado a fama e o sucesso muito jovens e passado o resto da vida tentando conservá-los.

O aclamado primeiro romance de Norman Mailer, *Os nus e os mortos*, foi publicado em 1948, quando ele tinha apenas 25 anos, e, como Sinatra, Mailer mostrou desde bem jovem um interesse em dirigir filmes e atuar neles e se envolver na política e no ativismo social. Ele e Sinatra gostavam de beber, eram fãs de boxe e tiveram aulas do esporte, e ambos eram conhecidos por terem embates com homens confrontadores e ansiarem pela presença de admiradoras. Norman Mailer, de 42 anos, cuja atual mulher era uma atriz chamada Beverly Bentley, também se casara quatro vezes.

No restaurante, depois que Mahoney me apresentou a Al Silvani, cumprimentei-o, me sentei e lhe desejei boa sorte como ajudante de Patterson naquela noite. Silvani fora recrutado por Sinatra para servir no corner de Patterson após a morte de seu treinador, Dan Florio, um mês antes.

"Acho que Patterson pode vencer", disse Silvani, um homem grisalho, musculoso e de ombros largos, de cinquenta e poucos anos. Silvani, entre outros, dera aulas de boxe a Sinatra no começo da década de 1940 e desde então dividira seu tempo entre treinar lutadores profissionais de elite — entre eles Jake LaMotta, Henry Armstrong, Carmen Basilio e Rocky Graziano — e auxiliar Sinatra na produção de filmes e fazer pequenos papéis no cinema.

"Se eu não achasse que Patterson tem uma boa chance de vencer Clay", Silvani continuou, "não teria deixado as Bahamas, onde Johnny Delgado e eu estávamos fazendo algumas cenas para *Assalto a um transatlântico*, e vindo até Las Vegas só para levantar alguém do chão. Viajei quase 5 mil quilômetros para chegar aqui, por isso repito: vim porque acho que Patterson pode vencer."

Ele tirou do bolso do paletó um cartão branco em que havia anotações a lápis e, depois de entregá-lo a mim, disse: "Tome, leia isto. É minha recomendação a Patterson sobre o que fazer e o que não fazer na luta esta noite".

No cartão havia quatro conselhos sucintos, e enquanto eu os lia em voz alta para Silvani e Mahoney, sentados à minha frente, Silvani ouvia de olhos fechados, balançando a cabeça com ar aprovador.

1. Mãos sempre erguidas. Balance o corpo de um lado para outro. Siga Clay, mas, se ele dançar para trás, não corra atrás dele.

2. Nunca dê socos à distância. Chegue perto. Esqueça a cabeça dele. Dê cruzados de direita/ganchos de esquerda no corpo de Clay.

3. Nunca segure num clinch. Dispare uppercuts curtos. Siga com o cotovelo mirando no queixo dele. Seja mau. Nada de amizade.

4. Balançando de um lado para outro você evita os jabs de esquerda de Clay. Não fale com ele. Ele vai falar com você, mas não responda. Na pesagem e durante as instruções do árbitro antes do gongo, ignore Clay. Apenas olhe diretamente para o tronco dele.

Devolvi o cartão a Silvani e agradeci, mas acreditava que nada escrito ali salvaria Patterson da derrota, por mais que eu desejasse o contrário. Fosse com o nome de Cassius Clay, fosse como Muhammad Ali, o oponente de Patterson era maior, mais alto, batia mais forte e era um peso-pesado mais talentoso; destruíra Liston duas vezes, destruíra Patterson duas vezes, e não dava para imaginar Patterson como vencedor naquela noite. No entanto, Al Silvani era muito experiente e respeitado no mundo do boxe, por isso guardei meus pensamentos comigo, apesar de conjeturar que Silvani talvez estivesse promovendo Patterson porque Sinatra gostava do lutador e tinha apostado nele.

Além disso, eu me sentia um tanto constrangido por estar almoçando com Silvani, algo que eu não havia procurado; fora ideia de Mahoney — provavelmente uma tentativa de mostrar a Hayes que estava cooperando comigo. Mahoney nunca disse que recebera a carta condenatória de Hayes uma semana antes, mas eu estava propenso a acreditar que ele a lera e se sentira ameaçado, portanto agora, pela primeira vez, estava dando um jeito de eu me encontrar com alguém que era próximo de Frank Sinatra. Mahoney não queria, ou não podia, providenciar uma entrevista pessoal com o grande homem, mas ainda assim torcia para que substituí-la por algo inferior pudesse produzir resultados positivos com Hayes. Eu conhecia Hayes e achava isso improvável.

Horas depois, quando o começo da luta estava próximo, eu me encontrei com Mahoney no saguão e fomos no mesmo carro para o Las Vegas Convention Center, a pouco menos de dois quilômetros dali. Durante o trajeto Mahoney falou bastante, mas prestei pouca atenção. Eu estava muito preocupado com a possibilidade de que meu amigo de longa data Floyd Patterson — que estava com trinta anos, tivera quase cinquenta lutas profissionais e fora nocauteado várias vezes desde o começo da década de 1950 — sofresse alguma lesão grave naquela noite enfrentando o feroz e ligeiro Muhammad Ali, de 23 anos e no auge da carreira.

Naquele dia mais cedo, numa coletiva à imprensa a que eu assistira pela televisão pouco antes de sair do quarto de hotel, notei que Patterson não fizera caso das instruções de Silvani e trocara farpas com Ali durante a pesagem, chamando persistentemente o adversário de "Cassius Clay" e prometendo recuperar o título de peso-pesado do "muçulmano negro" e "devolver a coroa para a América", dando a entender que Ali, nascido em Louisville, era um estrangeiro em consequência de sua afiliação espiritual com a Nação do Islã e que vencê-lo era um "dever patriótico" de Patterson. Ali retrucou chamando Patterson de "Pai Tomás"* e predizendo que tão logo começasse o combate Patterson estaria correndo em volta do ringue como um "coelho assustado".

Para a tristeza dos torcedores de Patterson, foi praticamente isso mesmo que aconteceu. Antes de perder por nocaute técnico no 12º assalto, Patterson, com seu 1,83 metro e 89 quilos, pareceu totalmente impotente contra um adversário que o superava em quase sete quilos no peso e oito centímetros na altura e tinha uma vantagem de vinte centímetros no alcance de seus golpes, que penetravam à vontade nas defesas de Patterson; ao mesmo tempo,

* No original,"Uncle Tom". Alude ao protagonista de *A cabana do Pai Tomás* (1852); refere-se a homens negros servis e obedientes a pessoas brancas. (N. E.)

Ali era tão esquivo que Patterson nunca tinha a chance de se aproximar o suficiente para retaliar com um golpe significativo.

Mahoney e eu não estávamos lado a lado. Eu me sentei duas fileiras atrás dele enquanto ele ficou na segunda fileira junto com alguns da turma de Sinatra, com vista para a primeira fileira, onde Sinatra ocupava um assento com visão privilegiada flanqueado por Jilly Rizzo e Dean Martin, acompanhados por Joey Bishop, Jack Entratter e sua namorada, Lari Laine.

Comigo na quarta fileira estavam vários repórteres de revistas e escritores que eram fãs do boxe. Além de Norman Mailer, vi o romancista Budd Schulberg, que também escreveu o roteiro vencedor do Oscar para *Sindicato de ladrões*, e George Plimpton, o editor da *Paris Review*, um sujeito alto e aristocrático formado em Harvard que também era esportista amador conhecido por competir com atletas profissionais e depois escrever textos espirituosos sobre suas experiências.

Num de seus livros — *Out of My League* [Fora da minha liga], publicado em 1961 —, Plimpton conta como foi seu treino na posição de arremessador contra batedores de elite do beisebol profissional num jogo de exibição. Em ocasião anterior, em 1959, no ginásio de Stillman na rua 54 com a Oitava Avenida, em Manhattan, ele lutou alguns assaltos contra o afro-americano campeão dos meio-pesados, Archie Moore, que foi cavalheiro o suficiente para limitar a punição de Plimpton a uma fratura parcial na cartilagem do nariz que provocou um sangramento. Isso levou o trompetista Miles Davis a perguntar depois: "Archie, é sangue preto ou sangue branco nas suas luvas?", e um dos amigos de Plimpton respondeu: "Meu senhor, *isto* é sangue azul".

Durante toda a luta Patterson-Ali, que demorou mais que a maioria dos autores previra mas cujo resultado nunca se questionou, o consenso foi que Ali poderia facilmente ter nocauteado

Patterson mais cedo mas preferiu brincar com ele, envergonhando-o e fustigando seus ouvidos com insultos — "Vem, América!" — e frustrando o adversário ao dançar ameaçadoramente e com alegria por todo o ringue enquanto dava um show que o repórter de boxe do *New York Times* comparou a assistir a alguém "arrancando as asas de uma borboleta".

No 11º assalto, fatigado por desferir vários golpes a longa distância que contrariavam as instruções de Silvani, Patterson machucou as costas e não conseguiu mais manter sua posição. Entre os assaltos, Silvani tentou erguê-lo por trás numa tentativa de desfazer os nós musculares, mas não conseguiu. No 12º assalto, vendo que Patterson praticamente era incapaz de se defender, o árbitro encerrou a luta e declarou Ali vencedor por nocaute técnico.

Enquanto Ali se vangloriava triunfante no microfone do apresentador no ringue e os ajudantes de Patterson enxugavam sua testa moída de socos e cobriam seus ombros com um roupão, vi a figura taciturna de Frank Sinatra levantar-se e andar lentamente na direção da saída seguido por seus amigos. Supus que iriam para o Sands, onde Sinatra logo deveria se apresentar no palco junto com Joey Bishop e Dean Martin.

Mahoney também foi com eles, mas eu não os acompanhei porque preferia assistir à coletiva pós-luta no camarim de Patterson junto com colegas da imprensa e outros como eu que eram convidados regulares do relações-públicas do promotor. Em pé no fundo da sala ao lado de Plimpton e do piloto de Patterson, Ted Hanson, que levaria o lutador de volta a Nova York naquela noite, ouvi por vários minutos os repórteres em frente questionarem Patterson sobre seus problemas nas costas.

"Não há desculpa para ter perdido essa luta", Patterson respondeu, sentado a uma mesa de treinamento com a cabeça envolta numa toalha. Ele admitiu que seu adversário (ainda chamado de

"Clay") era claramente um boxeador melhor e ocupava uma categoria única entre os pesos-pesados profissionais do mundo todo.

Com um médico de um lado e seu empresário, Cus D'Amato, e Al Silvani do outro, Patterson continuou a responder às perguntas pacientemente, mas às vezes falava tão baixo que eu tinha dificuldade para ouvir. Porém, próximo ao fim da entrevista pensei ter ouvido meu nome sendo dito em voz alta. Não dei atenção. Depois tornei a ouvir, dessa vez com mais clareza.

"Gay Talese está aqui?" Era a voz de Floyd Patterson.

Os repórteres em frente se viraram e me fitaram, e então Plimpton, com um olhar intrigado, cutucou meu ombro e disse: "Ele está falando com você".

Eu me endireitei, levantei o braço direito e disse em voz alta: "Estou aqui atrás, Floyd".

"Você conseguiu uma chance de chegar até Frank Sinatra?", ele perguntou.

Eu estava surpreso demais para responder, por isso ele repetiu: "Conseguiu uma chance de chegar até Frank Sinatra?".

Que pergunta tão absurda e inesperada vinda daquele lutador incomum que menos de uma hora antes tinha sido humilhado diante de uma audiência mundial pela TV e cuja carreira no boxe talvez tivesse terminado! E *no entanto* lá estava ele, se lembrando de um pedido que eu fizera recentemente para que me ajudasse no meu irritante trabalho para a revista!

Como explicar Floyd Patterson? Como sua mente funcionava? Talvez aqui se aplicasse a famosa citação de Durocher: "Os bonzinhos chegam por último" — por certo no brutal mundo do boxe. Eu tinha escrito mais de trinta artigos sobre Patterson ao longo dos anos, mas continuava perplexo.

Entretanto, ele ainda olhava para mim à espera de uma resposta. E eu a dei.

"Muito obrigado, Floyd, e, sim, consegui chegar até Frank Sinatra", menti.

23.

Geralmente à distância, mas algumas vezes perto o suficiente para ouvir sem ser notado, segui Frank Sinatra desde a meia-noite após a luta até o amanhecer do dia seguinte.

Comecei como parte da plateia no saguão do Sands que assistia ao seu número com Dean Martin e Joey Bishop, depois peguei um táxi para segui-lo quando ele foi com os amigos para o Sahara, onde, por mais de uma hora, ficaram sentados a uma mesa cheia no salão do clube bebendo e gracejando, enquanto Sinatra era alvo de piadas amistosas por seu amigo no palco, o comediante Don Rickles. Finalmente, quase às quatro da manhã, ele saiu do Sahara e voltou para o Sands com seu séquito, alguns levando seus copos de uísque, bebendo nas calçadas e nos carros, todos vivendo com alegria e sem preocupação no fuso horário de sua escolha.

Sinatra parecia estar com fome, por isso no Sands ele foi para o restaurante e se sentou a uma grande mesa no canto que fora reservada para ele e seus convidados. Defronte à mesa, para aumentar a privacidade, havia uma treliça de madeira que considerei minha linha de demarcação, uma barreira que eu não devia transpor; escolhi uma mesinha próxima, rodeado por dezenas de outros jogadores e turistas e vizinho da área do cassino que vibrava com as roletas girando e os barulhentos jogadores de dados.

Diante da minha cerveja e de um hambúrguer, eu examinava as anotações que fizera nas minhas tiras de papelão quando notei que Jim Mahoney me acenava da mesa de Sinatra. Acenei em resposta com um sorriso, supondo acertadamente que nossas saudações não significavam um convite para me juntar a ele e aos outros. Entre esses outros estavam Dean Martin, Joey Bishop e Jilly Rizzo; Jack Entratter com sua namorada, Lari Laine; Leo Durocher com uma garota chamada Betty; Harold Gibbons, um alto funcionário do sindicato Teamsters, e alguns outros que não consegui identificar.

Na verdade, não me importava de estar sozinho à mesa. Ao menos estavam permitindo que eu seguisse Sinatra e sua turma por Las Vegas, como fizera na semana anterior durante a gravação da NBC em Burbank. E, embora não tivesse havido uma clara autorização por parte de Frank Sinatra ou de seus representantes, parecíamos ter chegado a uma espécie de détente: enquanto eu não incomodasse Sinatra, Sinatra não me incomodaria. Lembrei-me do que ouvi do ator Richard Bakalyan, a quem Sinatra inicialmente havia ridicularizado e depois cultivado: “Frank nunca diz ‘Errei’ ou ‘Sinto muito’, mas ele demonstra de outros modos”. Talvez isso explicasse por que agora me permitiam andar à sombra do homem que antes tentara me banir com sua sentença: “Nada feito”. Ou talvez agora a carta ameaçadora de Hayes fosse um fator a meu favor. Eu nunca saberia.

Exceto por umas poucas palavras trocadas com Sinatra uma semana antes da gravação da NBC, depois que o cumprimentei por sua entrevista com Cronkite para a CBS, não tínhamos conversado. Ele também não me disse uma palavra durante o tempo em que estivemos em Las Vegas, e nem sequer me olhou diretamente; e, no entanto, repito, ele parecia não se importar com minha presença na multidão que sempre o rodeava, por exemplo, quando ele saiu brevemente do restaurante para jogar vinte e um e eu pude observar e ouvir sua conversa com o dealer.

Nas anotações que datilografei mais tarde no meu quarto no Sands depois das cinco da manhã antes de ir para a cama — eu estava vivendo nos horários de Sinatra —, escrevi o seguinte:

> [...] pondo seu copo na mesa de vinte e um, defronte ao dealer, Sinatra se manteve um pouco afastado da mesa, sem se debruçar sobre ela. Por dentro do paletó do smoking pegou no bolso da calça um maço de notas grosso mas limpo. Com delicadeza, retirou uma nota de cem dólares e a pôs na mesa de feltro verde. O dealer lhe deu duas cartas. Sinatra pediu uma terceira, estourou, perdeu os cem.
>
> Sem mudar de expressão, Sinatra pôs uma segunda nota de cem dólares. Perdeu. Pôs uma terceira nota e perdeu. Pôs então duas notas de cem dólares na mesa e perdeu. Finalmente, depois de pôr sua sexta nota de cem dólares na mesa e perder, Sinatra se afastou da mesa com um aceno de cabeça para o homem e anunciou: "Bom dealer".
>
> A multidão que se formara à sua volta abriu-se para que ele passasse. Mas uma mulher parou na frente dele e lhe entregou um pedaço de papel para autografar. Ele assinou e disse: "Obrigado".

Continuando, também descrevi Sinatra e sua gente enquanto jantavam:

> A mesa era mais ou menos do tamanho da que é reservada para Sinatra sempre que ele está no Jilly's em Nova York; e as pessoas sentadas àquela mesa em Las Vegas eram muitas das mesmas que

são vistas frequentemente com Sinatra no Jilly's ou num restaurante na Califórnia, ou na Itália, ou em Nova Jersey, ou onde quer que Sinatra esteja. Quando Sinatra senta-se para jantar, seus amigos de confiança estão por perto; e não importa onde ele esteja, por mais elegante que possa ser o lugar, há um clima de reunião da turma do bairro porque Sinatra, por mais longe que tenha ido, continua a ser um pouco um garoto da turma do bairro — só que agora pode levar sua turma com ele.

Alguns dias depois de voltar para Los Angeles fui até o set de filmagem da Paramount e assisti, atrás de vários auxiliares de palco e figurantes do elenco, a Frank Sinatra e sua coestrela italiana Virna Lisi trabalharem juntos em *Assalto a um transatlântico*. Sinatra fazia o papel de um mergulhador de alto-mar contratado por aventureiros perversos empenhados numa tentativa frustrada de sequestrar o *Queen Mary* durante uma viagem transatlântica. Na cena que vi, Sinatra e a sra. Lisi estavam à deriva num tanque de águas revoltas lutando para subir num barco frágil — uma manobra que o diretor, Jack Donohue, precisou refilmar algumas vezes porque a sra. Lisi parecia ter dificuldade para lembrar suas falas ou pronunciá-las corretamente.

O mais comum seria Sinatra dar sinais de irritação pelos atrasos, mas nessa ocasião ele foi incomumente paciente e fez de tudo para tranquilizar a sra. Lisi.

Aliás, ele se mostrou alegre e cativante com todos no set a tarde inteira, sem dúvida ainda animado pela aclamação da crítica divulgada no começo daquele dia por sua atuação em *Frank Sinatra: Um homem e sua música*, o especial de uma hora que a NBC transmitira na véspera. Só depois que o diretor pareceu demorar demais pensando se convidava ou não Sinatra e a sra. Lisi a saírem da água, o cantor reclamou delicadamente com Donohue e a equipe de cinegrafistas: "Vamos em frente, amigos. Está frio nesta água e eu acabei de me recuperar de um resfriado".

Uma hora mais tarde, já com roupas secas, Sinatra estava do lado de fora de seu camarim aceitando os parabéns de alguns amigos pelo show da NBC, entre eles o ator Richard Conte, que fazia o papel de um mecânico náutico em *Assalto a um transatlântico*, e o comediante Steve Rossi, que, com seu parceiro, Marty Allen, formava a dupla humorística Allen & Rossi, na época muito requisitada na televisão e em boates.

A certa altura, como eu estava atrás de Rossi, fui notado por Sinatra, por isso dei um passo à frente e lhe comuniquei minha própria admiração pelo show na NBC. Sinatra sorriu e reconheceu que o programa havia sido excelente, acrescentando: "Não sou fácil de agradar". Expressei então a esperança de que pudéssemos ter algum tempo para conversarmos em particular antes de eu voltar para Nova York. Eu já tinha passado três semanas em Los Angeles.

"Ah, ando muito ocupado", Sinatra respondeu. E então, antes de se virar na direção de seu camarim, ele parou e sugeriu: "Quem sabe seja possível marcar alguma coisa depois de eu voltar de Palm Springs na segunda-feira". Faltavam só quatro dias para a segunda-feira, mas eu tinha dúvidas de que um encontro pessoal com Frank Sinatra viesse a acontecer. Ele me dera a mesma desculpa de andar muito ocupado durante nosso breve diálogo em Burbank. Também me lembrei de um comentário que ouvira durante uma conversa recente com um fotógrafo da Warner Bros. chamado Dave Sutton:

"Para conseguir chegar até Sinatra do modo como você quer, você tem de ser um amigo. E, sendo amigo dele, descobrirá que não pode escrever sobre ele."

Depois de sair do set de filmagem da Paramount e voltar ao meu hotel, atualizei Harold Hayes num comunicado que remeti no dia seguinte:

Sexta-feira, 26 de novembro de 1965

Caro Harold:

Ontem vi Frank Sinatra muito brevemente. Ele não teve tempo para conversar — parece que nunca tem… mas talvez estejamos fazendo progresso… pode ser que eu não consiga escrever o artigo que esperávamos — o Verdadeiro Frank Sinatra —, mas talvez, por não conseguir e por ser constantemente rejeitado e ver seus aduladores protegê-lo, estejamos chegando perto da verdade sobre o homem.

Quando Frank Sinatra voltou para Los Angeles na tarde de segunda-feira a fim de concluir as últimas cenas de *Assalto a um transatlântico*, juntei-me a centenas de outros circunstantes no estúdio da Paramount, um grupo que incluía Jim Mahoney, Brad Dexter, Ed Pucci, Mickey Rudin, Al Silvani, a filha do cantor, Nancy, além de celebridades fãs de Sinatra como Don Drysdale, o astro lançador de 1,98 metro dos Los Angeles Dodgers, e Francis "Bo" Wininger, um dos mais destacados jogadores profissionais de golfe.

Wininger me dissera que, embora Sinatra não passasse muito tempo jogando golfe, era capaz de pontuar na marca dos oitenta e poucos, enquanto Nancy Sinatra acrescentou que seu pai se esquivava do golfe "porque jogar tomava tempo demais". Eu conhecera Nancy pessoalmente durante nosso almoço alguns dias antes, na sexta-feira, tendo ficado surpreso e contente por ela aceitar meu convite e ainda mais surpreso e contente porque Mahoney não tinha cancelado o encontro como fizera na ocasião anterior.

Mahoney também não interferiu num encontro que consegui um dia depois com Brad Dexter, que me convidara para falar com ele na Sinatra Enterprises, onde ele era vice-presidente. Como seu chefe não estava na cidade, Dexter tomou a liberdade de ocupar o grande escritório de Sinatra — um espaço com divisória de vidro, design moderno, decorado com folhas de bambu e figueiras, e dominado por uma grande escrivaninha de madeira afilada em feitio de asas de avião. Atrás dela, numa poltrona de couro preto com almofada laranja, Dexter acomodou-se durante toda a nossa entrevista.

Sentei-me na sua frente, e Dexter lastimou que, se ele tinha alguma fama, era em grande medida por ter salvado a vida de Sinatra quando o cantor foi se divertir nadando e acabou arrastado pela correnteza no Havaí. Sinatra fora para lá em 1964 a fim de dirigir e estrelar *Os bravos morrem lutando*, um filme sobre a Segunda Guerra Mundial em que Dexter fez o papel de um obstinado sargento da marinha. Deixando toda modéstia de lado, ele citou essa sua atuação como um dos inúmeros papéis de destaque que representara em seus vinte anos de carreira como um ator talentoso porém não aclamado.

Pouco depois de começarmos a conversa, ele até sugeriu que eu poderia escrever um perfil dele para a *Esquire* caso o artigo sobre Sinatra que eu tinha em mente não desse certo.

24.

Em minhas conversas com Nancy Sinatra, que tinha então 25 anos, ela se mostrou tão receptiva quanto seu pai era evasivo. Não só respondeu a todas as minhas perguntas, mas também acrescentou informações que eu não havia pedido, por exemplo, como ela se sentia com respeito ao relacionamento de seu pai com a atriz Mia Farrow, cinco anos mais jovem que ela.

"Mia e eu fomos hóspedes ao mesmo tempo na casa do meu pai em Palm Springs, e nos demos muito bem", Nancy contou durante nosso almoço na sexta-feira na lanchonete da Paramount. "Meu pai tem sua vida privada, eu tenho a minha, mas ele sabe que pode ser ele mesmo na minha presença. Sabe que podemos sair juntos cada qual com seu par e que isso não me incomoda. Ele não tem razão para se sentir culpado. É um homem solteiro, mas devotado à família."

Apesar de divorciar-se de sua mãe para se casar com Ava Gardner em 1951 depois de mais de dez anos de casamento, ele nunca abandonou a família, Nancy ressaltou; criou um vínculo perene e amoroso com seus três filhos e também uma relação de respeito e solicitude com a mãe deles, que nunca trocou as fechaduras depois que ele se foi, nem jamais limitou os direitos de visita para tentar regular as prerrogativas dele como pai.

Quando Ava Gardner se divorciou de seu pai em 1957 — Nancy estava com dezessete anos —, Nancy torceu para que os pais tornassem a se casar. Mas seu pai explicou que a mãe dela "não podia mais viver a vida dele"; isso, porém, não diminuiu a contínua proximidade dos dois como um casal, exemplificada pelo fato de que a mãe de Nancy estava organizando a festa de aniversário de cinquenta anos de Frank Sinatra, que aconteceria em breve no hotel Beverly Wilshire.

Nancy contou que cresceu "procurando um pouco de seu pai em cada rapaz solteiro que conheceu", mas admitiu que isso era difícil porque ele era um "perfeccionista" de personalidade forte, além de sensível, intuitivo e introspectivo.

"Ele pode dominar completamente uma festa ou ficar muito calado, ouvindo e observando — e todo o clima da festa mudará conforme o comportamento dele", ela disse, e acrescentou: "Em muitas coisas ele é igual a todo mundo, mas as pessoas não veem dessa forma. Acham que quando elas vão para casa ver televisão ele está na badalação. Esquecem que ele também gosta de estar em casa e ver televisão. Eu me lembro de uma ocasião em que fiquei com ele por duas semanas e ele não teve nenhuma mulher durante todo aquele tempo. Ele também tem qualidades que a maioria das mulheres admiraria em qualquer homem, independentemente do sobrenome dele — seu modo de vestir, estar sempre cheiroso, ser pontual, muito atencioso, ordeiro, lembrar-se de tudo. Mencione um livro que você gostaria de ler, e ele manda pelo correio no dia seguinte. Quem é convidado dele em Palm Springs não precisa levar nada. Encontrará tudo à sua disposição. Roupas que o convidado pode usar, banheiros com qualquer artigo de drogaria imaginável e, antes de voltar para casa, seu carro estará lavado e abastecido."

Ela fez uma pausa, depois continuou: "Ele é exigente e quer saber tudo. Quando faz um show para a televisão, sabe o que está envolvido — os anunciantes, a iluminação, o som, os ângulos das câmeras e o *blocking*. Provavelmente seria capaz de fazer tudo sozinho. Com aviões é a mesma coisa — ele os conhece por dentro e por fora. Quando compra um carro, não é como outras pessoas que compram carros. Sabe tudo sobre ele. Se for se servir num bar, conhece tudo sobre todos os tipos de bebida imagináveis. Ele nunca faz as coisas pela metade. Tem um helicóptero e não tem brevê, mas sabe pilotar".

Além do nosso longo almoço na lanchonete da Paramount, Nancy Sinatra encontrou-se brevemente comigo em duas outras ocasiões no fim de semana, e na segunda-feira me convidou para ir aos estúdios da United Western em Hollywood e ouvi-la cantar uma música em estilo folk-rock que logo venderia 1 milhão de discos e chegaria ao topo das cem mais tocadas da Billboard Hot. Composta e produzida por Lee Hazlewood, chamava-se "These Boots Are Made For Walkin'".

Esse seria o auge de sua carreira, a primeira vez que ela era uma estrela solista em vez de cantar, representar ou se apresentar de algum outro modo junto com seu pai, com Elvis Presley ou com outro artista famoso, ou de ser atriz coadjuvante em vários filmes. Percebi sua satisfação quando saímos do estúdio de gravação, e também senti que ela estava se acostumando depressa a estar só depois de seu divórcio recente do cantor e ator Tommy Sands. Agora morava sozinha numa nova casa em Beverly Hills mobiliada e decorada totalmente a seu gosto, e talvez o fato de estar cooperando plenamente comigo — fazendo o que o pai e tantos dos seguidores dele haviam resistido em fazer — atestasse seu nascente pendor para a independência.

Eu estava curioso para saber, mas não perguntei, se seu pai tinha conhecimento de que ela andava falando comigo. Supus que ele sabia, já que era tão atento e consciencioso, mas talvez ela própria tivesse achado (e mais tarde seu pai e Mahoney concordariam) que seria uma boa ideia cooperar com o repórter da *Esquire* para ver se apaziguava um pouco o enraivecido editor da revista, Harold Hayes. Ou talvez se mostrasse acessível porque acreditasse, como Brad Dexter, que ela própria poderia ser candidata a um perfil completo na *Esquire*.

Mas para mim nada disso tinha importância porque, depois de quase um mês de estresse e decepções em Los Angeles, eu finalmente estava gostando do meu trabalho e satisfeito não só por ter ido à sessão de gravação de Nancy Sinatra, mas também por acompanhá-la em seu esportivo Ford Mustang verde ao set de filmagem da Paramount para assistir, naquele mesmo dia, à última cena de seu pai em *Assalto a um transatlântico*.

Lá ela conhecia quase todos do elenco e os espectadores no set, me apresentou a alguns deles, e enquanto eu estava ao seu lado me sentia mais autorizado e menos intruso. Talvez seja por isso que, depois de o diretor Jack Donohue determinar um intervalo na filmagem e eu notar Frank Sinatra sentado sozinho numa cadeira de lona conversando com um operador de câmera, senti confiança para tomar a iniciativa de ir falar com ele. Quando o vira pela última vez, fazia quatro dias, antes de ele partir para o fim de semana em Palm Springs, Sinatra dera a entender que talvez conversasse comigo ao voltar; e, como eu estava cansado de esperar, pensei que era agora ou nunca.

"Com licença, sr. Sinatra", comecei, ajoelhado diante dele. Ele desviou o olhar do operador de câmera e se virou para mim; eu prossegui: "Espero que finalmente possamos marcar uma entrevista assim que concluir esse filme".

"Sinto muito", ele respondeu depressa, "mas não tenho tempo. Quando terminar aqui hoje e uma gravação amanhã, vou pegar um avião e ir para o México. Quero me afastar, preciso me afastar." Fez uma pausa, depois continuou: "Foi demais. Chegou a um ponto de saturação. Quando eu era mais jovem sempre estava alerta para a saturação do mercado, e agora é isso que está acontecendo".

"Compreendo", falei — e compreendia mesmo. O que ele me disse eu mesmo havia dito um mês antes a Harold Hayes na minha fracassada argumentação contra fazer esse artigo. O ano inteiro tinha havido em todo o país uma overdose de publicidade sobre Frank Sinatra com a aproximação de seu quinquagésimo aniversário, e agora ele estava farto daquilo, e eu também. Naquele mesmo dia a revista *Look* estava nas bancas com mais uma matéria de capa, e por ela não fiquei sabendo nada que já não tivesse lido em outras revistas ou jornais ou ouvido em entrevistas na televisão e no rádio.

Quando o diretor Donohue veio nos interromper e disse que a filmagem iria começar, Sinatra logo se levantou, me deu um aperto de mão, despediu-se e se foi. Eu nunca mais falaria com ele. Fiquei decepcionado com aquela saída súbita, mas também resignado com o fato de minha busca por sua atenção estar terminada. Eu tinha feito todo o possível para chegar até ele e agora não havia razão para adiar minha volta a Nova York.

Nas anotações datilografadas eu tinha material suficiente para o artigo da *Esquire*, quase tudo extraído de minhas observações de bastidores, de entrevistas com os que se associavam a Sinatra no ramo do cinema ou das gravações ou trabalhavam para a empresa dele ou para ele pessoalmente, ou que o acompanhavam socialmente nas horas de folga — em outras palavras: amigos, parentes, servidores, bajuladores e vários outros indivíduos relativamente obscuros que, como eu disse várias vezes, sempre foram minhas principais fontes de informação e descobertas.

Com pouquíssimas exceções, nenhum daqueles indivíduos teria sido considerado noticiável por um editor de obituários não fosse por suas ligações com Sinatra, e no entanto coletivamente me ajudaram a escrever sobre ele sem que eu me relacionasse com o cantor pessoalmente. Pensando bem, isso não era cem por cento verdade porque, em outro contexto, eu me relacionava pessoalmente com ele desde menino, e é isso que eu gostaria de ter mencionado a ele antes de ele se despedir.

Como um ítalo-americano que cresceu em South Jersey ouvindo Sinatra no rádio e lendo sobre ele durante os anos 1940, fui inspirado por sua vida, pelo modo como ele a vivia e pela maneira como outras pessoas respondiam a isso. Ele era admirado pela maioria das minhas colegas de classe no ensino médio e também pelas matronas clientes da loja de vestidos da minha mãe na minha cidade natal, Ocean City, uma ilha-resort de maioria protestante tipicamente americana e convencional cerca de vinte quilômetros ao sul de Atlantic City.

No cinema ele fazia par romântico com lindas atrizes em comédias leves, coestrelava musicais com Duke Ellington, Count Basie e a banda de Tommy Dorsey e, numa era em que a maioria dos nomes italianos no noticiário era de membros da Máfia, ele evitava papéis de gângster, preferindo apresentar-se como um protagonista respeitador da lei que repudiava o racismo e o antissemitismo, além de sempre ser um artista generoso e patriótico: dançando em traje de marinheiro com Gene Kelly em *Marujos do amor*, oferecendo flores a uma copeira deslumbrada em *A lua ao seu alcance* ou pregando tolerância a uma gangue de garotos fanáticos em *A casa em que vivemos*.

Neste último filme ele fala sobre ser um descendente de imigrante cujas origens, como as minhas, estavam nas massas desvalidas de estrangeiros que aproveitaram oportunidades e, depois de viverem por algum tempo nas camadas inferiores da hierarquia social nos Estados Unidos, gradualmente melhoraram de vida graças à sua própria iniciativa e à flexibilidade e ao crescimento da economia do Novo Mundo, e sem dúvida também a um pouco de sorte.

Entre os imigrantes que desembarcaram nos Estados Unidos um século antes ou mais, estavam pessoas com sobrenomes como DiMaggio, Cuomo, Scalia, Iacocca, Coppola, Giamatti, DeLillo, Stella, Scorcese, De Niro, Pelosi e Germanotta (estes últimos são ancestrais de Lady Gaga) —, mas provavelmente nenhum dos descendentes desses italianos viajantes superou em fama e popularidade mundial duradoura o neto cantor de um sapateiro da Sicília chamado Francesco Sinatra.

Francesco Sinatra, nascido em 1857 numa cidade situada 48 quilômetros a sudoeste de Palermo onde a mineração de enxofre era a atividade principal e o trabalho infantil era comum, chegou sozinho aos Estados Unidos em fins da década de 1890. Depois de trabalhar numa fábrica de lápis porque na época havia sapateiros italianos demais em Nova York, ele finalmente conseguiu economizar dinheiro suficiente para que sua mulher e seus quatro filhos viessem juntar-se a ele em 1903.

Entre eles estava seu filho de nove anos e futuro pai de Frank Sinatra: Antonio Martino Sinatra, que na adolescência trabalharia como caldeireiro na doca seca de North Jersey e em seguida entraria para o boxe profissional com o nome "Marty O'Brien" — um aceno para os muitos fãs e promotores irlandeses do boxe e também porque então os nomes estrangeiros e os costumes dos italianos estigmatizavam recém-chegados como Antonio e os tornavam invendáveis até mesmo nos cartazes desse esporte bárbaro da arraia-miúda.

O preconceito contra italianos continuaria por décadas nos Estados Unidos, como eu mesmo posso atestar pelos insultos — "Dago", "Wop", "Guinea" —* que ouvia regularmente de alguns

* Possíveis traduções para os termos pejorativos contra os italianos seriam: "italianinho", "italiano ignorante" e "italiano mestiço". (N. E.)

dos pequenos provocadores irlandeses que eram meus colegas de classe na escola paroquial. O tempo da guerra nos anos 1940 foi particularmente difícil para mim. Não só a Itália lutava ao lado da Alemanha nazista, como ainda por cima dois irmãos mais novos do meu pai nascido na Itália, meus tios Nicola e Domenico, que preferiram não emigrar para os Estados Unidos, estavam na infantaria do exército de Mussolini combatendo a invasão dos Aliados em sua Calábria ancestral, uma região montanhosa situada na ponta da bota da península da Itália, separada por um estreito canal do extremo leste da Sicília. Os esforços militares dos meus tios logo se revelariam uma causa perdida, resultando em ferimentos de guerra, rendição e confinamento num campo de prisioneiros britânico no Norte da África.

Sobre uma cômoda em nossa casa, defronte ao rádio onde eu ouvia Frank Sinatra cantar nas noites de sábado, fotos emolduradas de meus tios tiradas no começo da guerra mostravam dois homens sorridentes de farda com dragonas desconhecidas; depois da notícia da prisão deles, muitas vezes eu ouvia meu pai, tarde da noite, rezar pela sobrevivência e bem-estar daqueles irmãos, e na missa de domingo eu o via aproximar-se do altar para acender velas votivas, sem dúvida pensando nos dois presos.

Fora isso, quando conversava com os clientes de sua alfaiataria ou almoçava na lanchonete da esquina em frente à loja, meu pai, Joseph Francesco Talese, era sinceramente pró-americano; e, uma ocasião em que fez um discurso no Rotary Club, ele declarou que se fosse mais jovem teria orgulho em servir no exército americano e participar da destruição de seu país natal.

Esse comentário foi manchete no nosso semanário *Ocean City Sentinel-Ledger*, acompanhada por uma foto do meu pai vestido com elegância; mas, apesar de seus sentimentos terem sido muito bem recebidos, não eram surpreendentes, pois já fazia tempo que ele era considerado naquela comunidade republicana patriótica um americano exemplar, leal e compatível, o que em parte era atribuível ao seu talento de alfaiate para cortar, modelar e dar bom caimento a qualquer feitio de roupa.

Também ajudava o fato de ele ser cidadão americano desde 1928 e morador antigo de Ocean City, tendo chegado em 1922, depois de partir de seu vilarejo na Calábria dois anos antes, com dezessete anos, para ajudar a sustentar a mãe viúva e seus irmãos após a morte prematura de seu pai e aprimorar sua profissão como aprendiz de alfaiate em Paris sob a tutela temporária de um primo mais velho e mais refinado, Antonio Cristiani, que lá chegara em 1911 e agora tinha uma loja de roupas masculinas muito procurada na Rue de la Paix.

Sete meses mais tarde, em meados de 1921, meu pai continuou sua jornada para os Estados Unidos partindo do porto de Cherbourg, no norte da França, com destino à ilha Ellis, na baía de Nova York, se estabeleceu na Filadélfia — onde foi trabalhar ajustando ternos e calças e tirando medidas numa loja de departamentos — e um ano depois pediu um empréstimo bancário para assumir uma pequena alfaiataria vaga em Ocean City, quase cem quilômetros a sudoeste da Filadélfia, um movimentado resort onde muitas das famílias proeminentes daquela cidade iam passar o verão.

Muitos homens dessas famílias, e também patrícios locais que davam o tom para os 3 mil residentes fixos da cidade, com o tempo tornaram-se clientes do meu pai, impressionados com sua habilidade profissional e mais tarde com sua companheira esbelta, atraente e bem-vestida, minha mãe, que antes vendia vestidos na principal loja de departamentos do Brooklyn, Abraham & Straus. Depois de conhecer meu pai num casamento italiano naquele distrito e de se casar com ele passados alguns meses, em meados de 1929, ela e meu pai compraram um prédio maior na rua principal de Ocean City e expandiram o negócio, acrescentando à alfaiataria uma butique para as senhoras ilustres da ilha.

Assim como os jornalistas, que regularmente têm contato com indivíduos influentes e notáveis, quem trabalha com moda vendendo ternos e vestidos finos para gente graúda está numa carreira que oferece possibilidades de ascensão social. Com certeza isso se aplicou aos meus pais, como evidenciado por seu êxito, primeiro fazendo amizade com sua polida clientela e por fim sendo convidados para jogar bridge e se associar ao clube de campo do outro lado da baía, onde, livre da lei seca que reinava em Ocean City, bebidas alcoólicas estavam disponíveis.

No entanto, por mais que meus pais desfrutassem do status elevado concedido por seus clientes, isso não me servia de anteparo contra os filhos de irlandeses da classe trabalhadora que implicavam comigo quase diariamente e às vezes na hora do recreio jogavam terra nas minhas roupas feitas sob medida.

Durante toda a minha pré-adolescência eu fui um garoto fracionado, um nativo que se sentia estrangeiro, membro de uma minoria juvenil numa terra onde nomes italianos eram associados a fascistas no exterior e a gângsteres no país, e antes da guerra nem mesmo a presença do favorito dos fãs, Joe DiMaggio, ajudava muito. DiMaggio era um homem solitário, um superastro introvertido e egocêntrico que se comunicava através de seu bastão e não socializava nem mesmo com seus colegas de time no Yankee.

Mas a situação já era bem outra na época em que comecei o ensino médio em 1945: a guerra terminou, os exércitos aliados triunfaram, Mussolini estava morto, meus tios prisioneiros de guerra foram libertados e o jovem Frank Sinatra, fabulosamente famoso graças ao seu talento e à sua persona pública que fascinava tanto grupos minoritários quanto a maioria convencional, despontara como o primeiro cidadão americano de origem italiana totalmente assimilado — aquele que também abriu caminho para que pessoas como eu enfim se sentissem em casa nos Estados Unidos.

Mencionei isso para Nancy Sinatra na última conversa que tive com ela em Los Angeles. Ela disse que compreendia meu desejo de mandar uma mensagem de despedida ao seu pai, e depois que ela prometeu transmiti-la, escrevi:

Sábado, 4 de dezembro de 1965

Prezado sr. Sinatra:

Hoje à tarde telefonei para me despedir da sua encantadora e gentil filha Nancy, e durante a conversa comentei que estava decepcionado por não ter conseguido me aproximar do senhor no mês que passei aqui. Se eu tivesse sido autorizado a partilhar da sua companhia informal, eu disse a Nancy, se me tivesse sido permitido viajar com o senhor e seus amigos e vislumbrar todo o afeto que permeia o seu mundo íntimo, sem dúvida teria produzido um perfil clássico que cumpriria todas as promessas feitas em vão pelos documentários e matérias de revista do passado.

Como o senhor, quero todas as vantagens quando trabalho. Lamentavelmente tive poucas nesse mês que passou — sua doença, sua agenda incrivelmente lotada e outras coisas mantiveram-me como um observador distante. Mesmo assim, espero fazer-lhe justiça no perfil que estou escrevendo para a Esquire, *apresentar um retrato empolgante de Sinatra, o Homem, e do efeito que o senhor exerce sobre seus amigos, seus inimigos, sua era.*

Cheguei como amigo. Parto como amigo. Eu o considerava uma força da natureza antes de encontrá-lo, e agora o considero mais ainda. Que o melhor continue a acontecer — eu lhe desejo uma boa sorte compatível com o seu talento incomparável.

— Gay Talese

25.

Minha carta a Sinatra ficou sem resposta, e nunca me informaram, nem ele, nem Nancy, nem qualquer outro que pudesse saber, o que Sinatra achou do meu artigo para a *Esquire*, se é que ele o lera.

Publicado na edição de abril de 1966 com o título "Frank Sinatra está resfriado", começava falando a respeito da primeira vez que o vi em Los Angeles: ele sentado entre duas loiras numa noite solitária no bar do Daisy, fumando um cigarro, tomando bourbon e prestes a implicar com Harlan Ellison na sala de bilhar. Terminava mais tranquilamente com uma descrição de Sinatra sentado confortavelmente ao volante de seu cupê Ghia, rodando sozinho por Beverly Hills num dia ensolarado, no momento em que o sinal de trânsito iria abrir:

> Frank Sinatra parou o carro. O sinal estava vermelho. Pedestres passaram apressados diante do seu para-brisa, mas, como de costume, nem todos. Era uma garota de vinte e poucos anos. Ela permaneceu na calçada, olhando para ele. Pelo canto do olho esquerdo

ele podia vê-la, e sabia, porque acontece quase todos os dias, o que ela estava pensando: parece com ele, mas será?

Pouco antes de o sinal abrir, Sinatra virou-se para ela, olhou diretamente em seus olhos à espera da reação que ele sabia que viria. Veio, e ele sorriu. Ela sorriu e ele se foi.

Essa cena de rua foi descrita para mim não só por algumas das garotas "pedestres" que encontrei durante minha pesquisa, mas o próprio Sinatra validou-a em conversas que teve com pessoas íntimas, como sua filha Nancy. O resto do meu artigo de 14 mil palavras, que ocupou 53 páginas manuscritas, foi extraído das minhas observações de Sinatra no set de filmagem, no estúdio de gravação, durante sua viagem a Las Vegas, e de meus comentários e queixas pessoais anotados diariamente com uma caneta esferográfica nos pedaços de papelão que me acompanhavam por toda parte no bolso do paletó.

Revisei depois essas anotações de trabalho, eliminei o que já não considerava pertinente e, numa tentativa de dar uma faceta estética a esse processo maçante, usei marcadores Sharpie ultrafinos de várias cores para reescrever o restante do meu material selecionado em dois pedaços inteiros de papelão de 35 × 20 centímetros, produzindo um esquema bem vistoso que me serviu de base — ele apresentava concisamente e com setas direcionais uma descrição em palavras, cena por cena, de todo o processo, junto com referências a algumas das frustrações que vivenciei enquanto pesquisava para a matéria e escrevia.

Um dia, pouco depois de eu ter concluído o artigo mas dois meses antes de ele ser publicado, eu estava na redação da *Esquire* cooperando na checagem de fatos quando alguém do departamento de promoção, aparentemente encantado com o resumo que eu trouxera, insistiu para que ele fosse fotografado e mais tarde impresso na seção inicial da edição de abril, próximo do índice e da página do editor, como um chamariz para meu iminente artigo sobre Sinatra.

Infelizmente essa pessoa da promoção e os checadores de fatos não leram com atenção e por isso não notaram todas as minhas minúsculas palavras manuscritas que apareciam em várias partes do esquema — palavras de queixas sobre minha incumbência de escrever a matéria ou que se referiam muito desrespeitosamente ao editor da revista:

> Eu não queria ter viajado para cá. Mas a revista *Esquire* vinha desejando uma matéria de capa sobre Sinatra fazia anos — e não consegui convencer Harold Hayes a desistir dela. Não confio totalmente nele... e, se eu fracassasse, ele não se interessaria pela minha desculpa boba sobre o resfriado de F. S. — foda-se Hayes...

Quando o artigo foi publicado, e depois que Hayes o elogiou e me pagou um jantar num restaurante caro, continuei esperando sua resposta irritada às minhas anotações no esquema. Também previa que ele sem dúvida iria demitir a pessoa da promoção e os checadores que, por descuido, haviam permitido que meus comentários rudes fossem publicados. Mas nada aconteceu, na verdade. Se Hayes tinha examinado bem o esquema e lido o que escrevi, não me disse nada, e eu é que não iria chamar a atenção dele para isso. Eu também não sabia se alguém da revista havia lido, nem se houve alguma reação de leitores na seção de cartas para a *Esquire* — e tudo isso me levou a concluir que, ou eu tinha escapado impune do que fizera, ou Hayes e seus subordinados tinham decidido desconsiderar o ocorrido porque nada de bom poderia resultar do fato de eles terem visto.

Contudo, como registrei no esquema, eu não confiava totalmente em Hayes, e me ocorreu não só que ele sabia, como também que em algum momento no futuro ele me lembraria disso e usaria contra mim. Entre os colaboradores da *Esquire* ele era conhecido como um sujeito cujos elogios eram transitórios, e fazer um favor a ele não garantia uma gratidão duradoura.

Três anos antes, em 1962, depois que Hayes rejeitou o artigo de James Baldwin sobre a vida noturna no Harlem porque não era compatível com as ilustrações de Tom Keogh que já tinham sido mandadas para a gráfica e não daria tempo de substituir por nada — e depois que Baldwin se recusou a alterar o que havia escrito —, Hayes telefonou para minha casa uma quinta-feira à noite precisando desesperadamente da minha ajuda.

Ele queria que eu desse uma olhada nas fotocópias das ilustrações de Keogh,, que mandaria me entregar pela manhã, e depois pensasse em produzir cerca de 3 mil palavras condizentes com elas. Hayes sugeriu também que eu me registrasse para passar o fim de semana no hotel Theresa no Harlem, visitasse as casas noturnas da área, entrevistasse alguns de seus proprietários e frequentadores, e então entregasse, na segunda pela manhã, um artigo que pudesse ir para o prelo a tempo de ser usado na data de fechamento da revista ainda naquele dia.

Nem sei como, dei um jeito de, após um fim de semana quase sem dormir e graças a algumas recomendações e contatos de um amigo negro meu, colega do *New York Times*, fazer o que Hayes pediu. E, depois de ele me agradecer profusamente por isso — e de intitular meu texto "Diversão no Harlem" —, meu trabalho foi publicado junto com as ilustrações de Keogh na edição de setembro.

Embora eu não estivesse totalmente satisfeito com a fluência da minha prosa, consolava-me porque, naquelas circunstâncias, ao menos tinha dado conta do desafio. Mas alguns meses mais tarde, depois de eu pedir um aumento por matéria entregue, Hayes argumentou que, apesar de eu ter feito várias contribuições valiosas para a revista, nem todos os meus esforços eram excepcionais, e mencionou em especial "Diversão no Harlem". Eu não disse nada, mas essa foi a última vez que lhe permiti apressar meu trabalho.

Levei cinco semanas para escrever a matéria sobre Sinatra e, apesar de Hayes me pedir para ver amostras durante o processo, não lhe mostrei nada até concluir todo o trabalho e me sentir satisfeito. Felizmente ele gostou do resultado, não mudou nenhuma palavra nem reduziu o tamanho do texto.

Mais tarde, em 1966, quando finalmente pude me dedicar ao que sempre fora minha prioridade — escrever um perfil do editor-chefe do *Times*, Clifton Daniel —, produzi um artigo de 20 mil palavras que requereu quatro meses de pesquisa e redação, e, quando foi publicado como matéria principal na edição de novembro de 1966 da *Esquire*, o texto e as ilustrações ocuparam 27 páginas da revista. O artigo não só falava sobre o estilo de gestão de Daniel, mas também o comparava com o de editores-chefes anteriores do jornal desde antes do tempo da Guerra de Secessão. Também mencionava os êxitos e fracassos de gerações de repórteres, copidesques e vários outros colaboradores na história do jornal desde sua fundação em 1851.

A resposta dos leitores ao artigo foi colossal; surpreendeu e impressionou Hayes, que até então acreditara que as figuras dos meios de comunicação que eu escolhia retratar eram insuficientemente famosas ou importantes para interessar aos leitores da *Esquire*. Mas, depois do artigo sobre Daniel, Hayes me incentivou a continuar pondo o foco em gente do *Times*. Dei seguimento com um artigo sobre o controvertido correspondente estrangeiro Harrison Salisbury; depois escrevi sobre um repórter local descontente, John Corry; e por fim sobre o frustrado chefe da divisão de Washington, Tom Wicker. Essas matérias, e mais artigo anterior sobre o escritor de obituários Alden Whitman, chamaram a atenção de editores literários e em 1967 me renderam o oferecimento de um contrato para escrever um livro sobre o *Times*. Ele seria concluído três anos mais tarde e se tornaria um best-seller nacional, *O reino e o poder*.

Depois disso deixei de ser autor contratado da *Esquire* e me dediquei a escrever livros de não ficção bem fornidos com personalidades discretas ou que tinham até mesmo afinidades com Bartleby. Até quando me concentrei num chefe mafioso chamado Joseph Bonanno, que escolheu dois capangas para simular seu sequestro uma noite em Manhattan a fim de ajudá-lo a enganar gângsteres rivais ansiosos para matá-lo e agentes federais que queriam prendê-lo, meu parágrafo inicial tinha o ponto de vista de um porteiro cansado que estava do lado de fora do prédio de apartamentos na Park Avenue quando o incidente ocorreu.

> Sabendo que é possível ver demais, a maioria dos porteiros em Nova York desenvolve uma extraordinária faculdade de visão seletiva: eles sabem o que ver e o que ignorar, quando ser curiosos e quando ser indolentes — quase sempre estão porta adentro, alheios, quando acontecem acidentes ou discussões defronte ao seu prédio, e em geral estão na rua procurando um táxi enquanto ladrões fogem pelo saguão. Embora um porteiro possa desaprovar o suborno e o adultério, suas costas invariavelmente estão viradas quando o supervisor entrega dinheiro ao inspetor de incêndio ou quando um hóspede cuja esposa está fora conduz uma moça ao elevador — e isso não é acusar o porteiro de hipocrisia ou covardia, e sim meramente uma sugestão de que seu instinto de não se envolver é muito forte, pois talvez a experiência tenha ensinado aos porteiros que nada se ganha sendo testemunha idônea de cenas indecorosas da vida ou da loucura da cidade. Assim, não é de surpreender que na noite em que o renomado chefe mafioso Joseph Bonanno foi agarrado por dois capangas defronte a um prédio de apartamentos

de luxo na Park Avenue próximo à rua 36, pouco depois da meia-noite de uma terça-feira chuvosa em outubro, o porteiro estivesse no saguão conversando com o ascensorista e não visse nada.

Um excerto do livro, intitulado *Honra teu pai*, foi publicado na edição de agosto de 1971; e a *Esquire* também publicou, em agosto de 1975, um excerto de meu livro seguinte, *A mulher do próximo*, que começa com a história de um adolescente solitário em Chicago, Harold Rubin, e seu caso de amor masturbatório com uma foto de revista de uma linda modelo chamada Diane Webber, na qual ela posa nua sobre uma duna de areia em Baja, Califórnia.

O livro seguinte, *Unto the Sons*, explorava minha obscura ancestralidade na Calábria e incluía minha história pessoal dos dois tios prisioneiros de guerra com quem eu frequentemente me preocupava durante o conflito nos anos 1940 quando comecei a ouvir Frank Sinatra no rádio.

Passei a maior parte do verão de 1982 na Itália entrevistando esses tios juntamente com vários outros parentes que até então não conhecia. No último trimestre do ano fui a Paris para a primeira de muitas conversas com o mentor do meu pai, Antonio Cristiani, cujo diário escrito ao longo de quarenta anos eu havia traduzido e cuja memória retentiva consultei exaustivamente até sua morte em 1986, já nonagenário. O livro de 661 páginas era em essência a história de dois alfaiates, Cristiani e meu pai, e seis excertos dele foram publicados na *Esquire* antes do lançamento do livro em 1992.

Durante esses anos permaneci atualizado sobre as atividades de Frank Sinatra, o que era fácil porque seu nome estava constantemente no noticiário e ele se apresentava com frequência em público: em 1992 fez 87 shows; em 1993, noventa (esse foi o ano em que seu amigo Jilly Rizzo morreu num acidente de carro); em

1994 ele estrelou na Radio City em Nova York e se apresentou no Japão e nas Filipinas, e também em Chicago, Atlantic City e Las Vegas. Em 12 de dezembro de 1995, no seu octogésimo aniversário, o Empire State acendeu-se em sua homenagem, e Bruce Springsteen saudou-o como "o Santo Padroeiro de Nova Jersey".

Em julho de 1996, ele e sua quarta mulher, Barbara Marx, comemoraram seu 25º aniversário de casamento (o casamento com sua terceira esposa, Mia Farrow, terminou em 1968 depois de dois anos), e em meados de maio de 1998 seu nome e foto apareceram na primeira página de jornais e nas telas de televisão do mundo todo: aos 82 anos, Frank Sinatra morreu de ataque cardíaco no Centro Médico Cedar-Sinai em Los Angeles.

Uma grande foto de Sinatra de smoking e com um copo de uísque na mão foi publicada com destaque na primeira página do *New York Times*, e o jornal concedeu a ele um longo e muito respeitoso obituário escrito pelo crítico de música da casa, Stephen Holden. (O principal especialista em obituários do *Times*, Alden Whitman, que morreu em 1990 aos 76 anos, nunca foi substituído.) A propósito, um dos responsáveis pelo editorial me pediu para contribuir com uma matéria e, embora eu começasse meu comentário mencionando o pai humilde de Frank Sinatra, dei um jeito de concluir com um tributo ao cantor que nunca me foi possível expressar pessoalmente.

> Era uma vez um boxeador profissional miúdo, corado e de olhos azuis nascido na Sicília chamado Martin Sinatra que, para aumentar suas oportunidades de trabalho nos Estados Unidos numa época em que não existiam vantagens discerníveis em ter um sobrenome italiano (exceto na Máfia), apresentava-se no ringue como "Marty O'Brien".
>
> Não é minha intenção desrespeitar esse homem que fez uma concessão à sua identidade por interesse comercial, pois essa tem

sido historicamente uma prática bastante comum, adotada por muitos que vêm de outros países para os Estados Unidos sempre que buscam uma camuflagem que os insira na sociedade americana convencional — ou, no caso do sr. Sinatra e seu apelido, que atraia mais prontamente a atenção dos mais numerosos promotores de boxe americanos descendentes de irlandeses e dos muitos outros irlandeses-americanos que naqueles tempos distantes estavam entre os fãs mais apaixonados do boxe.

Já para o filho único do pugilista, qualquer tipo de concessão seria sempre impensável, por isso ele estava destinado a levar uma vida tão turbulenta quanto triunfante, uma existência geradora de manchetes que, ao longo de meio século, seria inspiradora para o resto de nós (em especial nós que somos americanos de ascendência italiana) porque nos deu a coragem de finalmente reconhecer e respeitar quem somos.

Cinco anos mais tarde, em 2003, quando a *Esquire* celebrava seu septuagésimo ano de publicação, os editores e outros da redação fizeram uma votação e elegeram "Frank Sinatra está resfriado" como "A melhor matéria de todos os tempos" da história da revista. O artigo inteiro foi reimpresso numa seção especial com as respectivas ilustrações, inclusive o esquema com o "foda-se" no qual aparentemente ninguém prestara muita atenção. Obviamente nenhum dos membros da equipe da revista que votaram em 2003, a maioria na casa dos vinte ou trinta anos, trabalhava para a *Esquire* quando o artigo foi publicado em 1966, e na verdade a maioria deles provavelmente estava lendo a matéria pela primeira vez. (Harold Hayes, que se demitiu da *Esquire* em 1973 após uma desavença com o publisher da revista, Arnold Gingrich, morreu em 1989 aos 62 anos — e, a propósito, recebeu um substancial obituário em duas colunas no *Times*, junto com sua foto.)

Se Harold Hayes ainda estivesse vivo em 2003, provavelmente teria sido a única pessoa a saber que eu estava sendo homenageado por ter escrito algo que eu não queria escrever. Mas o tributo chegou em boa hora, porque meu trabalho não vinha obtendo muitos elogios nem incentivos. Durante os últimos dez anos — de 1993 a 2003 — eu tivera vários projetos que não foram adiante, e quando por fim submeti um manuscrito quase concluído meu editor de livros me disse para não continuar porque meu texto era muito hermético, ou irrelevante, ou, enfim, não tinha atrativo comercial suficiente.

Por exemplo, em 1995, depois de vender um artigo breve para a *New Yorker* sobre o restaurante Gino's, que celebrava seu quinquagésimo aniversário, eu queria expandir minha pesquisa e escrever um livro sobre a vida dos empregados de cozinha, inspirado no que George Orwell escrevera em seu clássico de 1993 *Na pior em Paris e Londres*. Enquanto Orwell relatara o que tinha observado durante seu trabalho temporário numa escaldante cozinha em Paris — convivendo com "cozinheiros gordos e corados", "lavadores de pratos ensebados" e garçons que contrabandeavam comida —, eu planejava ambientar minha história na cozinha do Tucci, um restaurante não muito conceituado na rua 63 Leste, 206, entre a Segunda e a Terceira Avenida.

Como eu era amigo de um dos proprietários, me deixaram permanecer no restaurante pelo tempo que eu quisesse, e até me deram um avental para usar na cozinha onde os pratos eram preparados. Às vezes eu ficava junto com o maître na entrada, recebendo e acomodando os clientes — tudo para tentar conhecer por dentro o funcionamento do restaurante e os papéis que cada empregado desempenhava no esforço de acompanhar as tendências e atender aos caprichos da freguesia.

Infelizmente o pessoal do Tucci não conseguiu satisfazer um número suficiente de clientes para permanecer no mercado por muito tempo; em março de 1997, treze meses depois de inaugurado, o restaurante fechou as portas e eu deixei de ser o escritor residente do Tucci. Abandonei minhas anotações e pelo resto de 1997 e 1998 me dediquei a dois outros projetos de livro que tinha em mente já fazia tempo.

Um deles era uma atualização sobre a mal-afamada Selma, uma velha cidade de plantation no Alabama que fora manchete em 1965 porque seus policiais massacraram manifestantes seguidores do dr. Martin Luther King que reivindicavam o direito de se registrarem como eleitores no estado. Eu me formara na Universidade do Alabama em 1953 e, depois de ter participado da cobertura pelo *Times* do confronto de 1965 e de ter mantido meus contatos pessoais no Alabama com visitas frequentes durante os trinta anos seguintes (em 7 de março de 1990 escrevi uma matéria de primeira página para o *Times* sobre o 25º aniversário do Domingo Sangrento), eu tinha caixas de material e três capítulos com os quais esperava obter um contrato para um livro. Mas meu editor, que publicara recentemente um livro sobre questões dos direitos civis, convenceu-me a adiar meu projeto sobre o Alabama por um ano ou mais.

O outro livro em que estava trabalhando mas que ainda não queria mostrar ao meu editor, eu chamava de "Um casamento de não ficção"; era um relato íntimo de meu longo relacionamento com minha mulher, Nan, renomada editora da Doubleday cujos autores incluíram Margaret Atwood, Ian McEwan e Pat Conroy. Desde nosso casamento em 1959, escrevo um diário sobre nossa vida juntos, e tenho armários lotados com nossa correspondência e centenas de fotos de nós dois juntos. Nossa união teve seus altos e baixos, naturalmente, mas na minha opinião se distingue por ser ao mesmo tempo íntima e separada.

Nan tinha sua vida literária com seus colegas doutos e escritores, e eu me relacionava com meu círculo de amigos mais esportivos, além de ter um interesse insaciável por assuntos que, para dizer o mínimo, nem sempre lhe interessavam. Quando iniciei minha pesquisa para *A mulher do próximo*, no começo dos anos 1970, começando por frequentar casas de massagem e depois gerenciando duas delas em Manhattan enquanto anotava diariamente minhas impressões e observações, Nan não implicou com a minha metodologia de coleta de fatos (pois eu já conversara sobre isso com ela). Mas ficou muito aborrecida quando a revista *New York* publicou um artigo sobre minha gandaia numa casa de massagem em Midtown onde massagistas nuas e seus clientes tinham a opção de se misturarem sem nem mesmo uma toalha nos quadris na sauna e na piscina ("Uma noite sem roupa com Gay Talese" era o título). Após essa publicação, nós dois concordamos em experimentar uma separação.

Esse e outros conflitos são descritos em detalhes no meu manuscrito, junto com reminiscências dos meus três meses residindo num paraíso nudista de amor livre chamado Sandstone Retreat, uma propriedade de seis hectares nas montanhas Santa Monica, com vista para a praia de Malibu. Lá só entram casais, e no lugar de Nan foi minha amiga Sally Hanson, que estava se divorciando de Jack mas continuava a trabalhar com ele como proprietária e gerente do Daisy. Sally figura com destaque em meu manuscrito, embora o principal personagem em toda a obra seja Nan, e a grande questão que eu, como autor, preciso explicar sobre ela aos leitores é: por que uma mulher tão inteligente, financeiramente independente, bem relacionada, desejável e cativante permanece casada comigo há tanto tempo?

Deixando de lado essa questão até me sentir pronto para revelar meus papéis privados ao meu editor (e mostrá-los a Nan), viajei para a China em outubro de 1999 a fim de explorar uma história menos complicada: a da jogadora de futebol Liu Ying, de 25 anos, nascida em Beijing, que me fascinara meses antes quando a vi pela televisão jogando na final China × Estados Unidos da Copa do Mundo feminina em Pasadena, Califórnia, diante de 90 185 espectadores no Rose Bowl (a maior plateia de uma competição esportiva feminina em toda a história).

Liu Ying teve a dúbia distinção de errar um pênalti na prorrogação e com isso ser singularmente responsável pela derrota de seu time para as americanas — e numa época em que o governo chinês se mostrava cada vez mais hostil aos Estados Unidos devido a discordâncias na política externa. Além disso, era o ano do quinquagésimo aniversário da revolução de Mao, e eu só podia imaginar como devia ser para aquela jovem voltar envergonhada para sua terra, uma nação orgulhosa de quase 4 bilhões de pessoas, após seu desastre em Pasadena.

Liu Ying tinha uma grande história para contar, pensei, e, depois de um longo período negociando com o ministério do esporte chinês, consegui uma apresentação; nos quatro meses seguintes, não só entrevistei a atleta e seus parentes dezenas de vezes — através de um intérprete —, como também viajei com ela e suas companheiras de time enquanto participavam de jogos amistosos em lugares como Hong Kong, Taiwan e a região portuguesa do Algarve — tudo isso em preparação para as Olimpíadas de 2000 que se realizariam em Sydney, Austrália.

Também fui a Sydney e voltei à China para mais entrevistas com Liu Ying em 2001 e 2002. Depois disso me isolei por dois anos em Nova York, organizei centenas de páginas de anotações datilografadas e então redigi um primeiro esboço do meu proposto livro sobre as provações e adversidades de Liu Ying.

Mas não fiz negócio. Nenhuma editora se interessou. Alguns comentários aprovadores sobre o texto, sim, mas todos os vários editores que procurei pensavam que não havia mercado para ele nos Estados Unidos. A reação de publishers na China, mais tarde, foi a mesma. O único lado bom de tudo isso foi que consegui ressuscitar parte da história de infortúnios de Liu Ying — juntamente com o material que eu tinha sobre restaurantes, sobre o Alabama e sobre um malfadado e não publicado trabalho para a *New Yorker* a respeito de um ex-marinheiro beberrão chamado John Bobbitt, que certa noite adormeceu e perdeu o pênis, decepado pela faca de cozinha de sua mulher furiosa — num relato biográfico publicado em 2006 com o título *Vida de escritor*. O livro comprovou o prognóstico de seu presciente editor e atraiu poucos leitores.

A essa altura, porém, eu já tinha mergulhado em outro projeto promissor: um livro sobre as heroicas mas pouco reconhecidas contribuições de muitas dezenas de pessoas que trabalham atrás das cortinas na Metropolitan Opera House de Nova York — os responsáveis por cenário, iluminação, maquinaria de cena, adereços, figurinos, além do ponto que fica sussurrando escondido atrás do púlpito do maestro durante o canto, e havia também os treinadores que fornecem animais e pássaros para participações especiais no palco durante as apresentações.

O diretor-geral do teatro, Peter Gelb, que assumiu o cargo em 2006, de início providenciou para que eu entrevistasse todos que trabalhavam lá durante os espetáculos — em algumas noites eu até era autorizado a ficar escondido atrás de uma das cortinas laterais enquanto os cantores interagiam no palco. Mas então, para minha grande surpresa e decepção, o sr. Gelb aparentemente ficou preocupado com meu acesso a tudo aquilo e decidiu que o que eu escrevesse teria de ser primeiro submetido à sua aprovação.

Obviamente isso inviabilizava nosso trato, e, como ele não se deixou persuadir, abandonei a ideia do livro e guardei minhas anotações. O único proveito que tirei disso tudo foi mais tarde, em dezembro de 2010, quando escrevi um artigo publicado na *New Yorker* sobre uma soprano russa chamada Marina Poplavskaya, que eu conhecera durante minha temporada perambulando pelo teatro.

Meses mais tarde recebi uma mensagem de um homem chamado Gerald Foos que morava em Aurora, Colorado, e por muitos anos fora proprietário de um motel onde construíra aberturas de ventilação no teto de uma dúzia de quartos pelos quais podia observar seus hóspedes quando estivesse no sótão do telhado de duas águas. Eu tinha visitado seu motel a convite dele em 1980 depois que ele me escrevera uma carta contando o que aprendera após anos invadindo a privacidade das pessoas; aliás, por três dias e noites no último trimestre de 1980 eu me juntei a ele em seu voyeurismo no sótão, e também li seu caderno de comentários e observações.

Mas ele não me autorizou a usar seu nome no artigo, uma condição que imponho a todas as pessoas sobre quem escrevo porque faço questão de que meus leitores conheçam minhas fontes. Revelar seu nome sem dúvida resultaria em ações judiciais e até em prisão por violação de privacidade, por isso me abstive de contar sua história por mais de trinta anos.

Em 2010 ele escreveu para me informar que não estava mais no ramo dos motéis mas ainda queria contar sua história, e ainda por cima, como acreditava que a lei de prescrição agora o favorecia, já não hesitava quanto ao uso de seu nome. Isso levou a anos de visitas frequentes para entrevistá-lo em sua casa perto de Denver, onde pude examinar as pilhas de relatos manuscritos do que ele vira, ouvira e aprendera durante sua carreira de voyeur. Depois que redigi um longo esboço do que intitulei *O voyeur* e o mostrei ao editor de artigos da *New Yorker*, fui incentivado a dar continuidade à matéria — que entreguei em sua forma final em 2015; a *New Yorker* publicou-a no começo de abril de 2016, e mais tarde ela foi lançada em forma de livro pela Grove Atlantic.

A publicação de *O voyeur* suscitou quase tanta controvérsia quanto a de *A mulher do próximo* décadas antes, o que eu mais ou menos já previa considerando os personagens indecorosos que apresentei nos dois livros; e mais uma vez os resultados não só perturbaram os leitores, como também geraram muita cobertura negativa no *Washington Post* numa questão que considerei injusta, levando-me estupidamente a contestar a opinião do *Post* e em consequência ganhar mais publicidade negativa.

Mas com o tempo aprendi a não fazer caso da polêmica e me distraí com a ideia de outro livro que me absorveu, embora esse também tivesse como protagonista uma figura problemática e ainda por cima lastimável. Era Nicholas Bartha, um médico divorciado de 66 anos que trabalhava longas horas em vários prontos-socorros e morava sozinho em seu brownstone* de cinco andares no Upper East Side de Manhattan. A história do dr. Bartha me lembrava Bartleby.

Como a criação de Herman Melville, o dr. Bartha era um sujeito esquisito e taciturno, tão apegado ao lugar em que vivia que decidiu suicidar-se e explodir seu brownstone em vez de vendê-lo ou entregá-lo obedecendo a uma ordem de despejo. A decisão do dr. Bartha, analogamente à fatalidade que se abateu sobre Bartleby em consequência do amor obstinado por sua casa, gerou manchetes em Nova York e em outras partes, e foi assim que fiquei sabendo sobre esse desafortunado médico e tive vontade de escrever sobre ele.

Todavia, em vez de mais explicações, permita-me apresentar o que levei três anos para pesquisar e escrever — uma história intitulada "O brownstone do dr. Bartha", que terminei ontem e está nas próximas páginas.

* Estilo arquitetônico nova-iorquino típico do século XIX; caracteriza-se pela construção geminada, verticalizada, e pela fachada coberta com pedras marrom-avermelhadas. (N. E.)

PARTE III

O BROWNSTONE DO DR. BARTHA

26.

Na Cidade de Nova York há cerca de 1 milhão de prédios. São arranha-céus, prédios de apartamento, brownstones, casas térreas, lojas de departamento, shopping centers, lojinhas de conveniência, oficinas mecânicas, escolas, igrejas, hospitais, creches, abrigos para quem não tem onde morar.

E também existem, espalhados pelos aproximadamente 780 quilômetros quadrados da área da cidade, mais de 19 mil terrenos vazios, um dos quais — na rua 62 Leste, 34, entre a Madison e a Park Avenue — ficou vago de repente muitos anos atrás, quando o desafortunado proprietário de um brownstone naquele endereço explodiu sua morada (com ele lá dentro) em vez de vender seu querido prédio oitocentista de varanda alta em estilo neogrego para poder pagar à mulher de quem ele se divorciara três anos antes os 4 milhões de dólares que a Justiça determinou.

Esse homem era Nicholas Bartha, um médico grisalho e corpulento de 66 anos, 1,80 metro de altura, maneiras formais e um leve sotaque estrangeiro. Nascera na Romênia em 1940, filho de pais abonados — pai católico, mãe judia — cujas casa e empresa de mineração de ouro foram confiscadas primeiro pelos nazistas e em seguida pelos soviéticos, o que levou o dr. Bartha a jurar, muitas décadas mais tarde, depois que um juiz em Nova York favoreceu sua ex-mulher numa ação de divórcio, e depois que um xerife substituto ordenou que ele saísse de sua casa na rua 62 Leste, 34: "Não vou deixar que ninguém me despeje como os comunistas fizeram na Romênia em 1947". E acrescentou: "Os tribunais da Cidade de Nova York são a quinta-coluna".

Em julho de 2006, pouco depois de desencadear a explosão da qual não se recuperaria, ele comunicou à sua ex-mulher, Cordula, numa mensagem suicida encontrada em seu computador: "Você sempre quis que eu vendesse a casa e eu sempre lhe disse: 'Desta casa só saio morto'".

"Ele surtou", disse seu advogado, Ira Garr, referindo-se à resposta do dr. Bartha à ordem de despejo do xerife. "Foi insuportável para ele porque ele veio para este país sem nada. Por muitos anos seus pais e ele economizaram até juntarem o dinheiro para comprar a townhouse.* Era o seu sonho americano, uma personificação da ideia 'Sou um americano, consegui ser bem-sucedido na América. Sou dono de um imóvel valioso num bairro valorizado. E quero morar neste lugar'. A casa era a sua amada."

Fazia alguns anos que ele vivia sozinho em sua residência de catorze cômodos e cinco andares, com janelas de topo ovalado e uma porta dupla de ferro trabalhado que dava para uma escada de pedra de nove degraus com um par de balaústres rematados por esferas no nível da calçada. Era a construção mais antiga do quarteirão, erguida em 1882. Ficava entre o Links Club dos ricaços aficionados do golfe, construído em 1917, e a cooperativa

* Dois ou mais imóveis que apresentam a mesma planta, a mesma fachada arquitetônica e, frequentemente, o mesmo telhado, sendo separadas apenas por uma parede. (N. E.)

habitacional Cumberland House, de dezesseis andares, que em 1958 ocupara o local de vários imóveis demolidos, inclusive uma casa onde Theodore Roosevelt morou por algum tempo quando supervisionou o Departamento de Polícia da cidade de 1895 a 1898.

Dois filhos de Roosevelt, Theodore Jr. e Kermit, foram visitantes frequentes entre os anos 1920 e 1940 no brownstone que o dr. Bartha adquiriu na década de 1980. Ali, a partir de 1927, funcionou no andar da sala de visitas um clube secreto composto de cerca de duas dezenas de homens proeminentes, entre eles os filhos de Roosevelt, o banqueiro Winthrop W. Aldrich, o filantropo William Rhinelander Stewart, o especialista em mineração Oliver Dwight Filley, o naturalista C. Suydam Cutting, o presidente da Suprema Corte do Condado de Nova York Frederic Kernochan, e outros que tinham interesse em assuntos internacionais e, em muitos casos, experiência de trabalho no serviço de inteligência dos Aliados durante a Primeira Guerra Mundial. O líder do grupo era o magnata do setor imobiliário Vincent Astor, um entusiasta da espionagem que, durante cruzeiros marítimos em seu iate particular, muitas vezes fornecera ao governo dos Estados Unidos dados que ele coligira.

Com base em documentos preservados de Vincent Astor, Kermit Roosevelt e alguns de seus amigos, o professor de história e escritor Jeffery M. Dorwart escreveu em 1981 no *Quarterly Journal of the New York State Historical Association* que o grupo de Astor era um "círculo de espiões" composto de voluntários bem-nascidos que atuava sem verba nem diretrizes do governo e se reunia mensalmente para jantar e conversar "num apartamento comum na rua 62 Leste, 34, na Cidade de Nova York, cujos número de telefone e endereço para correspondência não constavam na lista telefônica".

Os membros referiam-se ao local simplesmente como "A Sala", escreveu o professor Dorwart, e, "quando retornavam de suas viagens pelo mundo, informavam suas observações para A Sala", que parecia um escritório de inteligência, "embora de um modo informal e um tanto romantizado".

O professor Dorwart, que lecionava história no campus de Camden da Universidade Rutgers em Nova Jersey, escreveu que, embora Franklin D. Roosevelt não fizesse parte do grupo da Sala, "conhecia bem todos os membros através de Groton, Harvard e da sociedade nova-iorquina, bem como através de contatos comerciais e sociais"; Dorwart também mencionou que frequentadores assíduos da Sala, como Vincent Astor, o juiz Kernochan e William Rhinelander Stewart, "estavam com Roosevelt em Miami em fevereiro de 1933 quando um assassino quase matou o presidente eleito".

Stansfield Turner, ex-diretor da Central Intelligence Agency, mencionou em suas memórias, *Queime antes de ler*, publicadas em 2005, que Roosevelt enviara Vincent Astor e Kermit Roosevelt ao Pacífico no iate de Astor em 1938 na esperança de descobrir dados sobre instalações japonesas. Turner escreveu:

> Parece que Astor teve uma aventura eletrizante, mas não voltou com nenhuma informação secreta estupenda [...]. No entanto, Astor era diretor da Western Union Telegraph Company, o que lhe permitia fornecer a Roosevelt o texto de telegramas e cabogramas confidenciais. E em sua "Sala" havia alguns banqueiros que lhe permitiam coligir informações sobre transferências de fundos. Não há registro de instruções de Roosevelt a Astor, mas mensagens de Astor para Roosevelt sugerem que o presidente aprovava totalmente aquelas atividades questionáveis.

O dr. Bartha sabia que seu brownstone um dia fora a sede da Sala, segundo seu grande amigo e colega dr. Paul J. Mantia. O dr. Mantia disse que Bartha ficara sabendo disso depois que um escritor que estava fazendo pesquisa chegou um dia para explicar a história e pedir permissão para ver o piso da sala de estar, dizendo que ele tinha importância histórica.

Embora os cômodos que antes serviam como apartamentos alugados tivessem sido convertidos por Bartha numa única residência familiar quando ele se mudou para o prédio, ele recebeu bem o visitante e o guiou pelo espaçoso salão de entrada com seu teto alto, rotunda, espelhos antigos e lareira de mármore; instigado pelo visitante, logo ele se animou com a ideia de que estavam seguindo os passos dos aristocráticos espiões de Astor. Mais tarde, Bartha aparentemente insinuou ao dr. Mantia que aquele espaço talvez um dia fosse transformado num museu.

Os dois médicos conheceram-se em 1991 durante seus turnos da noite no pronto-socorro do hospital Bronx Lebanon. Com 51 anos, Bartha era quinze anos mais velho que Paul Mantia, um médico nascido no Brooklyn, esguio, de olhos azuis, que usava óculos e tinha modos afáveis e respeitosos contrastantes com a personalidade forte de Bartha; apesar disso, os elevados padrões profissionais de Bartha e sua solicitude para dar orientações ganharam para sempre a admiração de Mantia, que se tornou seu emulador e o considerava um pai. Toda vez que Bartha telefonava para a casa de Mantia e sua mulher atendia, ela dizia ao marido: "É seu pai no telefone!"; e Paul Mantia, que aos treze anos perdera o pai, vitimado por um ataque cardíaco, largava imediatamente o que estava fazendo e atendia a chamada.

"Bartha era um médico excelente", ele disse, e explicou que os médicos de pronto-socorro precisam lidar com pacientes desconhecidos que às vezes mal podem falar por estarem muito feridos ou doentes; e mesmo assim, com perspicácia e perseverança, Bartha conseguia diagnosticar o problema com rapidez e precisão e preparar um relatório escrito em que outros médicos, talvez aguardando na UTI, sabiam que podiam confiar. "Quando o dr.

Bartha terminava seu atendimento de um paciente, tudo estava claro, tudo estava feito, nada ficava incompleto", Mantia disse. "Ele era escrupulosamente meticuloso."

Em 2001 Nicholas Bartha e Paul Mantia, já amigos e colegas médicos por dez anos, abriram um consultório particular no nível da rua do brownstone da 62 Leste, 34; e dali em diante, nos últimos cinco anos da vida de Bartha, em conversas breves mas frequentes entre as consultas durante o dia e em jantares também breves na lanchonete do hospital, Paul Mantia foi, aos poucos, conhecendo cada vez mais aquele homem sério, reservadamente triste mas nunca sentimental que era seu mentor.

27.

Nicholas Bartha nasceu na Romênia, filho de um casal descendente de húngaros. Embora sua família se identificasse como católica, seu avô materno era rabino. Ele se lembrava de na infância ter se escondido junto com outras pessoas em cavernas pertencentes a famílias que viviam da mineração de ouro, algumas delas judias, na esperança de escapar dos facínoras políticos ultranacionalistas e antissemitas da Guarda de Ferro durante a Segunda Guerra Mundial, quando a Romênia era aliada da Alemanha nazista.

Mais tarde, quando os nazistas recuaram, os russos entraram rapidamente na Romênia e levaram ainda mais sofrimento. Nicholas se lembrava de ver carroças puxadas por cavalos transportando cadáveres dos que haviam feito oposição aos comunistas em 1946. No começo da década de 1950, seu pai passou dois anos na prisão por ter sido acusado, sem provas, de que estava guardando ouro em alguma parte nas encostas dos montes Cárpatos, perto de onde ele tinha explorado sua mina antes de ela ser nacionalizada.

Embora Nicholas tivesse conseguido concluir o ensino médio, em consequência dos problemas políticos de seu pai ele foi proibido de cursar a faculdade de medicina. Em outubro de 1956, enquanto ouvia a Rádio Europa Livre e a Voz da América, ele se animou ao saber sobre a Revolução Húngara em Budapeste; mas duas semanas depois o levante foi debelado, 200 mil húngaros tornaram-se refugiados e os soviéticos recuperaram seu domínio.

Durante aqueles anos Nicholas trabalhou em fábricas como torneiro mecânico — cortava, lixava, entalhava e perfurava com tanta habilidade que em 1960 já era bem-conceituado e foi autorizado a ingressar na faculdade de medicina na cidade de Cluj, no noroeste da Romênia. Mas em 1963, depois de seus pais serem presos por nove meses, novamente acusados de guardar ouro, Nicholas foi expulso da faculdade — e a frustração e o desespero que sentiu permaneceriam com ele para sempre. De fato, horas antes de destruir seu brownstone em 2006, a mensagem suicida que ele enviou por e-mail a várias pessoas — seu advogado, Ira Garr; seu professor de informática, Alejandro Justo; seu melhor amigo, Paul Mantia; e sua pior amiga e ex-mulher, Cordula — citava seus sentimentos moldados pela Segunda Guerra Mundial e pelos anos da Guerra Fria em sua Romênia natal.

> * *Espero que construam um memorial em homenagem aos europeus orientais que foram traídos em Yalta pelo presidente Roosevelt* [...] [*que*] *mandou de volta à Europa um barco de refugiados judeus para serem exterminados.*
> * *Os romenos fizeram a coisa certa com Nicolae Ceaușescu* [*referência ao líder comunista dos anos 1960 que foi executado junto com sua mulher por um pelotão de fuzilamento em 1989*].
> * *Não sou um bom material para ser escravo. Eu me rebelo facilmente.*

Ele fugiu da Romênia em março de 1964. Tinha 24 anos. Uma fonte amiga no serviço de segurança romeno contara que sua prisão era iminente porque seus pais, na prisão, não estavam agradando os carcereiros e por isso ele seria detido como refém. Em 15 de março, Nicholas Bartha chegou a Israel. Permaneceu no país por nove meses, vivendo e trabalhando num kibutz e estudando hebraico. Em dezembro mudou-se para a Itália depois de saber que seus pais, recentemente libertados da prisão, estavam morando em Roma graças à ajuda de um parente que era padre no Vaticano.

Após seis meses em Roma, Nicholas e seus pais solicitaram visto humanitário para entrar nos Estados Unidos, concedido em fins de junho de 1965. Eles foram morar num apartamento em Rego Park, no Queens, onde Nicholas encontrou emprego na linha de montagem da fábrica de relógios Bulova, no Queens, produzindo dispositivos para cronometragem e recebendo o salário mínimo, 1,98 dólar por hora. Sua mãe, Ethel, foi trabalhar num salão de beleza, e seu pai, Janos, no hotel Plaza em Manhattan, como cozinheiro.

Um ano depois, Nicholas pediu demissão da Bulova, onde não conseguia ser promovido porque não era cidadão, e encontrou emprego no Queens na fábrica de ferramentas e instrumentos Astra, logo passando a ganhar cinco dólares por hora e economizando cada centavo. Em seu diário pessoal ele escreveu que sempre ia a pé para o trabalho, jamais comprou um carro e, apesar de se sentir tentado, nunca parou no caminho do trabalho para tomar o café da manhã da International House of Pancakes no Northern Boulevard.

Em 1967, ele obteve um Green Card e também foi aceito como estudante de medicina na Universidade de Roma. Durante os sete anos seguintes, enquanto estava na faculdade, Nicholas voltava todo verão para ficar com os pais em Rego Park e retomava seu trabalho de torneiro mecânico na Astra, onde recebeu vários aumentos de salário ao longo dos anos.

A essa altura ele já se tornara cidadão americano, e no segundo trimestre de 1974 formou-se em medicina. Além disso, fazia um ano que namorava uma aluna da Universidade de Roma. Seu nome era Cordula Hahn.

Ela era uma morena miúda de trinta anos, de voz suave, simples mas alegre, que fizera doutorado em literatura alemã e depois trabalhara como assistente editorial numa editora italiana. Havia morado na Itália por catorze anos, desde que chegara com seus pais da Holanda ainda adolescente em 1960.

Seus pais tinham sido refugiados tchecoslovacos no tempo da guerra; saíram de sua terra natal ocupada pelos nazistas em 1938 e foram para a Holanda, onde se fixaram no vilarejo de Bilthoven, uma comunidade abastada a cerca de trinta quilômetros de Amsterdã. Cordula nasceu lá em 1942. Seu pai era católico, sua mãe era judia e, embora se convertesse ao catolicismo, era obrigada a identificar em público sua ascendência judaica usando uma estrela na roupa durante os anos em que os alemães dominaram a Holanda.

Na Itália, os pais acadêmicos e prósperos de Cordula encontraram satisfação e aceitação social — embora em 1973 expressassem decepção com a escolha de namorado pela filha. Por motivos que nunca foram esclarecidos para Nicholas, os pais dela o desaprovavam, e ele, que não era de esquecer o menosprezo, guardou rancor.

Em 2002, em depoimento na ação de divórcio, ele mencionou a falta de cordialidade entre ele e a sogra; e em sua mensagem suicida de 2006 referiu-se em tons de censura ao lado paterno da família de Cordula. Escreveu que o pai dela era um alemão da Boêmia esquerdista nascido numa família fascista e filho de "um arrivista que se casou com a filha de um advogado em Carlsbad".

Mas, apesar das reservas de seus pais com relação a Nicholas, ela o seguiu de Roma aos Estados Unidos em 1974, depois que ele concluiu a faculdade de medicina; e nos três anos seguintes, embora sem se casarem, morou com ele sem pagar aluguel no subsolo do prédio dividido em vários apartamentos, situado em Rego Park, no Queens, que Nicholas e seus pais haviam comprado em conjunto sete anos antes, em 1967, por 63 mil dólares, pouco antes de ele partir para estudar medicina. O trio Bartha adquirira o imóvel com uma entrada de 20 mil dólares e uma hipoteca de 43 mil.

Em 1974, Nicholas começou seu internato de dois anos no Hospital Geral de Elmhurst, no Queens, seguido por um ano de residência; enquanto isso, Cordula, que falava cinco línguas, trabalhou em Manhattan na seção cultural do consulado-geral da Holanda, que também providenciara seu visto.

Mas em 1977 ela engravidou. Nicholas teria preferido um aborto, mas ela insistiu em ter a criança — que seria uma filha, Serena, nascida sete meses depois de eles se casarem numa cerimônia civil no Queens. Então se mudaram do apartamento no subsolo para um andar superior no prédio Bartha e passaram a contribuir com duzentos dólares mensais para o fundo familiar destinado à manutenção da casa, compensando o aluguel mensal dos inquilinos que eles haviam substituído.

Em dezembro de 1978, Cordula teve outra filha, Johanna. Em consequência, Nicholas sentiu maior pressão para aumentar sua renda, e aceitou trabalhar mais horas no hospital para ganhar mais. Só que com isso ele passou a ficar menos tempo em casa, e quando estava lá dormia pouco naquele espaço atravancado que agora dividia com as duas crianças e com sua esposa sobrecarregada e infeliz. Cordula queixava-se de solidão e abandono. Na mensagem suicida de Nicholas de 2006, seu manifesto de despedida de dez páginas que enviou por e-mail a várias pessoas, ele mencionou seus primeiros anos de arrependimento por ter se casado com Cordula:

> *Cordula sofreu de depressão pós-parto e depois de ter as duas filhas tornou-se psicótica. Recusou tratamento. Em 1980 eu ia me divorciar dela [mas] mudei de ideia por causa das crianças.*

Em 1980 Nicholas e os pais novamente juntaram seus recursos e compraram o brownstone de Manhattan na rua 62 Leste, 34, por 395 mil, com entrada de 199 699 dólares. Foi Nicholas quem incentivou a mudança da família para Manhattan.

O dr. Paul Mantia recordou seu amigo descrevendo a emoção que sentiu uma tarde quando, diante da fonte na Grand Army Plaza na rua 59, com o hotel Plaza atrás dele e a entrada do Central Park não muito longe, pensou: *É aqui que eu quero morar um dia.*

28.

Mesmo antes de a família se mudar para a nova casa, ficou decidido que Nicholas, sua mulher e as duas filhas ocupariam os dois andares mais altos, seus pais ficariam no andar logo abaixo, e o andar da sala de estar seria usado apenas como um espaçoso salão de entrada, um soberbo *piano nobile*. No nível da rua do brownstone, onde anos mais tarde Nicholas e Paul Mantia abririam seu consultório, a mãe de Nicholas, Ethel, planejava montar um salão de beleza.

De fato, o salão foi um negócio de sucesso quase imediato — atendendo clientes como a mulher do ator Anthony Quinn, que ia ao salão para lavar os cabelos, e a apresentadora de televisão Barbara Walters, que ia fazer depilação com cera. Mas por volta de 1990, pouco mais de um ano depois da inauguração do salão de Ethel, ele foi fechado porque houve reclamações na vizinhança de que aquela rua não estava em zona permitida para estabelecimentos comerciais.

Embora Nicholas e os pais tivessem comprado o brownstone em 1980, mais de cinco anos se passaram antes de eles se mudarem para lá. Isso aconteceu não só porque o trabalho de reforma e reconstrução foi demorado — novo telhado, novos pisos, nova escadaria interna, novos banheiros, novo terraço de lajotas no terceiro andar, e todo o poeirento trabalho de quebrar paredes e preparar tudo para converter um brownstone de um século de existência numa habitação para uma só família (o que a casa tinha sido por décadas até que nos anos pós-guerra um dos proprietários a transformara num prédio de apartamentos para alugar). Acontece que a família Bartha também se viu forçada a indenizar os inquilinos que não queriam desocupar os apartamentos antes do término do contrato ou que se recusavam a sair por outros motivos.

Os inquilinos dos dez apartamentos do brownstone contrataram um advogado para tentar impedir que a família Bartha os tirasse de lá. O organizador do grupo de locatários era Joseph Conlin, um cinquentão audacioso e festeiro que alugava os dois apartamentos no andar da sala de visitas (um total de seis cômodos, duas cozinhas, dois banheiros) por um preço quase irrisório, 850 dólares por mês, e, como presidente de uma empresa de promoção de concertos, estava acostumado a usar o vasto espaço de sua moradia para receber clientes do mundo da ópera como Maria Callas, Carlo Bergonzi e Renata Tebaldi.

Embora morasse parte do tempo em Palm Beach, na Flórida — onde também tinha uma vida social movimentada, se destacava em dança de salão e às vezes dava festas num veleiro de quatro mastros de 110 metros de comprimento chamado *Sea Cloud*, que fora construído em 1931 para Marjorie Merriweather Post, a herdeira da General Foods —, ele estava decidido a não ser privado de seu endereço baratinho no chique Upper East Side de Manhattan sem brigar na Justiça com a família Bartha.

Dentre os colaboradores do sr. Conlin na oposição aos Bartha a mais prestativa era Monika Barbier, uma atraente divorciada loira de olhos azuis de trinta e poucos anos que por módicos quatrocentos dólares mensais ocupava a unidade 3R, um apartamento de dois cômodos e meio na parte dos fundos do terceiro andar. Como o sr. Conlin, ela se apegara à sua residência naquele bairro exclusivo e se sentia dona do apartamento, depois de ter mudado várias vezes de endereço em áreas menos desejáveis da cidade.

Seu apartamento na rua 62 Leste, 34, tinha uma sala de estar de bom tamanho, um quarto separado, uma cozinha completa e mobília fina com antiguidades caras como uma poltrona trabalhada, uma cômoda e uma escrivaninha de tampo corrediço com marca de fabricação de 1867. A sra. Barbier comprara esses móveis de uma inquilina que se mudara voluntariamente do 3R no começo de 1979: Carolyn Jo Finklehoffe, viúva recente do produtor e roteirista Fred F. Finklehoffe, que escrevera vários filmes estrelados por Judy Garland e Mickey Rooney.

A sra. Barbier, que em solteira chamava-se Monika Wegener, divorciara-se em 1977 do francês Jean-Marie Barbier. Nasceu em 1942 perto de Berlim, mas tinha passado boa parte da vida adulta em Paris até se estabelecer em Nova York após a separação, e era fluente nas três línguas. Trabalhava como assistente-executiva do presidente de uma rede de televisão educativa alemã com escritórios em Midtown Manhattan, e antes disso trabalhara na cidade como agente de viagens, assistente de estilista numa empresa de roupas esportivas femininas e modelo de showroom no Garment Center.

Morara sozinha num exíguo estúdio pagando duzentos dólares por mês na rua 29 Oeste, 307, localizado numa área barulhenta e suja onde muitas vezes se sentia insegura à noite, e por isso achava excessivo o valor do aluguel. Por outro lado, gostava de viver numa parte da cidade fervilhante com a energia e a diversidade das pessoas que circulavam pela Penn Station, pelo Madison

Square Garden ou pelo movimentado bar da Egyptian Gardens, na esquina da rua 29 com a Nona Avenida, onde a clientela encontrava cozinha do Oriente Médio, música e dança do ventre que a lembravam de suas muitas visitas ao Cairo quando era mais jovem e trabalhava como comissária de bordo da Trans World Airlines.

Começara na TWA em 1965, viajando para Europa, Oriente Médio e Extremo Oriente. Durante seu quinto ano na companhia, num voo de Paris a Roma num Boeing 707, suas maneiras persuasivas ajudaram a convencer um sequestrador armado a mudar de ideia sobre ordenar que o piloto aterrissasse em Damasco, na Síria, onde ela acreditava que seriam tratados cruelmente pelo pessoal do aeroporto; o sequestrador mandou então que o piloto levasse o avião para Beirute, no Líbano — onde, como se viu mais tarde, eles foram recebidos com civilidade e não houve perda de vidas nem de pertences dos passageiros ou da tripulação.

Mas, se ela pensava que passar a lábia num sequestrador tinha sido um bom preparo para persuadir a família Bartha a mudar de ideia quanto ao despejo dos inquilinos, era porque subestimara imensamente a determinação e a firmeza da mãe do dr. Bartha, Ethel, então com 62 anos.

Na Romênia na década de 1940, antes de os nazistas e depois os comunistas confiscarem a residência e a empresa de mineração de ouro de sua família, Ethel Bartha havia sido a contadora e guarda-livros residente da firma; e agora, em janeiro de 1980, enquanto assumia responsabilidades similares para o recém-adquirido brownstone, ela também tomou a iniciativa de livrar o imóvel de seus inquilinos a fim de permitir que a reforma e a remodelação começassem.

Demorou mais de um ano para que ela atingisse seu objetivo, o tempo todo enfrentando a oposição do advogado dos inquilinos e os singulares esforços de Monika Barbier, que — além de entregar petições à sra. Bartha e planejar estratégias com o advogado dos inquilinos — decidiu confrontar sua senhoria, aparecendo um dia sem avisar no salão de beleza onde a sra. Bartha trabalhava temporariamente. O salão ficava no andar térreo de um arranha-céu na rua 56 Leste, 209. Ela pretendia trabalhar lá até ter a oportunidade de abrir seu próprio salão no brownstone.

Quando Monika Barbier chegou ao salão, a sra. Bartha estava ocupada com uma cliente; mas, depois que esta saiu e Monika se apresentou — as duas ainda não se conheciam pessoalmente —, a sra. Bartha logo lhe deu as costas e ficou rígida, de braços cruzados, evitando o contato visual. Por um bom momento essa seria sua postura e atitude: apática e distante.

Como aquele pequeno contratempo no centro do salão não demorou a chamar a atenção das outras esteticistas e suas clientes, e como Monika mais ou menos percebeu que decerto a irredutível sra. Bartha jamais negociaria, ela por fim saiu discretamente e naquela noite escreveu em seu diário: "Que ingenuidade a minha, ter esperança de convencê-la a me deixar permanecer no apartamento se eu falasse com ela pessoalmente... Mas o que encontrei foi uma mulher de expressão impassível, inacessível, bem-vestida e meticulosamente penteada".

Seis meses mais tarde, Monika estava morando num apartamento sublocado no quinto andar de um prédio de 21 andares perto da rua 34 com a Park Avenue. Fora despejada junto com os demais corréus da rua 62 depois de o juízo cível determinar que a família Bartha tinha o direito de ocupar exclusivamente o brownstone.

Embora a decisão judicial trouxesse grande alívio e satisfação a toda a família, um dos membros tinha ressalvas quanto a deixar o Queens: Cordula, a mulher do médico. A mudança para Manhattan trazia receios de que os impostos imobiliários crescentes, o prêmio mais alto do seguro e o aumento do custo de vida gradualmente se tornassem excessivos para eles. Ela pedira demissão do consulado holandês em 1977 para criar as filhas e, apesar de ter sido recontratada em 1988, foi para trabalhar meio período. Cordula também estava preocupada porque seu marido não quis incluir o nome dela na escritura do imóvel. Os nomes dele e de seus pais eram mencionados no documento de propriedade original, mas o dela não, apesar do casamento. Ela reclamou disso muitas vezes e citou o fato décadas depois durante a ação de divórcio, dizendo ao juiz que sempre se sentiu financeiramente em risco porque, "se alguma coisa acontecesse com ele", ela poderia ter problemas, já que não era cidadã americana. Preferia conservar sua nacionalidade holandesa, explicou, mas acreditava que seu nome deveria constar na escritura apesar de o marido sempre dizer que "ele não confia em mim e que não vai morrer".

Era sempre e inteiramente "a casa dele", ela disse, e acrescentou: "Ele era obcecado pela casa. Era seu único hobby".

E, depois que a família Bartha livrou o brownstone dos inquilinos, Nicholas nomeou a si mesmo empreiteiro geral para poder supervisionar tudo o que os trabalhadores faziam na reforma da casa; além disso, levou uma caixa de ferramentas e um torno mecânico para o subsolo e começou a fazer alguns móveis de madeira. Por exemplo, ele projetou e construiu as camas das filhas, fez algumas mesas, reforçou as cadeiras e outros móveis que tinham sido comprados em lojas, estabilizou a escadaria para deixá-la à prova de som de passos e montou, do teto ao piso na sala de estar da família, uma estante com uma escada de rodinhas.

Escolheu as cores das tintas para as paredes, decidiu onde peças e móveis seriam colocados e deixou claro que tudo devia ficar onde ele tinha posto e que ninguém deveria mudar nada de lugar.

Também fazia as vezes de zelador do prédio: limpava as calhas, removia a neve, consertava os vasos sanitários, o ar-condicionado, a pia da cozinha. Sua mulher ajudava — ficava de olho nos trabalhadores durante o expediente do marido no hospital, e além disso contribuíra com 45 mil dólares para a compra do brownstone em 1980 (o dinheiro fora um presente de seu pai). No entanto, mais uma vez todas as contribuições que havia feito foram desconsideradas, ela declarou em seu depoimento, e repetiu: era "a casa dele".

Para custear a manutenção mensal da casa, Nicholas tinha de ganhar cerca de 9 mil dólares mensais com seu trabalho de médico, o que ele conseguia prestando serviços às vezes para dois ou mais hospitais simultaneamente — um turno num hospital durante o dia, um turno em outro durante a noite, além de horas extras nos fins de semana num terceiro hospital —, recebendo um salário semanal regular de um deles enquanto trabalhava nos outros como diarista, em geral com remuneração entre sessenta e oitenta dólares por hora. Sua renda média anual a partir de meados dos anos 1990 ficava acima de 200 mil dólares, mas isso significava trabalhar seis ou sete dias por semana e passar pouco tempo em casa com a mulher e as filhas.

"Ele era um workaholic", disse seu professor de informática, Alejandro Justo. Além disso tudo, o dr. Bartha tinha de passar muitas horas do dia e da noite em deslocamentos, pois os únicos prontos-socorros onde conseguira encontrar trabalho fixo pertenciam a hospitais situados fora de Manhattan, em lugares como o Lutheran Medical Center no Brooklyn, o hospital Mount Vernon no condado de Westchester, o hospital St. Anthony's Community em Warwick e o hospital Mercy Community em Port Jervis. Ele levava uma hora e dez minutos de carro para ir de sua casa até Warwick, e uma hora e meia para chegar a Port Jervis.

Durante quase doze anos, até comprar um Toyota Echo em 2000, ele percorreu centenas de quilômetros por semana num velho Honda hatchback vermelho com o banco do motorista empurrado totalmente para trás para acomodar sua circunferência (ele pesava por volta de 110 quilos) e sem nada para ouvir no rádio, que tinha sido roubado pouco depois de ele comprar o carro. O dr. Bartha decidiu que podia viver sem o rádio e nunca o substituiu, e também não cortou os dez centímetros de fios que ficaram pendentes da parte vazia do painel de onde o equipamento fora tirado.

Uma tarde, quando ia com ele de carona, seu amigo dr. Mantia tentou melhorar a aparência do painel embutindo os fios de volta na abertura, mas Nicholas o interrompeu, dizendo: "Não se incomode. Deixe assim".

Mantia obedeceu, sem pedir explicação. Talvez Nicholas quisesse expor o fato de que o carro já pagara seu tributo ao vandalismo, Mantia pensou, e por isso merecia passar incólume pelo próximo eventual ladrão. Ou talvez Nicholas, que Mantia via como um pai estrangeiro "excêntrico" motivado por influências do Velho Mundo, tivesse alguma ligação mental com conexões cortadas ou objetos roubados, principalmente a casa da família Bartha na Romênia.

Ainda assim, o dr. Bartha continuou a ser a figura mais influente na vida de Paul Mantia. Ele imitava Bartha nos sapatos que calçava, no carro que dirigia e nos lugares onde fazia compras.

Mantia recordou que falou com Bartha sobre a dor que sentia nos pés por usar mocassins italianos nos pisos duros do pronto-socorro do Bronx Lebanon. O dr. Bartha imediatamente recomendou que ele os trocasse por um par de sapatos Rockport, macios e com sola de borracha, pois isso com certeza eliminaria a dor; Bartha também indicou onde comprá-los pelo melhor preço, numa loja perto de Canal Street. Sabendo que o dr. Bartha preferia sempre um carro pequeno básico porque, além de economizar combustível, era mais fácil de manobrar em vagas de estacionamento pequenas, Mantia comprou um compacto Toyota Scion IQ de nariz achatado que, com seus três metros de comprimento, se fosse posto na vertical caberia embaixo de uma cesta de basquete padrão. Bartha indicou a Mantia onde encontrar as melhores verduras e legumes no mercado do Harlem, o material para telhado mais confiável numa fábrica no Bronx e armários de boa qualidade numa loja em Maspeth, no Queens.

Entre os funcionários dos hospitais, Bartha cultivava amizades com muitos de origem afro-americana, asiática e hispânica, e sentia uma afinidade especial com um colega médico chamado Rodolpho A. Nazario, nascido em Porto Rico e formado em medicina na República Dominicana.

O dr. Nazario, baixinho, bem-vestido e grisalho, às vezes arrogante mas nunca descortês, tinha mais ou menos a idade de Bartha e o mesmo ceticismo quanto às boas intenções declaradas por gente poderosa. O dr. Nazario era filho de um advogado proeminente em Porto Rico e gostava de citar frases favoritas de seu pai: "Lei e justiça não andam juntas. Lei é lei. Justiça é justiça. A lei deveria proteger a justiça. Mas não protege".

Nazario conheceu Bartha em 1989 quando os dois começaram a trabalhar no pronto-socorro do Bronx Lebanon.

"Bartha era um médico excelente e cuidava muito bem de seus pacientes", Nazario disse. "Mas também era bastante rigoroso. Quando alguém fazia a coisa certa, ele era muito gentil. Do contrário, criticava duramente. Só que ele falava direto com a pessoa. Nunca ia procurar um superior e recomendar: 'Demita Fulano!'. Não, ele dizia: 'Isso é errado. Não é assim que se faz, é deste jeito', e as pessoas costumavam ficar gratas."

Quando não estavam limitados a jantar no restaurante do hospital, Bartha, Nazario e às vezes seu colega ítalo-americano mais jovem, Paul Mantia, iam comer fora, em lugares como o restaurante italiano Dominick's e a pizzaria Patsy no Bronx; ou, nas raras ocasiões em que estavam de folga juntos, podiam encontrar-

-se num restaurante romeno em Yorkville que Bartha conhecia, ou em sua taverna grega favorita, Uncle George's, em Astoria; ou ainda, por sugestão de seu amigo que consertava computadores, Alejandro Justo, natural de Buenos Aires, iam a uma churrascaria argentina chamada La Fusta, em North Bergen, Nova Jersey, perto de onde Justo morava e trabalhava com computadores.

"O dr. Bartha era fã da dobradinha do La Fusta", contou Justo, um homem de trinta e poucos anos, magro e de olhos castanhos que deixou a Argentina aos dezessete anos para estudar na Universidade de Massachusetts em Amherst, onde se formou em engenharia elétrica. "Ele era um bom garfo", Justo comentou. "Comia de tudo."

O dr. Nazario acrescentou que isso incluía especialidades latino-americanas como pernil de porco assado lentamente e em geral marinado com orégano desidratado, sal kosher, pimenta-preta moída e quatro dentes de alho por quilo de carne. O dr. Bartha gostava tanto de pernil que fez Nazario lhe dar a receita; e na véspera de Natal seguinte, quando Bartha estava trabalhando, serviu à equipe médica um jantar com pernil que assara mais cedo em sua casa e depois levara para o hospital em vasilhas transportadas no banco de trás de seu Honda.

Embora Nicholas Bartha gostasse de cozinhar e socializar durante as refeições, ele e Cordula raramente iam juntos a restaurantes, e nos últimos quatro ou cinco anos de seu casamento viveram separados na mesma casa. Ele passava a maior parte do tempo em hospitais, onde concentrava sua atenção nos pacientes e nos colegas de trabalho. Quando voltava para casa tarde da noite, sua mulher em geral estava dormindo e costumava ficar irritada se ele a acordasse para pedir, por exemplo, que se levantasse e datilografasse uma carta para ele ou fizesse alguma outra tarefa. "Estou cansada", ela talvez explicasse, e ele provavelmente replicava: "Você está sempre cansada", e talvez não falasse com ela no café da manhã do dia seguinte — se ela já não tivesse saído de casa às sete da manhã para seu trabalho no consulado holandês. Cordula voltara a trabalhar lá em tempo integral em 1994, e com frequência seu expediente ia até as sete da noite; e às vezes ela ia a eventos culturais no final da noite, no próprio consulado ou em outra parte de Manhattan.

Cordula se deslocava pela cidade em seu próprio carro, um Ford Festiva, e estava a caminho de se tornar gerente de escritório do consulado, ganhando mais de 80 mil dólares por ano. Apesar disso, deixava para o marido o pagamento da maior parte das contas, incluindo as despesas mensais da família e os custos de manutenção da casa, os impostos, o seguro, a criação e a educação das filhas, e uma ou duas viagens que ela fazia todo ano para visitar sua família na Europa, em geral acompanhada por uma filha ou por ambas.

Seu marido argumentava que não tinha tempo para tirar férias. Também não tinha tempo para entretenimento. Acompanhara Cordula ao cinema apenas duas vezes durante seu longo tempo de casamento, e não se lembrava dos títulos nem do enredo dos filmes. Ele nunca ia ao teatro, ópera, balé, concertos ou eventos esportivos. Uma ocasião, quando seu consultor de informática, Alejandro Justo, estava reinstalando um programa médico ao mesmo tempo que ficava de olho numa partida de futebol da Copa do Mundo disputada por sua amada Argentina, o dr. Bartha, sentado ao lado dele, se mantinha numa perplexidade muda sempre que Alejandro pulava da cadeira e berrava sua aprovação a cada lance bem-sucedido de um dos jogadores argentinos.

“Ele não entendia o meu entusiasmo”, Justo contou.

29.

Alejandro Justo era um visitante frequente no brownstone da rua 62 Leste, 34, quando atendia aos pedidos de assistência técnica do dr. Bartha toda vez que o computador travava, a impressora emperrava, ou quando ocorriam problemas em qualquer um dos muitos dispositivos móveis que Bartha havia comprado em liquidação — seu BlackBerry, seu PalmPilot, seu telefone Startac.

Quando o dr. Paul Mantia e Bartha abriram um consultório juntos no nível da rua do brownstone — e mais tarde juntaram-se a eles dois periodontistas, que alugaram espaço nos fundos —, Justo foi lá para instalar seis novos computadores, e uma ocasião foi chamado para desfazer o trabalho de hackers que tinham introduzido pornografia no software.

Sempre que Justo não encontrava lugar para estacionar no entorno da rua 62, parava o carro ilegalmente na frente do brownstone do dr. Bartha e esperava o médico mandar que uma de suas filhas adolescentes, Serena ou Johanna, descesse para ficar sentada no carro enquanto Justo entrava na casa para trabalhar. Justo achava as duas meninas simpáticas e prestativas e, em ao menos uma ocasião, consertou os computadores delas também.

Mas raramente ele se sentia bem-vindo se Cordula estivesse em casa. Quando ela se dignava a cumprimentá-lo, era apenas pró-forma. Uma ocasião passou por ele perto da escada sem dizer uma palavra. Isso aconteceu em fins de 1996, quando ela e o marido andavam brigando com frequência, embora Justo lembrasse que Cordula fora bem simpática quando ele a conhecera mais ou menos um ano antes na festa de aniversário do dr. Nazario em Fort Lee, Nova Jersey. Fora apresentada pelo próprio marido. Talvez aquela tenha sido a última noite do casal juntos, porque pouco tempo após a festa Justo e Nazario ficaram sabendo por Bartha que ele e Cordula haviam rompido relações.

Os dois homens compreendiam bem aquilo tudo, pois cada um tinha passado por dificuldades parecidas no passado. O primeiro casamento do dr. Nazario terminara em divórcio. E Alejandro Justo era um historiador em se tratando de casamentos fracassados. Seu endinheirado pai, um argentino descendente de italianos que morava na Flórida, fora casado seis vezes. A mãe de Alejandro era a quinta esposa de seu pai. Alguns anos depois de formar-se na faculdade, Alejandro se casara com uma uruguaia com quem tivera uma filha. Essa união terminou rancorosamente. Uma década após o rompimento, sua filha ainda se recusava a falar com ele. De início, Justo tentou escapar de sua infelicidade matrimonial obtendo um brevê e voando por grandes distâncias acima das nuvens em seu avião monomotor. Por fim ele encontrou a felicidade com uma costa-riquenha que se tornou sua segunda esposa.

O outro grande amigo do dr. Bartha, Paul Mantia, que um dia fora feliz no casamento, também compreendia os problemas conjugais de seu colega, mas ao mesmo tempo o aconselhava a ser mais paciente com Cordula e não sucumbir tão prontamente às suas suspeitas não comprovadas de que ela mantinha um amante na Europa e estava desviando dinheiro da conta conjunta da família para depositar na Holanda. Um dia Mantia o repreendeu delicadamente: "Nick, por favor, tente não ser paranoico". Nicholas Bartha replicou: "Quem vive num país comunista tem de ser paranoico para sobreviver".

No segundo trimestre de 1997, acreditando que a Romênia já deixara bem para trás o autoritarismo de sua história soviética pós-guerra, a mãe de Bartha, Ethel, então com 79 anos, decidiu que aquele era o momento para tentar reaver a casa e outras propriedades da família que haviam sido roubadas nas décadas de 1940 e 1950. Em 1993 seu marido, Janos, morrera aos 83 anos em Nova York, e desde então Ethel morava sozinha no apartamento do segundo andar do brownstone.

O dr. Mantia, que a conheceu, lembrou que ela estava muito esperançosa antes de fazer a viagem; mas assim que chegou, ele disse, só se deparou com resistência e negativas burocráticas. "Ela possuía todos os documentos provando que a família Bartha era proprietária dos bens, mas eles não lhe davam atenção e impediam tudo o que ela tentava fazer. Isso lhe causou um derrame durante o período em que esteve lá, e ela acabou morrendo na Romênia. Imagino que sua pressão arterial foi à estratosfera porque ninguém queria ouvi-la."

Antes da morte de Ethel, ela e o filho tinham sido registrados como coproprietários do brownstone. Em seu testamento, ela deixou metade de sua parte para ele e a outra metade para ser dividida igualmente entre as duas netas, Serena e Johanna. Legou a Cordula uma parte em dinheiro, 25 mil dólares, que ela depositou, sem o menor entusiasmo, na conta conjunta do casal, aquiescendo às expectativas expressas de seu marido.

Durante aqueles anos, as filhas conviveram incomodamente com as gélidas relações entre seus pais, e a questão de como as meninas iam nos estudos e na vida era debatida com irritação no interior do brownstone, e depois se tornou parte do registro público durante a ação de divórcio.

O dr. Bartha sempre achou que sua mulher mimava as filhas e permitia que fizessem o que queriam em vez de corresponderem aos exigentes padrões dele. Ele ficou consternado porque Serena, que recebera uma educação de primeira linha na Bronx High School of Science, mais tarde foi reprovada e desligada de Fordham e então se matriculou numa escola de gastronomia (com tatuagens nos dois ombros) e esperava tornar-se chef. A filha mais nova, Johanna, passara da Brooklyn Technical School para o Fashion Institute of Technology e queria ser estilista de moda.

"Não acho que uma cozinheira e uma costureira sejam um resultado muito bom", ele disse à esposa. Mas sua filha Serena — que testemunhou contra ele no tribunal — acusou-o de ser verbalmente agressivo com ela e a irmã e de solapar sua autoconfiança. "Meu pai queria que fôssemos o tipo de pessoa que é líder e ambiciosa", ela disse ao juiz. "Advogada, médica ou coisas assim."

Quando Bartha foi chamado para depor, seu advogado, Ira Garr, lembrou-lhe: "Sua filha declarou que você ficou decepcionado com os resultados acadêmicos das suas filhas".

"Acho que deviam ter feito melhor do que eu fiz", ele replicou. "Venho de um vilarejo, de um contexto político que não me ajudou lá do outro lado. Por isso eu pensava que elas dariam um passo além do que eu dei. Elas não aproveitaram a oportunidade... só isso."

Sua mulher discordava.

"Quer melhor ainda?", ela comentou com Ira Garr. "Minha filha mais nova é estilista de moda. Ela cria figurinos para espetáculos avant-gardes no Brooklyn... Serena faz um trabalho excelente, tentando ser chef... Elas são muito artísticas, meninas fantásticas."

Embora não testemunhasse no julgamento, Ileana Cora, de sessenta anos, uma recepcionista elegantemente vestida que trabalhava no consultório de Bartha e Mantia no brownstone, tinha conhecimento em primeira mão da problemática família do dr. Bartha, pois às vezes isso ficava bem à vista dela e dos pacientes na sala de espera.

Ileana Cora recordou uma tarde em que Johanna, que aparentemente andava usando um dos cartões de crédito do pai sem que ele soubesse, ficou tão furiosa quando ele cancelou a conta que irrompeu no consultório e o confrontou aos gritos enquanto ele atendia um paciente. Ele demorou a reagir, talvez por ter sido pego de surpresa ou por ter ficado constrangido, mas a sra. Cora tomou a iniciativa e por conta própria retirou Johanna do consultório.

A sra. Cora provavelmente era a única mulher naquele período que admirava o dr. Bartha e tinha o impulso de protegê-lo. Ela fora uma das doze candidatas ao cargo de recepcionista e, segundo o dr. Mantia, Bartha a contratara porque ela lhe lembrava sua falecida mãe, Ethel. Ileana Cora sempre chegava ao trabalho muito bem-arrumada, de terninho e lenço no pescoço (a mãe da sra. Cora fazia vestidos para mulheres importantes em Porto Rico), e além disso era uma excelente guarda-livros e hábil com computadores.

"O dr. Bartha tinha fixação pela mãe", comentou o dr. Alan Winter, um dos dois periodontistas que alugavam a sala nos fundos. "Ele dizia: 'Este é o prédio da minha mãe' ou 'Isto é sei lá o quê da minha mãe' — 'minha mãe, minha mãe, minha mãe.'" O dr. Winter mencionou que uma fotografia do ator de cinema Anthony Quinn, autografada para a mãe do dr. Bartha, ficava pendurada na parede acima da mesa da recepção ocupada por Cora, e era guardada no subsolo, onde os secadores de cabelo da mãe de Bartha costumavam ficar quando seu salão de beleza funcionava lá.

"Eu fico conjecturando", continuou o dr. Winter, "e talvez não tenha esse direito, mas se a mãe dele não tivesse montado seu salão aqui e eles não tivessem morado neste prédio, ele poderia ter lidado de outro modo com o caso. [Isto é, em vez de levar o prédio para o túmulo, talvez o pusesse à venda.] Como eu disse, ele pensava: 'É da minha mãe. Não posso me desfazer'."

Uma das razões de ter perdido o prédio foi sem dúvida a estratégia da advogada de Cordula, Donna Bennick, uma loira miúda mas intimidante de quarenta e poucos anos que descobriu e explorou evidências muito prejudiciais durante o julgamento — as quais retratavam o dr. Bartha como um sujeito tão detestável que o juiz por fim ordenou que ele pagasse 4 milhões de dólares a Cordula.

As evidências surgiram de uma discussão que o casal teve em novembro de 1998; mas, para a advogada, Donna Bennick, o importante nesse episódio foi que ele lhe rendeu dois pedaços de papel que o dr. Bartha arrancara de um caderninho em algum momento após a discussão; e mais tarde, quando sua mulher não estava presente, ele cobriu os papéis com palavras e desenhos ofensivos, depois os deixou no armário da cozinha, onde Cordula cedo ou tarde sem dúvida os veria. No papel escrevera: "Você é uma déspota!". E ao lado dessas palavras desenhara o símbolo soviético da foice e martelo, além de uma suástica.

Cordula estava sozinha quando descobriu a mensagem e, apesar de confusa e bastante zangada — em especial por causa da suástica e da relação desse símbolo com sua família durante a ocupação —, não confrontou imediatamente o marido para exigir uma explicação quando ele voltou para casa. Na verdade, não disse nada depois de recolher os pedaços de papel, ainda que os conservasse, escondidos, por mais de três anos. E então, antes do julgamento do divórcio em 2002, ela os entregou à advogada, sra. Bennick, que mais tarde os apresentou no tribunal como "Exibição de documento 1 da parte autora" — e ele se juntou às evidências destinadas a comprovar que, embora a mãe do dr. Bartha tivesse ascendência judaica por parte de sua família e seu avô materno fosse um rabino, ele próprio deixava à mostra sua alma de antissemita.

Pouco depois da discussão de 1998 e de ter sido chamada de "déspota", Cordula viajou para a Holanda para o aniversário de seu pai, como sempre fazia no começo do inverno. Quando foi recebida no aeroporto por sua cunhada, Cordula mencionou a suástica e indicou que seu casamento estava terminado. Mas, durante sua estada de um mês fora do país, ela descobriu que tinha câncer. Ao voltar para Nova York em janeiro de 1999 e procurar o centro oncológico Sloan Kettering, recebeu a confirmação: era câncer em estágio II.

Como ela declarou mais tarde em seu depoimento, o marido ficou "chocado" com a notícia e de repente começou a dar sinais de preocupação e afeto. Uma ocasião pediu licença no trabalho e a acompanhou até o hospital para um procedimento, e uma noite a surpreendeu preparando um jantar especial para ela. Cordula também recordou quando ele veio todo animado contar que acabara de conhecer um médico no Harlem Hospital que tinha um novo tratamento contra o câncer que poderia beneficiá-la.

Mas não houve continuidade, Cordula prosseguiu, e ela ficou "muito decepcionada". Seu marido também se recusou a participar de sessões de terapia de casal para sobreviventes de câncer no Sloan Kettering, ela acrescentou. Ele alegou que "não tinha nada a dizer".

Em meados de agosto de 1999 — após oito meses durante os quais Cordula reconheceu que o marido lhe dera "certo apoio" — o casal teve outra discussão séria. Mais tarde, no testemunho deles no tribunal, nenhum dos dois foi capaz de explicar precisamente como a briga começou nem a razão dela, exceto que dizia respeito às suas filhas, Serena e Johanna. "Fiquei do lado de Serena e minha mulher passou por cima da minha autoridade e tomou o partido de Johanna." Isso foi tudo o que ele recordou.

Em consequência dessa discussão, ele e a esposa pararam de se falar por muitos meses. Todo dia ela saía para trabalhar e ele também, não dormiam mais na mesma cama no quarto andar. Ele se mudou para a sala de visitas do terceiro andar e passou a dormir num sofá. Via as filhas de vez em quando e conversavam brevemente. Mas agora era a uma família desestruturada que as garotas pertenciam — embora não mantivessem esse fato de todo em segredo para seus amigos e conhecidos.

Uma pessoa com quem Serena falou sobre isso foi o sous-chef do Links Club no prédio vizinho. Seu nome era Brian Sugrue. Havia sido cozinheiro no Russian Tea Room antes de ir para o Links em 1997. Sugrue era um filho de imigrantes irlandeses robusto, de olhos castanho-claros, 1,80 metro de altura e uns noventa quilos, que mantinha todo eriçado com gel seu cabelo castanho muito curto. No braço esquerdo ele tinha uma pequena tatuagem com seu apelido, "Grue".

Ele e Serena, também tatuada e com aspirações profissionais no mundo da gastronomia, logo simpatizaram um com o outro e costumavam conversar na calçada perto da escada do brownstone quando ele saía da cozinha do clube para fumar. Brian Sugrue era um apreciador do Marlboro Lights e fumava um maço por dia. Às vezes, para terem mais privacidade, ele e Serena iam conversar embaixo da escada perto da entrada do consultório do dr. Bartha. Uma ou duas vezes ela o levou para conhecer o interior da casa quando não havia mais ninguém lá dentro.

Na verdade, ele já conversava com o dr. Bartha. Os dois tinham se encontrado pela primeira vez impremeditadamente uma tarde em que Sugrue, sentado sozinho com seu cigarro num dos degraus mais baixos do brownstone, de repente ouviu o som da porta de aço que se abria e, virando-se, viu o dr. Bartha sair. Antes que o médico pudesse dizer qualquer coisa, Sugrue se levantou e disse: "Ah, desculpe, estou bloqueando a sua escada".

Sem responder, o dr. Bartha manteve os olhos cravados nos sapatos enquanto descia cuidadosamente, fazendo uma pausa e respirando após cada degrau, agarrado ao corrimão com uma das mãos e levando uma sacola de lona na outra. Estava de blazer azul, camisa social sem gravata e calças cáqui extragrandes. Sem chapéu, com o cabelo grisalho agitado de leve pelo vento e óculos de aro metálico equilibrados no nariz grosso de seu rosto vigoroso e sério, ele por fim pisou na calçada pesadamente, quase colidindo com o jovem diante dele que, com o braço esticado, segurava o cigarro aceso.

"Perdão por invadir seu espaço", Sugrue repetiu.

Sem responder, o dr. Bartha encarou-o por alguns momentos com uma curiosidade passiva. Sugrue usava boné de beisebol, calça xadrez e túnica branca de chef.

"Tudo bem", o dr. Bartha disse por fim. "Pode sentar nos degraus quando quiser." O sorriso que acompanhou essa resposta do dr. Bartha surpreendeu Sugrue, a quem Serena falara sobre a rispidez do pai.

"Então até logo", disse o médico, com um leve aceno. "Preciso ir." Ele contornou Sugrue e seguiu para seu carro estacionado ali perto. E, a partir de então, Brian Sugrue aproveitou o consentimento do médico e diariamente fez uso dos degraus do brownstone — onde, de quando em quando, trocava algumas breves palavras com ele. Falavam sobre o tempo, por exemplo, ou sobre alguma ocorrência sem grande importância na vizinhança, ou sobre como Sugrue estava indo em seu trabalho.

O médico nunca mencionou que seu falecido pai, Janos, tinha trabalhado na cozinha do hotel Plaza. Mas, quando Sugrue ficou sabendo, supôs que isso talvez fosse um fator para a cordialidade que o médico lhe demonstrava.

Sugrue expressara consternação a Serena depois que ela descrevera os problemas de seus pais, mas na verdade ele — e alguns de seus colegas de trabalho no Links — já tinha vislumbrado as dificuldades daquela família, e também testemunhado tempos em que parecia haver harmonia entre eles. Da janela do quarto andar da Sala Auchincloss do clube, onde eram servidas as refeições para os sócios nos meses de verão, o pessoal da cozinha às vezes via Johanna, a filha mais nova e mais esbelta do médico, tomando sol de biquíni no terraço dos fundos no terceiro andar do brownstone. Em outras ocasiões, as duas filhas ficavam juntas no topo da escada do brownstone, aparentemente tentando manter distância da barulhenta discussão dos pais dentro da casa.

Uma tarde, em meados de outubro de 2001, Brian Sugrue viu de relance, pela janela, Cordula e as filhas saírem do brownstone, e não as viu retornar naquele dia, nem no dia seguinte, nem em todos os dias e semanas depois. Na verdade, Sugrue nunca mais veria Serena. Obviamente ele não perguntou nada sobre essa situação durante seus encontros fortuitos com o pai dela nos degraus, e o médico tampouco ofereceu espontaneamente qualquer informação — o mais das vezes, passava com um leve meneio de cabeça em sinal de cumprimento. Mas Sugrue logo concluiu que o dr. e a sra. Bartha já não viviam juntos.

30.

O dr. Bartha não queria o divórcio, mas sua mulher, sim, e por isso ele se sentiu forçado a contratar um advogado. Escolheu um dos mais renomados advogados de família na Cidade de Nova York, Ira Garr. Com pouco mais de cinquenta anos, o sr. Garr era um homem refinado, esguio, de voz suave e olhos verdes emoldurados por óculos de aro metálico, cujos modos corteses o tornavam benquisto pela maioria dos juízes e advogados que ele conhecia.

Quando Kimba Wood, a juíza da vara federal de Manhattan, precisou de um representante legal para terminar seu casamento de catorze anos com o colunista político Michael Kramer, contratou Ira Garr. Ele também representou Ivana Trump quando ela se divorciou de Donald Trump e o editor Rupert Murdoch na ação de divórcio com sua terceira mulher, Wendi Deng, com quem ele fora casado por catorze anos.

Mesmo quando ele próprio foi um participante pessoal em situações similares — seus dois casamentos terminaram em divórcio —, Ira Garr conseguiu proceder sem manifestações de rancor entre ele e as futuras ex-esposas. As condições da separação foram decididas com presteza e justiça, e no primeiro divórcio sua esposa confiou nele a ponto de concordar que redigisse o acordo, o qual foi rapidamente aprovado pelo advogado da parte adversa.

Ele foi apresentado ao dr. Bartha por um colega advogado e amigo do dr. Paul Mantia. Este último ficou muito preocupado com o estado de ânimo de seu mentor e com a necessidade de assessoria jurídica após a partida súbita de Cordula e das filhas. Em 17 de outubro de 2001, depois que ela e as filhas tinham mudado brevemente para o Brooklyn antes de alugar um apartamento em Washington Heights, ela deixou um bilhete numa cômoda com os dizeres:

Nicholas, está claro que não podemos viver juntos.
Mais de dois anos sem comunicação parecem o suficiente.
Boa sorte em seu futuro. Cordula.

Na verdade, tinha havido alguma comunicação entre eles durante aqueles dois anos, mas se tratou sobretudo de mesquinharias e acusações.

Em 2000, ele se queixara amargamente quando ela se recusou a fazer uma declaração de renda conjunta para o fisco, como costumavam fazer no passado. Ele desconfiou, não pela primeira vez, que ela andava rotineiramente desviando dinheiro de suas economias para sua própria conta bancária registrada na Holanda, enquanto tinha toda a sua vida custeada pelos ganhos do marido, que ele depositava conscienciosamente na conta conjunta do casal.

No verão de 2001, enquanto Cordula passava uma longa temporada na Europa (seu pai morrera lá em julho), o marido tomou a iniciativa de alugar temporariamente o espaço do segundo andar no brownstone, que estava vago desde a morte da mãe dele, quatro anos antes. Ele também removeu o nome da esposa da conta conjunta no Chase que ela vinha usando. Alegou que estava muito necessitado de dinheiro, que não conseguia arcar com os custos mensais da casa e dos impostos — além dos empréstimos para os estudos das filhas, das contas da TV a cabo e telefone, da assinatura diária do *Times*, da empregada e das viagens de sua mulher ao exterior — com o que ele ganhava como médico de pronto-socorro trabalhando em dois turnos e às vezes em três, e com as pequenas quantias que ele e seu sócio, Paul Mantia, recebiam do consultório recém-aberto no brownstone.

Enquanto Cordula estava na Europa, um dia ele telefonou para acusá-la de estar com um amante; e, pouco antes de ela viajar — em junho de 2001 —, voltou a provocá-la de modo similar ao que fizera em novembro de 1998, quando colou pedaços de papel no armário da cozinha com as palavras "Você é uma déspota!" e os ilustrou com desenhos da foice e martelo e da suástica.

Nessa ocasião ele não repetiu "déspota"; em vez disso, rabiscou alguns comentários pouco legíveis em quatro artigos recortados do *Times* (todos impressos em junho de 2001) que, pelo visto, em sua opinião se refletiam negativamente na terra natal dela, Holanda, e por extensão nela como cidadã. Em cada artigo ele também imprimiu uma suástica.

Um artigo mencionava que o navio holandês *Women on Waves*, de 39 metros, financiado pela iniciativa privada, era equipado para procedimentos de aborto em águas internacionais nas proximidades de países onde o aborto era proibido, e acrescentava que a primeira escala da embarcação seria em Dublin.

Outro artigo informava: "Desde 1996, o número de jovens do Leste Europeu, África e Ásia que buscaram asilo na Holanda mais que dobrou [...]. A China foi a maior fonte de imigração de menores para a Holanda".

Um terceiro artigo era uma sequência da matéria sobre o *Women on Waves*, acrescentando que a oficina de abortos holandesa não tinha registro apropriado e "talvez volte para a Holanda para buscar sua licença e depois retorne à Irlanda em julho, ou talvez vá para a América do Sul ou África a fim de continuar sua campanha em lugares onde as regras sobre o aborto são muito restritas".

O quarto artigo não tinha relação com a Holanda; era um perfil do assessor político do presidente George W. Bush, Stephen J. Hadley, de 54 anos, e seus esforços para "convencer os aliados do Atlântico e a Rússia de que abandonar o Tratado de Mísseis Antibalísticos de 1972 em troca de uma defesa antimísseis compartilhada fazia sentido para as superpotências, ex-superpotências e aliados céticos".

Como Cordula declararia em seu depoimento que não compreendia quais poderiam ter sido as intenções de seu marido ao afixar aqueles artigos de notícias com as suásticas, o advogado dele esperava encontrar um modo para o dr. Bartha dar uma explicação plausível, embora Ira Garr admitisse, fora do tribunal, que exibir uma suástica era "o arauto da morte na Nova York judaica. Se alguém fizesse isso em algum lugar do Meio-Oeste, quem sabe até fosse aplaudido". Ainda assim, ele acrescentou: "Não acredito que ele fosse um antissemita. Não acredito que houvesse nenhuma implicação de que estava tentando incutir medo. Foi apenas uma bobagem que ele escreveu naqueles bilhetes".

Ira Garr, que era judeu, aventou que o dr. Bartha estava reagindo "a algo que ele achava opressivo no governo holandês", e no banco das testemunhas orientou o dr. Bartha nessa direção.

"O senhor teve alguma conversa com sua esposa sobre pessoas de descendência holandesa serem antissemitas?"

"Sim", Bartha respondeu.

"Qual foi o conteúdo dessa conversa? O que ela lhe disse? O que o senhor disse a ela?"

"Muitos deles eram antissemitas. O marido da rainha era simpatizante dos nazistas."

"Sua esposa lhe disse isso?"

"Sim."

Mas, quando Garr pediu a Cordula que confirmasse isso, ela só disse: "Não lembro".

Quando Garr pediu a ela que explicasse por que seu marido escrevera: "Você é uma déspota", ela respondeu: "Não entendo o que isso quer dizer".

"O dr. Bartha queria dizer que a senhora estava usando táticas nazistas contra ele", Garr disse. "Queria intimidá-lo." Sem obter resposta, ele prosseguiu: "A senhora acha que o dr. Bartha se preocupa excessivamente em ter dinheiro suficiente para viver?".

"Acho que haveria dinheiro suficiente se as coisas fossem organizadas de outro modo", ela respondeu.

"Alguma vez a senhora disse a ele para trabalhar menos?"

"Vivo numa situação com um homem com quem não se pode discutir coisa alguma", ela respondeu.

Quem presidia o julgamento era Joan B. Lobis, a primeira juíza declaradamente gay em Nova York. Ela estava entre os membros fundadores da Comissão de Direitos LGBT da Associação dos Advogados de Nova York. Essa não teria sido a primeira escolha de Garr para presidir a ação, por motivos que ele explicou ao dr. Bartha numa carta prejulgamento em 12 de agosto de 2002.

> *Prezado dr. Bartha: compareci ao tribunal para os trâmites de saneamento do processo. Está claro que não queremos que a juíza Lobis julgue o caso porque ela já formou uma opinião negativa sobre o senhor.*

Entretanto, embora a juíza Lobis permanecesse, Ira Garr acreditava que teria boas chances defendendo a posição do dr. Bartha de que Cordula não tinha as justificativas legais para um divórcio em Nova York e, portanto, não tinha direito a uma distribuição equitativa da propriedade conjugal. Nova York não era um estado que permitia o divórcio sem culpa.

"Para obter um divórcio aqui, as justificativas são limitadas", Garr explicou. "Uma delas é o adultério. O dr. Bartha não estava tendo nenhum caso amoroso. Outra é o abandono. Ele não se mudou da residência da família. Outra é a crueldade. A lei define tratamento cruel como uma conduta que torna a coabitação insegura ou imprópria. É um limiar muito alto. Quase significa que é preciso ser gravemente espancado. Há dois casos: *Hessen* e *Brady*. Esses são os casos clássicos do tribunal de segunda instância nos anos 1970, e eles dizem que é preciso ter provas fortíssimas de crueldade."

Durante seus quase 24 anos de casamento nunca houvera queixas à polícia, mandados liminares nem evidências médicas de maus-tratos físicos. Antes do bilhete "Déspota!" em novembro de 1998, o dr. Bartha não fizera nada parecido em todos os anos de convivência com Cordula, desde 1973. Nunca, durante sua prolongada união, nenhum dos cônjuges havia sofrido de depressão a ponto de ser incapaz de trabalhar com eficiência ou executar suas rotinas diárias.

"Cordula se cuidava", Garr prosseguiu. "Não perdia as férias. Ia várias vezes por ano visitar sua família na Europa. Mudou-se da casa depois de consultar um advogado e deixou uma carta ao dr. Bartha dizendo: 'Nicholas, está claro que não podemos viver juntos. Mais de dois anos sem comunicação parecem o suficiente. Boa sorte em seu futuro'. Não há uma só palavra agressiva aí. Nenhuma palavra sobre qualquer outra coisa a não ser que ela estava aborrecida."

No banco das testemunhas, Garr perguntou a ela: "A senhora já fez tratamento para depressão?".

"Não."

"Nunca, de 1996 a 2001?"

"Não, em geral sou uma pessoa alegre."

"Sra. Bartha, por que não procurou terapia?"

"Porque esse tipo de coisa não é da nossa formação. E, ainda que seja muito comum nos Estados Unidos, não vamos imediatamente procurar um psiquiatra. Na maioria das vezes resolvemos nosso problema do modo como achamos adequado."

Quando o dr. Bartha estava no banco das testemunhas, Garr dirigiu sua atenção para a "Exibição de documento 1 da parte autora" — os desenhos da foice e martelo e da suástica com as palavras "Você é uma déspota" — e perguntou: "Há alguma razão para o senhor ter deixado isto para a sra. Bartha?".

"Deve ter havido algum tipo de discussão, e eu disse: 'Você é uma déspota.'"

"Ela já o intimidou?"

"Sim."

"O senhor deixou esse documento para insinuar algum tipo de ofensa étnica?"

"Não."

"O senhor alguma vez conversou sobre esse documento com a sra. Bartha? Alguma vez ela o mencionou para o senhor?"

"Como não me lembro por que pus o papel lá, a única coisa que posso dizer é que houve uma discussão antes, na qual provavelmente eu sofri."

"Esta é a 'Exibição de documento 2 da parte autora' — um artigo de jornal. Ele diz: 'Navio holandês oferece abortos com primeira escala na Holanda'. No verso diz: 'Segunda-feira, 11 de junho de 2001'... e no topo há uma figura que parece uma suástica."

"O senhor deixou o artigo para a sra. Bartha ler?"

"Sim."

"Há alguma razão para ter feito isso?"

"Objeção", interrompeu a advogada de Cordula, Donna Bennick.

Garr retomou com o dr. Bartha: "Esta é a 'Exibição de documento 3 da parte autora'. Parece que algo foi cortado... Essa letra é sua? O senhor já teve alguma conversa com a sra. Bartha sobre algum desses documentos?".

"Não."

"O senhor conversava com ela frequentemente?"

"Se não a via frequentemente, não podia conversar com ela frequentemente."

"Ela declarou que o senhor costumava ofendê-la constantemente. Verdade?"

"Não."

"Alguma vez a agrediu fisicamente?"

"Não."

"Em sua queixa, ela alega que o senhor a tratava como escrava."

"Não sei o que isso significa."

"Nas ocasiões em que vocês discutiram, como o senhor se sentiu?"

"Eu tentava evitar essas discussões porque isso interferia no meu trabalho."

"Então o senhor a evitava?"

"Tentava fazer isso."

"Havia alguma razão para que o senhor não acompanhasse [sua mulher e filhas] mais frequentemente em viagens ao exterior?"

"Se eu não tivesse trabalhado, não teríamos tido dinheiro." E acrescentou: "Minha sogra não gostava de mim".

"A sra. Bartha queixa-se de que o senhor fazia coisas na casa e não a consultava sobre o que estava fazendo."

“Ela não se importava de verdade com a casa. Sempre pensou que devia ser vendida porque não tínhamos recursos para mantê-la. E, mais tarde, nós simplesmente não nos falávamos.”

“Ela queria vender a casa?”

“O tempo todo.”

“Alguma vez o senhor tirou uma tarde de licença no trabalho para poder acompanhar sua esposa no tratamento [de câncer]?”

“Não sei como eu poderia ter ajudado”, o dr. Bartha respondeu. “Não posso simplesmente dizer a vários hospitais que não irei trabalhar. Eu era diarista. Não tinha um contrato. Não tenho seguro-saúde. Nada.”

Nenhuma dessas desculpas foi aceitável para Donna Bennick, a advogada de Cordula, pois ela estava convencida de que o dr. Bartha era culpado de negligenciar sua esposa quando ela sofreu de câncer. Além disso, ela acreditava que as suásticas que ele mostrara para sua esposa parcialmente descendente de judeus equivaliam a um “tratamento cruel e desumano” — portanto, justificavam seu divórcio e sua reivindicação a cinquenta por cento da propriedade e outros bens dele.

“Brutalidade não precisa ser física”, declarou a sra. Bennick, contestando o argumento do sr. Garr de que Cordula não tinha marcas de espancamento, nunca havia procurado a polícia, nem buscado terapia, nem tinha pedido ao marido para acompanhá-la ao hospital enquanto ela fazia tratamento. Ela precisou depender das filhas e de amigos, continuou a sra. Bennick, “pois sabia que era inútil” pedir ajuda ao marido.

Donna Bennick era uma loira enérgica de um metro e meio de altura, natural da Carolina do Norte, que trabalhava como advogada em Nova York fazia vinte anos, primeiro como defensora pública na Legal Aid Society, depois como advogada de família com interesse especial em mulheres maltratadas — entre as quais ela incluía inquestionavelmente Cordula Bartha.

Era "tortura psicológica" para Cordula permanecer casada com um "déspota irascível", declarou a sra. Bennick, acrescentando que a única razão pela qual o dr. Bartha se opunha ao divórcio era "escapar das consequências financeiras". Ela prosseguiu: "Sem dúvida ele não espera que este tribunal acredite, com base nas evidências, que o casamento significava alguma coisa para ele emocionalmente [...]. [O casamento] nada mais era do que um fluxo de caixa suplementar necessário para lhe permitir realizar seu sonho de viver numa townhouse no Upper East Side".

O sr. Garr sugerira anteriormente que Cordula buscava com falsidade incutir compaixão no tribunal apresentando-se como uma vítima do nazismo — "Tinha apenas três anos quando terminou a Segunda Guerra Mundial", ele disse, "e no entanto a transcrição é repleta de referências à sua experiência como uma sobrevivente do Holocausto [que lhe permitiu] testemunhar sobre acontecimentos dos quais não poderia se lembrar" —, mas Donna Bennick respondeu: "Ela se apresentou honestamente como uma pessoa de origem judaica nascida na Holanda em 1942, três anos antes do fim da guerra [...]. Nunca se referiu a si mesma como uma sobrevivente do Holocausto, apesar do fato de ter sido".

Os argumentos, os contra-argumentos, os recursos e os adiamentos, as negociações relacionadas à pensão do cônjuge, à distribuição equitativa da propriedade e a outras questões discutíveis requereram quase quatro anos para tramitar no lento e sobrecarregado sistema legal. Quando finalmente o caso foi resolvido, em 2005, Cordula ganhou tudo o que poderia ter desejado.

A juíza Lobis concedeu a Cordula o divórcio do dr. Bartha por "tratamento cruel e desumano". Depois encaminhou a determinação das questões financeiras a um "Árbitro Especial" — nesse caso, Marilyn Dershowitz, cunhada do professor de direito de Harvard Alan Dershowitz. Após uma audiência, a sra. Dershowitz concluiu que, embora o brownstone fosse "propriedade separada" do dr. Bartha — isto é, pertencia a ele —, ela queria compensar Cordula por suas contribuições durante aquele longo casamento, e lhe concedeu 1,2 milhão de dólares.

Isso foi inaceitável para o dr. Bartha e, em consequência, seu advogado Garr tentou recorrer para negar a determinação de Dershowitz e também a concessão do divórcio pela juíza Lobis. O tribunal reiterou a determinação da juíza Lobis, porém reconheceu que a análise da sra. Dershowitz estava errada; e então, numa conclusão que estarreceu e arrasou o dr. Bartha, decidiu que o brownstone (o único bem significativo do dr. Bartha) era "propriedade do casal" — o que significava que seu valor deveria ser dividido entre o médico e sua ex-mulher numa audiência posterior.

O sr. Garr imediatamente entrou em contato com o dr. Bartha para recomendar um recurso à segunda instância, o tribunal mais alto de Nova York, para corrigir o que Garr considerava um exemplo de flagrante injustiça. A essa altura, porém, o dr. Bartha havia perdido toda a fé no sistema e parou de se comunicar com seu advogado.

Passados aproximadamente seis meses, numa nova audiência perante a juíza Lobis para decidir a divisão da propriedade do casal — uma audiência à qual o sr. Bartha se recusou a comparecer —, foi concedida a Cordula a quantia de 4 milhões de dólares. Esse valor foi decidido depois que a advogada de Cordula, Donna Bennick, levou ao tribunal um avaliador de imóveis que afirmou ser de 7 milhões de dólares o valor do brownstone. Portanto, cabiam a Cordula 3,5 milhões de dólares, sua metade do total. Mas o tribunal acrescentou 500 mil dólares a título de compensação subsidiária, como pagamentos de pensão alimentícia e de honorários advocatícios.

O dr. Bartha parou de pagar seu advogado depois que o divórcio foi finalizado, portanto não tinha representação legal no tribunal para denunciar o ajuste como excessivo e requerer uma revisão em segunda instância. Ele só ficou sabendo da concessão dos 4 milhões de dólares a Cordula porque Donna Bennick telefonou para avisá-lo.

"Tentei entrar em contato com ele, mas ele não atendeu o telefone nem respondeu à minha carta", Garr contou. "Eu não era mais o advogado dele, mas minha grande preocupação não era essa. Eu me preocupava porque há um certo número de dias depois da decisão para entrarmos com um pedido de admissibilidade para o tribunal de recurso. O tempo estava se esgotando. E por fim se esgotou. Ele esgotou seus recursos. Ficou sem saída. Foi moleza. Donna trouxe um perito: 'Quanto vale a casa?'. 'Sete milhões.' Perguntou para a esposa: 'Quanto a senhora quer?'. 'Metade.' 'Está bem.' Ele se estrepou completamente. Em vez de ficar com sua casa, ficou com menos do que nada."

Garr prosseguiu: "Supondo que a casa valesse 7 milhões de dólares, sua venda teria resultado numa enorme tributação sobre ganhos de capital. A família Bartha comprou a casa por aproximadamente 400 mil dólares nos anos 1980 e gastou mais de 1 milhão com a reforma. Portanto, a base de cálculo teria sido 1,4 milhão. Supondo uma corretagem de 5%, o que daria 350 mil dólares, junto com as despesas adicionais para a conclusão da transação imobiliária, cerca de 150 mil dólares, o resultado bruto da venda não seria superior a 6,5 milhões. No entanto, a venda estaria sujeita a uma tributação de ganhos de capital sobre 5,1 milhões de dólares. Supondo uma taxa federal e estadual combinada de 30%, a obrigação fiscal teria sido de 1,5 milhão, portanto o produto líquido da venda seria 5 milhões.

"Acontece que o dr. Bartha era dono de apenas três quartos da casa", Garr continuou, salientando que, quando a mãe do dr. Bartha morreu em 1997 — ela e o filho tinham sido coproprietários —, ela legou metade de sua parte a ele e a outra metade, dividida em partes iguais, às netas, Serena e Johanna. Portanto, o dr.

Bartha receberia 3,75 milhões de dólares e as filhas dividiriam 1,25 milhão.

"O tribunal, como não foi informado sobre a fração da casa correspondente aos direitos do dr. Bartha nem sobre os desdobramentos fiscais resultantes da venda do imóvel, concedeu a Cordula o que ela pedira. Em consequência, devido à incapacidade do dr. Bartha para lidar com a situação, ele agora era obrigado a pagar 4 milhões de dólares à sua mulher, mas na verdade não conseguiria receber mais do que 3,75 milhões pela venda. Simplesmente ela teria recebido mais do que cem por cento do resultado líquido da venda da parte da casa pertencente ao dr. Bartha. Ao que parece, isso foi mais do que ele pôde suportar."

O sr. Garr comentou que a situação do dr. Bartha foi "o caso mais triste" que ele já vira em seus quase trinta anos como advogado. "Temos clientes que são presunçosos. Chega um cara de Wall Street que ganha muito dinheiro, pensa que é mais esperto que todo mundo, e às vezes não segue nossa recomendação. Olhe, não vou seguir sua recomendação. Ok, compreendo. Às vezes representamos uma ricaça do Upper East Side casada com alguém que fatura centenas de milhões e ela se acha especial.

"Mas o dr. Bartha não era assim. Não se dava ares de importante. Estava vestido informalmente todas as vezes que o encontrei — muito diferente de vários dos nossos clientes com roupas de grife. Usava calça cáqui, uma camisa simples, às vezes um paletó. Sempre peço aos litigantes que compareçam de terno e gravata no tribunal, e para as mulheres sugiro uma saia recatada e não muitas joias. Mas, quando se apresentou perante a juíza Lobis, o dr. Bartha foi sem gravata. De paletó, mas sem gravata. Não estava a fim de se arrumar em sinal de respeito a alguém em quem tinha perdido totalmente a confiança.

"Ele era um homem grandalhão, de aparência rude", continuou o sr. Carr. "Mas não me lembro de nenhuma ocasião em nossas conversas em que ele tenha erguido a voz ou usado linguagem grosseira. Era um homem solitário, distante, quase inacessível. Acho que em parte é por isso que eu sempre o chamava de 'dr. Bartha' e ele me chamava de 'sr. Garr'. Meus clientes geralmente me chamam de 'Ira'. Sou bem informal com meus clientes, trato pelo primeiro nome, e alguns deles se tornam grandes amigos; conversamos sobre muitas coisas: livros, filmes, teatro, o que achou do Kevin Kline em *Present Laughter* [Risada presente]? Mas o dr. Bartha nunca falava comigo sobre outros assuntos, só sobre a sua ação e sobre como o sistema judiciário o estava destruindo — e estava mesmo. Falhou com ele.

"Mas juízes erram. Foi uma decisão errada. Acho que eu poderia mostrar isso a qualquer advogado competente hoje, e ele diria: 'Mas era uma propriedade separada. Como foram fazer isso?'. Ah, eu gostaria de ter dado continuidade à ação, e se o dr. Bartha tivesse me procurado de novo eu teria dito: 'Vamos recorrer. Isso é incorreto juridicamente'. Mas eu também diria a ele que não há garantias. Nunca sabemos se um juiz vai gostar da pessoa ou acreditar nela. E não há garantia de que a segunda instância, que tem trinta ações por semana, vai usar um tempo adequado para considerar uma ação nos devidos detalhes.

"Só que, como eu disse, o dr. Bartha tinha desistido. Basicamente, ele disse: 'O sistema é parcial, é como o comunismo na Romênia, e a juíza de Nova York é uma lésbica que favorece Cordula e Donna Bennick, e estão todas contra mim'."

Esses sentimentos acompanharam o dr. Bartha ao seu túmulo um ano mais tarde e estiveram entre os últimos pensamentos encontrados em seu computador.

> * *A juíza Lobis decidiu me despejar da casa pela qual minha mãe, meu pai e eu trabalhamos e pagamos. Meus pais e eu perdemos tudo pela segunda vez...*

* *Cordula alegou que foi atormentada pela suástica na cozinha com os artigos do* New York Times, *destinados a extremistas holandeses... Não sei por que extremistas holandeses têm de exportar seus costumes sociais para outro país... Para a juíza Lobis, a suástica estava lá para atormentar Cordula, não para indicar o pensamento de alguns grupos na Holanda — um grupo que exporta abortos, outro que importa minorias para exploração sexual.*

* *Sobrevivi a Adolf e à Guarda de Ferro... mas é assim que* [*a juíza Lobis*] *trata um idoso que é 12,5% a 25% judeu... Acho que mereço um crematório/caixão de 7 milhões de dólares. Trabalhei por ele durante mais de 65 anos.*

* *Fascismo = Comunismo = Politicamente Correto*

31.

Durante seu último ano de vida, o dr. Bartha continuou a ter conversas breves com seu vizinho, Brian Sugrue, toda vez que se encontravam nos degraus do brownstone onde Sugrue fazia uma pausa para fumar.

O já corpulento dr. Bartha ficara ainda mais pesado, Sugrue achava, talvez tivesse passado de 140 quilos. O médico não só se movia com lentidão e insegurança agarrado ao corrimão para se apoiar, como também descia a escada de costas.

Numa tarde escura e gelada de fevereiro de 2006, o dr. Bartha parou por um momento quando chegou à calçada, virou-se para Sugrue e comentou casualmente: "Fevereiro é o mês preferido para suicídios". Fez outra pausa, e perguntou: "Sabe por quê?".

"Não", Sugrue respondeu.

"Carência de vitamina D", disse o dr. Bartha. "Falta de luz do sol."

Sem esperar pela resposta de Sugrue, ele se virou e prosseguiu sua penosa marcha até o carro estacionado. Sugrue não pensou mais naquela conversa estranha até cinco meses depois.

É bem possível que Bartha tenha cogitado fazer isso em fevereiro ou em algum outro momento do passado. O dr. Paul Mantia recordou que certa manhã entrou em seu consultório no brownstone de Bartha e reparou que todos os seus diplomas de medicina emoldurados que ficavam na parede tinham sido removidos. Foi até a sala de Bartha para comentar o que ocorrera, e de início o colega nada disse. Depois ele pegou lentamente no bolso a chave de seu carro e a entregou a Mantia.

"Estão no banco de trás do meu carro", Bartha disse.

"O que minhas coisas estão fazendo no seu carro?"

"Não pergunte", Bartha disse.

Mantia ficou perplexo. Fitou Bartha por um momento, esperando uma explicação. Bartha permaneceu inexpressivo e em silêncio, por isso Mantia aceitou a chave e saiu à procura de alguns dos lugares de estacionamento favoritos de Bartha nas proximidades. Mais ou menos a um quarteirão encontrou o Toyota Echo, pegou seus diplomas e voltou para o consultório para pendurá-los de novo nos pregos que ainda estavam na parede. Depois vestiu seu jaleco branco e sentou-se à mesa, aguardando a recepcionista, Ileana Cora, trazer seu primeiro paciente.

Na sala defronte, o dr. Bartha estava sentado atrás de seu computador. Vestia terno e gravata, como sempre fazia ali e em nenhum outro lugar. Ter um consultório particular em casa era para ele motivo de orgulho e celebração. Em contraste com os prontos-socorros, lá ele só atendia com hora marcada.

Quando comprou os primeiros jalecos para si mesmo e para o dr. Mantia, mandou bordar neles seus nomes em letras cursivas vermelhas. Normalmente taciturno, ou talvez obstinado, ele se esforçava o máximo possível para acolher seus pacientes com um sorriso depois de já terem sido recebidos pela afável sra. Cora, cuja habilidade especial era gerenciar o consultório de um modo que agradava tanto o dr. Bartha como todos os demais, uma proeza que se tornou mais fácil após a saída recente dos inquilinos nem sempre contentes que alugavam o espaço nos fundos.

Por quase quatro anos a partir de 2002, dois periodontistas — drs. Alan Winter e Alan Pollack, acompanhados por seu higienista — tinham alugado a área dos fundos, onde também instalaram um aparelho de tomografia computadorizada para implantes dentários. Para evitar a radiação, seus pacientes deviam esperar sentados na parte da frente junto com os pacientes de Bartha e Mantia, e não havia problema nisso a não ser quando as cadeiras eram insuficientes; nessas ocasiões, o dr. Bartha às vezes resmungava, contrariado.

Ele e o dr. Winter frequentemente discordavam quanto ao ajuste da temperatura no ar-condicionado — mesmo em dias quentes, o dr. Bartha fazia questão de que o aparelho funcionasse no modo de economia de energia —, e ele também queria manter o ambiente do consultório sem cheiro de perfume, pois recentemente passara a apresentar forte alergia a fragrâncias. Seus pacientes tinham sido avisados sobre isso pela sra. Cora, mas ao que parecia o dr. Winter não recebera o recado, e essa foi uma das muitas razões por que ele e seu parceiro se mudaram de lá em junho de 2006.

"Ele era uma pessoa muito difícil", disse o dr. Winter. "Às vezes também era irracional. De vez em quando reclamava: 'Não quero mais vocês aqui', e por fim decidimos: 'Não dá mais para lidar com ele'. Lá no fundo, para quem o conhecia bem, talvez houvesse algum senso de humor... Quando Mantia estava lá, ele se animava um pouco. Ele gostava muito de Mantia... [mas] as coisas tinham de ser do jeito dele."

A essa altura, Bartha já estava morando sozinho no brownstone por quase três anos. Era frugal, cozinhava no micro-ondas e numa placa térmica. Os inquilinos que em 2001 haviam alugado por um ano o apartamento dos pais dele tinham ido embora e não foram substituídos.

Isso decerto não perturbou o dr. Bartha, cuja falta de entusiasmo por locatários ficou clara anos antes na lista de condições que ele apresentara inicialmente a um corretor imobiliário: os inquilinos não podem ter animais de estimação, tocar música, fumar no interior do imóvel e jamais mover a mobília.

Mesmo em sua solidão, as irritações do mundo lá fora chegavam até ele. Fechava as janelas da frente, sem muito êxito, para evitar a fumaça que subia das grelhas dos vendedores de comida num carrinho de ambulante tamanho extragrande estacionado na rua 62 com a Madison Avenue. E também ficava longe de seu terraço porque tinha vista para os fornos de pizza a lenha que funcionavam na área de refeições ao ar livre nos fundos do restaurante Serafina, na rua 61 Leste. Ele escreveu em seu computador:

> *O prefeito Michael Bloomberg é cliente do Serafina. Toda vez que ele come pizza lá, as pessoas com problemas respiratórios sofrem mais para respirar. Fornos de pizza a lenha são proibidos há décadas em Roma, Itália, mas na Cidade de Nova York os restaurantes os constroem num ritmo frenético.*

Bem defronte à sua casa, o dr. Bartha via com desgosto a sede do empresário e investidor multimilionário Ronald Perelman. No mesmo quarteirão onde a mãe do dr. Bartha fora forçada a fechar seu salão de beleza por supostas violações da lei de zoneamento, o sr. Perelman dirigia seu império comercial.

> *A escola Flemming* [*rua 62 Leste, 35*] *foi comprada pelo sr. Ronald Perelman e agora é a sede da Revlon. Na rua 62 Leste, 37, outro prédio comercial... A rua 62 Leste é uma via em zona residencial de uso público. Não é para pessoas bem relacionadas.*

Na tarde de sexta-feira 7 de julho de 2006, enquanto o dr. Bartha trabalhava no hospital Mount Vernon, no condado de Westchester, um mensageiro foi ao consultório no brownstone e entregou um envelope à recepcionista, Ileana Cora. Era do Gabinete do Xerife da Cidade de Nova York. Consistia num último aviso para que o dr. Bartha deixasse sua residência. A sra. Cora pôs o envelope na mesa do dr. Bartha e no fim do expediente foi para casa passar o fim de semana.

Nesse período o dr. Mantia estava em férias no Canadá com sua mulher e seu filho de nove anos. Deveria voltar ao consultório às nove da manhã da segunda-feira 10 de julho. Mas, menos de uma hora antes de sua chegada prevista, o dr. Bartha estava concentrado na tarefa de poluir sua casa com infusões de gás desviado de um cano no subsolo.

O dr. Bartha estava sozinho na casa quando ela por fim explodiu. Para impedir que qualquer pessoa entrasse, ele se postara à janela frontal da sala da recepção de seu consultório no nível da rua. Já lera o aviso do xerife de que o despejo aconteceria na segunda-feira, telefonara para a sra. Cora e pedira a ela que cancelasse todas as consultas do dia. Não havia dúvida de que planejava morrer naquela manhã no brownstone que ele valorizava mais do que sua própria vida.

Antes de amanhecer ele enviara por e-mail para um círculo seleto de pessoas, incluindo sua ex-mulher e o dr. Mantia, uma mensagem suicida que digitara mais cedo em seu computador. Não é certeza que alguém já tivesse lido a mensagem no momento em que ele se postou atrás da janela de seu consultório com vista para a rua, aguardando sem ter ideia de quanto tempo seria necessário para o gás circular por todo o interior e produzir o resultado desejado.

Pouco antes das seis e meia, o fluxo de gás estava forte o suficiente para ter penetrado no subsolo e no andar principal do prédio vizinho, o Links Club, uma construção clássica de tijolos de cinco andares na rua 62 Leste, 36, a leste da casa do dr. Bartha. A primeira pessoa a sentir cheiro de gás foi um garçom equatoriano de quarenta anos chamado Jack Vergara, o qual já estava trabalhando no café da manhã que seria servido aos sócios a partir das sete e meia.

Naquela manhã, às cinco e meia, o sr. Vergara pegara o trem na estação da Grant Avenue perto de sua casa em Maspeth, no Queens, e cerca de quarenta minutos depois desembarcara na rua 59 esquina com a Quinta Avenida, andara rapidamente três quarteirões, virara à direita para atravessar a Madison Avenue e logo passara sob a marquise de lona verde da cooperativa Cumberland House, um prédio de dezesseis andares na rua 62 Leste, 30.

Alguns passos adiante, atravessando a calçada, havia uma passagem para carros que desembocava na garagem subterrânea da Cumberland; essa passagem também beirava a parede oeste do brownstone do dr. Bartha. É bem provável que, quando Jack Vergara passou pelo brownstone em direção à entrada do Links Club, ele tenha sido uma das últimas pessoas vistas pelo médico.

Ao entrar no vestíbulo do Links Club pouco antes das seis e meia e dizer bom-dia ao vigia noturno, Vergara comentou: "Estou sentindo cheiro de gás". O vigia disse que não estava sentindo cheiro nenhum, então Vergara passou por ele, subiu a escadaria e só parou quando chegou à cozinha no quarto andar.

Desconfiava que algum dos funcionários se descuidara e esquecera o forno ligado a noite inteira; e, apesar de verificar que isso não era verdade, ele imediatamente providenciou para que a Con Ed [companhia de gás] fosse notificada e solicitou a vinda urgente de inspetores.

Dali a vinte minutos chegaram dois inspetores, junto com um pessoal do Corpo de Bombeiros; mas, embora os detectores manuais dos inspetores da Con Ed registrassem a presença de gás, foram incapazes de identificar sua origem. Nesse meio-tempo, enquanto os funcionários da cozinha estavam no andar de baixo arrumando as mesas na sala de refeições, Vergara disse ao cozinheiro: "Hoje só vamos servir alimentos frios no café da manhã" — isto é, suco, frutas, cereais, massas e café quente feito na máquina elétrica, mas nada de presunto, ovos, panqueca e nada que fosse preparado em fogão a gás.

O cozinheiro protestou: "O chef vai ficar bravo quando chegar e vir que não preparamos o bacon", e acrescentou que os sócios provavelmente não iriam gostar do cardápio restrito.

"Café da manhã frio hoje", Vergara repetiu. Ele era apenas um garçom, mas na ausência de seu chefe, o gerente geral, estava impondo seu status como funcionário mais antigo. Trabalhava no Links Club fazia quase vinte anos. Assim, naquela manhã foi servido um desjejum frio, e, como ele explicou as circunstâncias a cada sócio que chegou, não houve reclamações.

Foi quando o serviço de café da manhã já estava em horário bem adiantado, cerca de oito e meia, que Vergara ouviu pela primeira vez o que mais tarde descreveu como um "grande tremor", um estrondo acompanhado por uma trepidação no corpo que ele inicialmente atribuiu à colisão de um caminhão de lixo do lado de fora, ou talvez a um defeito no motor do veículo.

Ele olhou para baixo pela janela do quarto andar que dava para a rua defronte ao clube, mas não viu nada de errado. Depois desceu ao terceiro andar, olhou por uma das janelas laterais e viu nuvens enormes de poeira escura subindo para a atmosfera, e então percebeu, estupefato, que a familiar vista do velho brownstone vizinho, presente desde 1881, não estava mais lá.

Esfacelado pela explosão, destruído em tamanho e forma, o prédio tinha se vaporizado numa caótica miragem cascateante, um amontoado abrasador de pisos desmoronados que cobriam sem falhas a calçada e o meio-fio com uma montanha ascendente de restos carbonizados e estilhaçados dos acessórios domésticos e bens pessoais do dr. Bartha — livros queimados, computadores esmagados, pedacinhos de seus sapatos, roupas, óculos, cama, aparelho de micro-ondas, utensílios de cozinha, azulejos de banheiro, carpetes, corrimãos, maçanetas, trechos semi-intatos do alpendre de pedra, balaústres espatifados, a porta da frente francesa de ferro contorcida e fora dos gonzos — Christopher Gray, do *Times*, escreveu que ela "cambaleia como um bêbado no topo da escada". Também espalhados entre os escombros estavam os restos dos secadores de cabelo da falecida mãe do dr. Bartha, que ele havia guardado nos fundos de seu consultório como lembrança do tempo em que ela tivera um salão de beleza ali; misturadas nas pilhas de madeira estilhaçada talvez houvesse lascas dos lambris da Sala onde Vincent Astor outrora presidia seu grupo de elite de aficionados da espionagem; e em meio aos vários caixilhos de janela sem vidraças atirados por toda parte estava aquele atrás do qual o dr. Bartha ficara pouco antes de seu corpo ser sepultado pela avalanche de destroços.

Sem nada saber daquela calamidade — que acabaria por ferir dez bombeiros além de cinco transeuntes e danificar o interior de treze dos 84 apartamentos no prédio onde funcionava a Cumberland House —, um financista e sócio do Links Club chamado Eric Gleacher, de 66 anos, no momento em que a casa de Bartha desmoronava, concentrava-se totalmente em ensaboar-se debaixo do chuveiro num dos quartos para hóspedes do clube no quarto andar. Ele se hospedara no Links porque estava se divorciando e seu novo apartamento ainda não ficara pronto para ser ocupado.

"Os dois quartos do Links usados para pernoite não são reformados faz muitos anos", contou o sr. Gleacher. "Parecem ser da década de 1960, têm aquela fidalguia da velha guarda WASP. O bom é que a pressão da água é excelente. Meus banhos de manhã são demorados porque faço a barba no chuveiro. Enquanto me barbeava, ouvi um barulho alto. Parecia um estouro num sistema de caldeira. Não me preocupei porque o barulho não era alto demais. Como fiz treinamento em material bélico explosivo quando servi na Segunda Divisão da Marinha em Camp Lejeune, na Carolina do Norte, nos anos 1960, sei qual é o som da explosão de um C-4 plástico, e também de dinamite, de granadas de mão. Aquele barulho não chegava nem perto da percussão desses explosivos.

"Olhei pela janela do banheiro e vi uma caminhonete de carroceria aberta branca parada no meio da rua 62, bem na frente do escritório de Ronald Perelman. Vi escombros na rua e uma mulher deitada na calçada quase na esquina noroeste da Madison com a 62.

"Minha primeira reação foi supor que alguém tinha tentado explodir o escritório de Perelman", ele disse, referindo-se ao magnata celebremente litigioso e quatro vezes divorciado. "Ronald era um cliente e amigo com quem eu havia trabalhado muitas vezes. Eu o ajudei a adquirir a Revlon nos anos 1980 e o conhecia bem. Ele era completamente honesto e muito duro nos negócios, e por isso tinha feito vários inimigos que adorariam vê-lo ser humilhado.

"Eu me vesti depressa e abri a porta do quarto. Para minha surpresa, dei de cara com um bombeiro de Nova York, de machado em punho. Ele me disse para descer depressa pela escada e deixar o prédio. Havia vidro quebrado na área da porta da frente, e o recepcionista tinha cortes e sangrava. Contornei os destroços e atravessei para o lado norte da rua 62.

"Imediatamente vi as chamas, que subiram ferozes pelo guarda-fogo oeste do Links, chegaram ao topo e começaram a tocar o telhado. Logo pensei que o prédio do Links iria ser consumido pelo fogo. Mas em poucos segundos o Corpo de Bombeiros de Nova York mostrou o que sabia fazer. Ligaram as mangueiras e ensoparam a lateral do prédio com água, e as chamas baixaram e sumiram com uma rapidez impressionante."

Ronald Perelman não estava em seu escritório no momento do incidente, mas sua secretária, sentada à mesa de trabalho, contou que o impacto a derrubou da cadeira e que os sons explosivos que ela ouviu lembraram o tempo em que morou em Israel e trabalhou por doze anos no gabinete do prefeito de Tel Aviv. Outra funcionária do escritório de Perelman, Ashley Stackowski, natural da Califórnia, pensou de início que estava no meio de um terremoto. Ela conseguiu tirar uma foto da destruição do outro lado da rua, e a imagem foi estampada na primeira página do *New York Daily News* no dia seguinte (com o crédito da foto).

Durante a tarde inteira helicópteros de reportagem de televisão sobrevoaram a área e, embora a Casa Branca anunciasse que a explosão não parecia ser obra de terroristas, a notoriedade do dr. Bartha propagou-se depressa através da televisão e da imprensa escrita. Alguns autores de manchetes começaram a referir-se a ele como "dr. Boom". No Campo Fallujah, a oeste de Bagdá, um tenente da marinha chamado Renny McPherson viu imagens do brownstone queimado pelo televisor do refeitório e imediatamente mandou um e-mail para seus pais, que moravam na rua 62 com a Park Avenue — seu pai também era sócio do Links — perguntando: "Vocês estão bem?".

Quando o dr. Paul Mantia chegou e viu o prédio cercado por viaturas da polícia e caminhões de bombeiro, ficou aliviado ao saber que a sra. Cora não estava lá dentro. Embora seu consultório estivesse soterrado nos escombros, felizmente ele fizera cópias de seus certificados médicos e as guardara em casa. Também em sua casa, no computador, estava uma mensagem que o dr. Bartha tinha lhe enviado uma ou duas horas antes da explosão.

> *Paul, sinto muito, mas não posso mais suportar esta situação. Fico feliz por você ter conseguido renovar suas credenciais no conselho. Isso facilitou minha decisão. Espero que suas férias tenham sido boas.*

O dr. Bartha também enviou duas últimas mensagens por e-mail à sua ex-mulher. Numa delas, escreveu:

Cordula, continuar vivo não faz mais sentido para mim. Trabalhar como descrito acima é puro castigo. Perderei meu consultório. Adoecer, mesmo nas melhores condições possíveis, não é fácil. E sozinho certamente é terrível.

A outra mensagem para Cordula dizia:

Quando você ler estas linhas, sua vida mudará para sempre. Você merece. Será transformada de uma golpista cavadora de ouro numa golpista cavadora de cinzas e entulho.

Depois que os bombeiros resgataram o dr. Bartha inconsciente dos escombros, ele foi levado para o pronto-socorro do Hospital Presbiteriano de Nova York. Tinha queimaduras de segundo ou terceiro grau em quase metade do corpo, e durante sua estada no hospital foi incapaz de falar ou comunicar-se de outra maneira. Morreu lá em 15 de julho, cinco dias depois de dar entrada. Na semana seguinte, foi sepultado no Queens.

"Foi uma cerimônia pequena só para a família", disse o diretor da funerária; portanto, nenhum dos amigos chegados do dr. Bartha (como os drs. Mantia e Nazario, e o técnico de computadores Alex Justo) foi convidado. Cordula se aproximou do túmulo e lá deixou algumas rosas em miniatura, mas o coveiro do cemitério de Cypress Hills disse ao *New York Daily News*: "Não teve lágrimas. Ninguém estava arrasado... Um pregador leu um pequeno trecho da Bíblia e então baixamos o caixão branco".

Depois do sepultamento, Cordula (que mais tarde comprou um apartamento fora de Manhattan) não quis dar entrevistas à imprensa, e essa seria sua atitude dali em diante. Quem tentava entrar em contato com ela era alertado por seu escritório de advocacia de que estava invadindo a privacidade da família.

Embora o dr. Bartha não deixasse testamento, suas filhas (que já eram donas de 25% dos bens) herdaram sua parte restante de 75%, juntamente com as dívidas póstumas — que incluíam 5 mil dólares de despesas hospitalares, uma fatura de 5730 dólares pelo funeral no Queens e a quantia de 230 mil dólares que a Cidade de Nova York cobrou por recolher as montanhas de entulho e levar tudo embora em caminhões de lixo.

Também houve diversas ações judiciais contra o espólio para cobrir os custos dos danos às propriedades vizinhas do Links Club e da cooperativa Cumberland House, além de danos pessoais a indivíduos como Jennifer Panicali, de 22 anos, que precisou de cirurgia porque foi atingida por fragmentos de vidro e madeira enquanto andava pela rua 62 a caminho de seu trabalho temporário no Departamento de Parques.

Até a recepcionista do dr. Bartha, Ileana Cora, moveu ação contra o espólio, pedindo indenizações inespecíficas por "sofrimento emocional e mental persistente" porque estava se aproximando do prédio ("com as chaves na mão") quando ele desabou. Ela não sofreu lesão física, explicou seu advogado, mas ficou ressentida porque o médico lhe pediu que cancelasse todas as consultas da segunda-feira 10 de julho, "mas não a avisou para não ir trabalhar".

Entre outras queixas que foram divulgadas naquele período está a da advogada de Cordula Hahn, Polly Passonneau, publicada pela Associated Press; ela protestou porque sua cliente foi citada na mensagem suicida do médico como "golpista cavadora de ouro", uma expressão que foi amplamente repetida nos meios de comunicação, incluindo o *New York Times*. O falecido dr. Bartha tinha recusado um acordo justo, disse a sra. Passonneau, e sofreu "as consequências de seu comportamento".

Houve ainda um artigo no *New York Post* sobre uma ação judicial por erro médico movida pelo filho e pela filha de uma mulher que morrera por dose excessiva de medicação no Lutheran Medical Center em 1999. O dr. Bartha foi mencionado como um dos médicos envolvidos na ação, resolvida mediante um acordo pelo qual o hospital concordou em pagar 50 mil dólares a cada um dos filhos, embora o artigo acrescentasse que "não ficou claro quem administrou a overdose".

A maior dívida do espólio foi aquela que o dr. Bartha escolheu não viver o suficiente para ter de pagar: a quantia de 4 milhões de dólares que o tribunal ordenou que fosse entregue a Cordula em consequência da ação de divórcio.

Não haveria dinheiro algum até que alguém comprasse o terreno, obviamente — que na verdade valia mais porque o dr. Bartha transformara seu brownstone em 186 metros quadrados de espaço vazio. Se ele não tivesse feito desaparecer seu venerado prédio de 124 anos, talvez este fosse vendido por 7 milhões de dólares, que tinha sido a quantia calculada pelo avaliador de imóveis durante a ação de divórcio.

Mas, como terreno vazio, a área representava uma oportunidade muito mais lucrativa para incorporadoras — de fato, menos de um ano após a explosão, uma incorporadora criativa e ambiciosa comprou por 8,3 milhões de dólares o terreno de Serena Bartha, a testamenteira, e depois anunciou planos de construir ali uma luxuosa townhouse de cinco andares que seria posta à venda dali a alguns anos a um preço entre 30 e 40 milhões de dólares.

A nova compradora do imóvel na rua 62 Leste, 34, era a glamorosa loira russa de quarenta anos chamada Janna Bullock.

32.

A sra. Bullock — cujo nome de casada na Rússia havia sido Boulakh — chegou a Nova York no começo dos anos 1990, deixando para trás um casamento infeliz e uma filha pequena temporariamente aos cuidados de sua mãe em São Petersburgo. Foi morar na área de Brighton Beach, no Brooklyn, conhecida por sua numerosa população russófona. Lá ela trabalhou em vários empregos, entre os quais o de funcionária de uma delicatéssen e o de babá na casa de um judeu ortodoxo que tinha sete filhos e uma esposa internada num hospital psiquiátrico.

Mais tarde a sra. Bullock foi contratada como auxiliar jurídica e tradutora por advogados especialistas em imigração no Brooklyn cuja clientela incluía um economista russo que, em 2000, se tornaria diretor-financeiro da região ao redor de Moscou. Era um homem alto, elegante e de óculos chamado Alexei Kuznetsov.

Quando o sr. Kuznetsov foi a Nova York a negócios, os patrões da sra. Bullock mandaram que ela o recebesse no aeroporto. A recepção acabou se transformando num caso amoroso e por fim em casamento, e dali a poucos anos ela estava administrando negócios imobiliários em Moscou e Nova York cujo valor uma ocasião ela estimou em até 2 bilhões de dólares.

Um artigo no *New York Times* informou que a fortuna da sra. Bullock passou a crescer em 2003 depois que ela começou a "comprar grandes terrenos ao redor de Moscou para construir shopping centers e casas e, por fim, entrou numa parceria administrada pelo departamento de seu marido".

A partir de 2005, continuou o *Times*, ela se lançou no ramo de comprar, reformar e revender townhouses no Upper East Side com grande lucro — *flipping* se chama essa prática no jargão imobiliário. Um bom exemplo foi a townhouse na rua 64 Leste, 54, que tinha sido a sede do semanário *New York Observer*. A sra. Bullock comprou o prédio por 9,5 milhões de dólares em janeiro de 2005, gastou cerca de 1 milhão na reforma e o revendeu onze meses mais tarde por 18,75 milhões.

Pouco depois de adquirir a propriedade dos Bartha, a sra. Bullock disse que a nova townhouse teria fachada de calcário e vidro, sistema de aquecimento e resfriamento geotérmico, jardim com cerca de bambu no telhado, cachoeira no pátio e uma piscina de 4 × 11 metros no subsolo. A casa teria um elevador de paredes de vidro, quatro dormitórios, sala de jantar formal, despensa, adega e uma grande banheira de hidromassagem e sauna a vapor.

Talvez para ganhar a simpatia do vizinho Links Club, a arquiteta da sra. Bullock projetou a townhouse com um recuo na entrada e também um recuo de um metro e meio em relação à linha de demarcação da propriedade; além disso, o quinto andar do novo prédio seria construído 2,5 metros para trás a fim de não obstruir o telhado de mansarda do Links.

Apesar disso, o presidente do Links, John S. Pyne, não se animou ao ver os planos da sra. Bullock para a propriedade. "O projeto não se parece com nenhuma das construções em nosso quarteirão", ele disse, e ressaltou que aquela área estava situada no distrito histórico do Upper East Side — e os sócios do clube prontamente o apoiaram, por uma votação de 27 a 5, declarando que o projeto "não condiz" com a vizinhança. O sr. Pyne também observou que a fachada da townhouse era "destoante e opressiva" quando vista ao lado da construção de tijolos vermelhos do Links Club, que contava 91 anos.

Mas a sra. Bullock continuou a promover a townhouse que propunha, publicando ilustrações do projeto em folhetos de imóveis da Sotheby's e falando sobre ele nas muitas entrevistas para jornais que lhe eram solicitadas. Quando um repórter do *Times* lhe perguntou se comprar a velha propriedade dos Bartha trazia algum "problema de imagem", ela respondeu: "Não quero nenhuma associação com a tragédia. Para mim, é um terreno vazio". Seu corretor acrescentou: "A memória é curta. Em Nova York acontecem coisas todos os dias. E com que frequência alguém pode ter uma casa nova em folha construída no Upper East Side?".

Um dia a sra. Bullock desceu de sua limusine com motorista na calçada da rua 62 Leste, 34, transpôs uma cerca de arame e entrou no terreno vazio vestindo terninho branco Valentino, colar de pérolas e sapatos de salto gatinho. E então sentou-se de pernas cruzadas e mãos juntas numa poltrona Egg de Arne Jacobsen que seu agente de imprensa mandara trazer algum tempo antes, equilibrando os quatro pés de alumínio sobre a terra não muito longe da parede oeste do Links Club. Em meio às ervas daninhas que começavam a crescer, pedregulhos, areia e algumas fezes e pegadas de roedores, a sra. Bullock posou para um fotógrafo do *New York Times* e falou para um repórter, confortavelmente reclinada no terreno de 6 × 30 metros que por mais de cem anos não tinha sido banhado pela luz natural.

O artigo do *Times* dizia que ela parecia "uma socialite ou herdeira" e acrescentava que era "presença assídua no circuito social". Um artigo posterior no mesmo jornal descrevia: "Lá está ela elegantemente vestida de preto na festa de gala da primavera do American Ballet Theatre, de branco num baile da primavera da Associação do Centro Oncológico Memorial Sloan Kettering e de azul na festa de gala do Guggenheim".

Também mencionava que uma ocasião ela viajara de motocicleta de São Petersburgo até Moscou em companhia dos atores Jeremy Irons e Dennis Hopper e de Thomas Kerns, ex-diretor da Fundação Solomon R. Guggenheim. Ela própria passara a fazer parte da diretoria do Guggenheim em 2007, e supostamente possuía uma notável coleção de pinturas e esculturas contemporâneas, e algumas obras de arte russas do século XIX. Além de seus imóveis e propriedades na Rússia, em Manhattan e nos Hamptons, ela seria dona de um apartamento em Paris, uma propriedade na Suíça, um iate e um hotel no resort de esqui de Courchevel, nos Alpes franceses.

Mas sua boa vida entrou em declínio depois que Alexei Kuznetsov, com quem ela tivera sua segunda filha, pediu demissão de seu cargo no governo em 2008 e logo buscou refúgio na França. Nesse período, um dos associados dele na Rússia foi alvo do que a imprensa classificou de atentado por encomenda.

Com o tempo, não só Kuznetsov mas também sua mulher foram acusados de corrupção — parceiros em fraudes, lavagem de dinheiro e desvio de no mínimo 26 milhões de dólares em fundos estatais russos. A incorporadora imobiliária da sra. Bullock na Rússia foi apreendida e encampada por um grupo rival que incluía um ex-treinador de judô de Vladimir Putin. Foi requisitada a extradição dela, mas as autoridades americanas não atenderam o pedido, pois Janna Bullock era cidadã americana.

Seu marido declarou publicamente que foi forçado a renunciar ao seu cargo em Moscou porque investigadores do governo tinham descoberto irregularidades em atividades imobiliárias de sua mulher, mas ela caracterizou todas as acusações como politicamente motivadas e sintomáticas de inveja russa. "Só porque me saí melhor que outros", ela disse ao *Times*, "alguém teve o apetite de tirar tudo de mim."

Em fevereiro de 2012, numa mansão vazia em estilo beaux-arts dos anos 1980 que ela estava tentando vender, organizou uma exposição de fotografias com mais de vinte imagens de russos influentes — personalidades da iniciativa privada, da esfera jurídica e da mídia ou políticos, inclusive o sr. Putin —, e as legendas que acompanhavam as fotos raramente eram lisonjeiras.

"A sra. Bullock enfrenta nada menos que a elite do poder na Rússia", disse uma crítica no *Times*, enquanto a revista *Art in America* acrescentou: "O conteúdo da exposição parece mais propaganda do que fato, e também é difícil discernir se Bullock foi prejudicada ou se foi cúmplice em sua própria ruína".

Ela agora estava separada de Alexei Kuznetsov e logo se divorciaria. Também estava com dificuldade em conseguir financiamento para a nova townhouse que pretendia construir na antiga propriedade do dr. Bartha. Seu arquiteto culpou a recessão e a retração no mercado imobiliário pelo atraso e explicou: "O declínio econômico coincidiu quase imediatamente com os planos para começar. Parece que toda vez que surge um lampejo de esperança na economia, ele dá as costas". Apesar disso, o arquiteto prosseguiu, quanto ao desejo de Janna Bullock de construir uma residência luxuosa na rua 62 Leste, 34, "seu entusiasmo não diminuiu nem um pouco".

Isso foi dito em 2012. Mas mesmo um ano depois, e mais de dois anos depois, o terreno continuava vazio e desocupado — exceto pelas ervas daninhas, o vaivém de ratos e camundongos, e ocasionalmente alguns sem-teto que se esgueiravam por uma abertura da cerca de arame e se amontoavam durante a noite no canto noroeste daquela estreita faixa de terra. Muitos vizinhos no quarteirão incomodavam-se com aquela feiura, sobretudo o em geral paciente e afável James Savage, um consultor de gestão patrimonial de 62 anos, de óculos e ar estudioso, que era membro da diretoria da Cumberland House e cujo apartamento no quarto andar, na parede leste da cooperativa de dezesseis pisos, dava vista para aquele depósito de lixo.

Antes de trabalhar na área financeira em empresas como Merrill Lynch, James Savage passara décadas no Departamento de Polícia da Cidade de Nova York, começando como policial em 1966, e seis anos mais tarde, como agente à paisana, fora administrar o fundo de pensão da Associação Beneficente dos Patrulheiros até 1999.

Ele e sua mulher, Marie, como ele nascida no Brooklyn, uma morena de olhos azuis com quem se casou em 1969, estavam em férias em Montauk quando o dr. Bartha explodiu seu brownstone em 10 de julho de 2006. O casal, estarrecido com a notícia, voltou depressa para a Cumberland House, onde logo apareceram muitos outros moradores nas calçadas atrás do bloqueio policial, enquanto os bombeiros embalavam os pertences de todos e caminhões de lixo levavam embora montes de entulho e fuligem.

Assim que foram informados por engenheiros de que o prédio podia ser reocupado com segurança, os moradores entraram no saguão e pegaram os elevadores para examinar seus aposentos.

"Nossa porta de entrada foi arrombada pelos bombeiros", James Savage recordou. "Paredes e tetos estavam enegrecidos pela fumaça. A tinta descascava com o calor do incêndio. As janelas tinham sumido, com caixilhos e tudo. Foi uma sensação esquisita. Como se estivéssemos andando a céu aberto. Tinha vidro quebrado por toda parte. O apartamento estava um caos. Encontramos sinais de sangue num banheiro. Aparentemente, um bombeiro sofrera cortes. Uma caixa de Band-Aids tinha sido deixada na pia. Conseguimos levar o que era valioso e podíamos carregar. Mas não achamos nossa gata, Rosie."

Quando souberam que a gata fora levada por um dos primeiros socorristas para um abrigo de animais nas imediações, James e Marie Savage pegaram a caixa de transporte de Rosie e os 120 dólares em dinheiro que tinham deixado para a cuidadora de gatos e se dirigiram à recepção do abrigo — onde foram informados de que a gata havia morrido durante um exame para detectar hidrofobia.

"Minha mulher ficou arrasada com a notícia", ele contou. "Eu também. Voltamos para o carro com a caixa de transporte vazia. E nos demos conta de que estávamos sem casa. Por isso decidimos voltar para Montauk, onde tínhamos deixado nossos pertences. Aquele foi o primeiro dia das nossas férias e o pior dia das nossas vidas."

Nas semanas e meses seguintes, o casal ficou em casa de parentes, hospedou-se no New York Athletic Club e por fim se mudou para um condomínio no East Side. Em janeiro de 2007, seis meses após a explosão, seu apartamento na Cumberland House finalmente ficou pronto para ser reocupado, e ao voltarem eles se depararam com uma vantagem inesperada. Como o prédio vizinho do dr. Bartha já não bloqueava a vista, o apartamento agora recebia mais luz. Isso acontecia não só na unidade deles, mas também nas de muitos de seus vizinhos.

Meio quarteirão ao sul, a luz adicional agora se refletia na cabeça dos funcionários da chapelaria de Suzanne Newman, na rua 61 Leste, 27, e no prédio vizinho, onde funcionava o restaurante Serafina, os clientes no pátio tinham uma vista sem obstáculos da mansão de Ronald Perelman situada no lado norte da rua 62. O horizonte também se estendia ao norte para os esteticistas que olhavam pela janela dos fundos do salão de cabeleireiro Minardi, na rua 61 Leste, 29, onde Marie Savage era cliente regular.

Ter acesso de repente a 185 metros quadrados de espaço de vista adicional em Nova York sem dúvida era um luxo raro e valioso, mas ninguém podia colar uma etiqueta de preço nisso numa cidade em perpétua expansão vertical onde tão frequentemente parecia que a luz era emprestada.

Marie Savage percebeu isso pela primeira vez em algum momento de 2015, quando começou a reparar que a claridade do céu que entrava pela janela de sua sala de jantar estava sendo penetrada por um estreito feixe de escuridão. A sala de jantar ficava nos fundos do apartamento, e era lá que ela se sentava à tarde pintando retratos, um talento cultivado anos antes na Art Students League.

A origem daquela sombra crescente estava cinco quarteirões ao sul da Cumberland House. Era um prédio de apartamentos de 96 andares recém-construído na Park Avenue, 432, entre as ruas 56 e 57. Com 426 metros de altura, era aclamado como a mais alta torre residencial da cidade, mas não muito longe dali, na rua 57 Oeste, 217, estava em construção a propriedade residencial e comercial de 472 metros de altura chamada Central Park Tower. Perdia apenas para o One World Trade Center, que graças à sua cúspide alcança 541 metros. (O edifício Empire State, concluído em 1931, tem 381 metros.)

"Estamos na idade do ouro da construção em áreas metropolitanas americanas", disse Gian Luca Clementi, professor adjunto de economia na Stern School of Business da Universidade de Nova York. Num artigo publicado no *Times* ele ainda observa: "Os Estados Unidos são menos urbanizados do que países similares, portanto possivelmente ainda veremos cada vez mais construções".

Em 2017 o Departamento de Edificações da Cidade de Nova York emitiu um recorde de 179 320 alvarás de construção nos cinco distritos. Equipamento de terraplanagem, guindastes gigantes e trabalhadores de capacete e cinto de ferramentas (e falando línguas diferentes) pareciam estar por toda parte, espalhados por milhares de canteiros de obras, e ocupados dentro dos andaimes firmes e redes de segurança de novos edifícios bem como de prédios antigos que precisavam de reparos ou reforma.

Um prédio antigo cujas paredes externas agora estavam cercadas por andaimes de vários andares abrigava os escritórios centrais do Departamento de Edificações da Cidade de Nova York, na Broadway, 280. É uma construção de sete andares de meados do século XIX que começou como loja de departamentos, depois foi durante décadas a sede do *New York Sun*, e por fim foi adquirida pelo município em 1966. (O lema do jornal extinto era "O Sol… Ele brilha para todos".)

Mas em 2016 a fachada de mármore do prédio estava tão deteriorada que foi considerada insegura para os pedestres, e assim teve início um projeto de restauração de vários anos. Além dos andaimes suspensos e das redes de segurança, a obra era protegida contra queda de entulho por um abrigo na calçada feito de canos de aço, vigas, tábuas e um parapeito de compensado reforçado.

A fabricação de andaimes era supostamente uma indústria bilionária em Nova York. Havia mais de sessenta empresas especializadas nesse ramo, e o Departamento de Edificações emitira alvarás para a construção de cerca de 7700 abrigos. Se fossem todos dispostos em fila, por volta de 450 quilômetros de calçadas em Nova York ficariam à sombra dos abrigos. Todos eles tinham parapeito pintado de verde porque em 2013 o prefeito Michael Bloomberg determinara que essa cor combinava com a iniciativa municipal Million Trees e seu vultoso investimento em parques.

No começo do inverno de 2017, Marie e James Savage viram, horrorizados, que um abrigo de compensado verde estava sendo construído na calçada vizinha ao seu apartamento na Cumberland House, e também notaram a presença de vários trabalhadores de capacete carregando caixas de ferramentas, pesadas tábuas de madeira e vigas de aço para dentro do terreno vazio no número 34 da rua 62 Leste.

Sem o conhecimento do casal Savage, e de quase todos os moradores do bairro, já fazia um ano ou mais que Janna Bullock, a condessa russa do ramo de reforma e revenda de casarões, tinha vendido discretamente o terreno à Woodbine Company, uma incorporadora da cidade de Rye, Nova York.

Um dos dois sócios proprietários da Woodbine, Theodore Muftic, era um cinquentão atarracado, loiro de olhos azuis natural do Colorado, que se formara na Harvard Business School em 1992 e era filho de um médico nascido em Montenegro. A mãe de Theodore, uma senhora politicamente ativa nascida em Oklahoma, foi candidata não eleita à prefeitura de Denver em 1979.

O outro sócio da Woodbine era Francis Plummer Jenkins III, um janota quarentão de cabelos castanhos e 1,80 metro de altura nascido em Tarrytown, Nova York, que, depois de formado na Universidade Suffolk no centro de Boston, fizera mestrado em negócios na Universidade de Londres.

Jenkins foi quem mais negociou face a face com Janna Bullock; tinha sido alertado por seu advogado sobre a compatibilidade dela com oligarcas russos, por isso compareceu a todos os encontros elegantemente vestido de terno e gravata finos, acompanhados de echarpe Hermès e um relógio Rolex emprestado.

Por fim, em 2015 ele conseguiu convencer a sra. Bullock a vender o terreno por 11,95 milhões de dólares. Apesar de ter adquirido o imóvel por 8,3 milhões do espólio de Bartha, ela não ficou satisfeita com sua margem de lucro nessa ocasião. Mas, como seus recursos e poder de barganha tinham despencado naqueles anos após o escândalo financeiro em Moscou em que ela e seu marido agora preso estavam envolvidos, a sra. Bullock concordou com a oferta final da Woodbine — que representou no mínimo a 12ª vez, desde a década de 1880, que aquele espaço residencial pequeno mas desejável era transferido de um proprietário a outro.

33.

O prédio foi posto à venda pela primeira vez no primeiro trimestre de 1882, por 10 mil dólares, pelos incorporadores Joseph B. Wray e Samuel P. Bussell. Ao mesmo tempo eles construíram dois brownstones adjacentes nos números 32 e 30 da rua 62 Leste. Estes seriam demolidos em fins dos anos 1950 e dariam lugar à cooperativa Cumberland House, de dezesseis andares, que passou a ter o endereço do número 30 da rua 62 Leste.

O primeiro comprador e ocupante do brownstone da rua 62 Leste, 34, segundo um artigo no *Times* escrito pelo historiador da arquitetura Christopher Gray, foi um comerciante de frutas chamado Charles H. Parsons, que lá se instalou em 1884 e permaneceu por quase dez anos antes de vender o prédio em 1893 por 45 mil dólares a John S. Robinson. Este último provavelmente passou por dificuldades e acabou vendendo a propriedade um ano mais tarde por 28 500 dólares a um certo Peter Brady, que também logo a repassou pelo mesmo preço a outro comprador, Oliver J. Wells.

Wells era um advogado do Brooklyn e mais tarde juiz municipal, que servira na infantaria do Exército da União durante a Guerra de Secessão. Ele e seus herdeiros mantiveram a propriedade do imóvel por mais de meio século, e por fim o venderam em 1952 por 60 mil dólares a um investidor imobiliário de Yonkers, Nova York, chamado Vatcho Kobouroff, nascido na Bulgária.

Entre 1952 e 1975, Kobouroff manteve o controle do prédio, mas, assim como Oliver J. Wells e seus herdeiros antes dele, algumas vezes alugou o brownstone a nova-iorquinos proeminentes que frequentemente eram mencionados na imprensa junto com seu endereço na rua 62 Leste, 34.

Um dos primeiros locatários no tempo em que o brownstone pertenceu à família Wells foi um cavalheiro chamado Walter Gibbs Murphy, de 1,90 metro de altura, que era importador de champanhe e filho de Thomas Murphy, senador do estado que fora o arrecadador do porto de Nova York durante a presidência de Ulysses S. Grant. Walter Murphy era um aficionado do golfe, navegador e atirador competitivo que venceu alguns torneios de tiro, incluindo um em Monte Carlo. Nunca se casou, o que talvez explique por que, mais tarde, o acesso ao endereço da rua 62 Leste, 34, caiu nas mãos de seus parentes nas famílias Aldcroft e O'Kane.

Em 1930, por exemplo, um artigo na coluna social do *Times* começava assim:

> O sr. e a sra. Richard Bradbury Aldcroft, da rua 62 Leste, 34, anunciaram o noivado de sua filha, srta. Elena de Rivas Aldcroft, com Robert Fisher Kohler, filho da sra. Emil Kohler, de Park Avenue e New Canaan, 830, e do falecido sr. Kohler.
>
> A srta. Aldcroft é membra de uma antiga família de Nova York e da conhecida família Rivas de Córdoba e Madri, Espanha. É bisneta do falecido Thomas Murphy, eminente comerciante de Nova

York nos anos 1960, que foi grande amigo dos presidentes Lincoln e Grant.

Em 1939 o *Times* publicou outro artigo em sua coluna social, com a seguinte chamada:

> O sr. e a sra. Thomas Francis O'Kane, da rua 62 Leste, 34, ofereceram um jantar em bufê ontem à noite em sua casa para sua filha, a srta. Helen Marcia O'Kane, que partirá em breve para Hartford, Connecticut, onde irá estudar por um ano.

Nessa época, Vincent Astor e os membros da Sala reuniam-se periodicamente na discreta suíte do andar da sala de visitas, enquanto outro inquilino ilustre do prédio era o industrial Siegfried Bechhold, cuja empresa desenvolveu o tanque Sherman durante a Segunda Guerra Mundial.

Não está claro quando exatamente o brownstone foi convertido de uma residência sobretudo unifamiliar num imóvel alugado para vários inquilinos, mas sabe-se que, algum tempo depois de Vatcho Kobouroff suceder aos herdeiros de Oliver Wells na propriedade da casa no começo dos anos 1950, ele mandou fazer ali dez apartamentos de meio andar, do subsolo ao piso superior, e em cada um instalou banheiro, refrigerador e fogão a gás.

Uma inquilina que atrasou o pagamento do aluguel mensal de 225 dólares em fins dos anos 1950 chamava-se Virginia McManus, embora em outros lugares ela se identificasse como Karen Moore e usasse outros nomes também; Vatcho Kobouroff, supondo que ela era uma prostituta, um dia passou um cadeado em sua porta e a levou ao tribunal, onde se queixou ao juiz da contínua "convergência de masculinidade" para o apartamento dela no terceiro andar.

O juiz determinou que ele tinha direito a receber o aluguel atrasado, mas repreendeu-o por trancá-la fora de casa e negar a ela o acesso às suas roupas e pertences. "Não se pode fazer a lei com as próprias mãos", disse o juiz. "A Justiça é indispensável na nossa sociedade, e sua importância é tão grande que até pessoas desencaminhadas têm direito a ser tratadas com consideração."

Em 1976 Vatcho Kobouroff vendeu o brownstone por 256 mil dólares a Joerg Klebe, um banqueiro de investimentos de trinta e poucos anos nascido em Berlim e morador de Nova York que, entre outras empresas, dirigia a Agate Realty Corporation na Quinta Avenida, 666. O sr. Klebe manteve o imóvel por quatro anos e então o vendeu à família Bartha em 1980 por 395 mil dólares.

Pouco mais de um quarto de século depois, Nicholas Bartha transformaria o prédio no terreno vazio que Janna Bullock venderia em 2015 por 11,95 milhões de dólares a Theodore Muftic e Francis Jenkins da Woodbine; eles contratariam um arquiteto para transformar o local numa luxuosa townhouse que a empresa esperava vender por no mínimo 30 milhões de dólares.

O arquiteto chamava-se Henry Jessup. Era um homem esguio e ágil de sessenta e poucos anos e quase 1,90 metro de altura, óculos de aro tartaruga e cabelo grisalho curto, que falava com concisão e objetividade.

No começo da adolescência em Greenwich, Connecticut, Jessup ganhava dinheiro nas férias de verão pintando casas de moradores da área, e às vezes eles lhe pediam que consertasse a porta da garagem, trocasse as venezianas ou até ampliasse partes do imóvel.

Ele foi aprendendo na prática a dominar as habilidades de marceneiro e a dar uma forma madura às suas obsessões de infância — "quando pequeno eu vivia desenhando e pintando". Aos dezenove anos abriu uma firma de construção que custearia seus quatro anos de estudo na Universidade Brown, em Providence, Rhode Island, onde se matriculou em 1970 no curso de história da arte.

Ele ainda não decidira tornar-se arquiteto. Na verdade, "não tinha a menor ideia" sobre objetivos futuros; por isso, depois de concluir o ensino médio e antes de entrar na universidade, passou oito meses viajando pela Europa numa vistosa motocicleta amarela que comprou em Londres por seiscentos dólares e que o levou até a Turquia e a Grécia. Seus pais eram separados desde que ele tinha treze anos e, embora tivesse sido um filho cordato e assimilado a criação que cada um dos pais lhe deu, ele se orientava por suas próprias expectativas.

Depois de deixar a Europa, ele trouxe a motocicleta para casa e a usou por algum tempo antes de partir para Providence, onde, além de estudar, jogou tão bem no aclamado time de futebol da universidade que lhe ofereceram, após a formatura em 1974, um contrato na American Soccer League para jogar no Rhode Island Oceaneers.

Embora nunca chegasse a receber mais de quinhentos dólares por partida, e viesse a ganhar bem menos em anos posteriores como jogador semiprofissional, Henry Jessup continuou a jogar futebol até os quarenta anos — quando já era pai de duas filhas e casado com uma mulher de Nova Jersey que, quando ele a conhecera, era uma jovem aspirante a dramaturga e atriz com alguns papéis secundários em filmes de Hollywood e dançarina numa nova versão de *The King and I* na Broadway em 1977. Eles se casaram em 1984.

A decisão de Jessup de estudar na Columbia Graduate School of Architecture, onde ele se formou em 1978, fora incentivada por um cliente satisfeito (um arquiteto) para quem ele tinha construído uma casa em Katonah, Nova York. Nos quase quarenta anos decorridos desde então, e mais recentemente trabalhando de seu escritório na Lower Broadway, ele concluiu cerca de quinhentos projetos de tamanhos diversos em várias partes do mundo, incluindo Austrália, Costa Rica, Espanha, Alemanha e França — embora a grande maioria de seus clientes vivesse em Nova York ou na região metropolitana do estado.

Uma exceção foi um financista de Vermont chamado Peter Novello que, em 2008, pagou 10,8 milhões de dólares por uma centenária townhouse de tijolos em Beekman Place, 21, e depois contratou Jessup para uma reforma radical no imóvel de treze cômodos. Jessup projetou uma nova entrada com um pórtico coberto de pedra calcária e, no telhado, uma pérgula e um jardim. Encomendou novas janelas, novas escadas, três lareiras, alvenaria e cornijas adicionais, e escavou o subsolo para acrescentar uma sala de ginástica.

Mas, quando a obra ficou pronta e os móveis estavam prestes a ser instalados, o proprietário morreu subitamente em Vermont aos 56 anos. "Fiquei chocado e triste porque ele não pôde desfrutar do lugar e convencer sua família em Vermont a passar mais tempo com ele", disse Henry Jessup.

Passado um ano, em julho de 2013, os herdeiros de Novello venderam a propriedade por 34,35 milhões de dólares ao estado do Catar — um preço recorde, 51 153 dólares por metro quadrado, para uma townhouse de seis metros de largura em Manhattan. Um resultado dessa transação foi que as incorporadoras de Nova York começaram a prestar cada vez mais atenção no trabalho de Jessup, e logo ele foi contratado por Francis Jenkins e Theodore Muftic da Woodbine para reformar uma townhouse na rua 64 Leste, e depois outra na rua 66 Leste, e por fim para projetar um prédio totalmente novo no terreno da rua 62 Leste, 34.

"Ele é o melhor arquiteto que já encontrei", disse Muftic. "A maioria dos arquitetos se empenha para conseguir aquela fotografia que vai ser publicada no *Architectural Digest*. Ele só quer fazer um prédio que lhe traga o respeito de todos no ramo e que agrade ao cliente."

"Existem muitos arquitetos que desafiam os limites do mundo da arte", Jessup comentou, "mas não sou um deles. Sou um profissional. Faço o que digo que vou fazer. Graças à bagagem que tenho no ramo da construção, posso ser bem realista quanto a tudo o que está acontecendo. E parece que essa combinação de fatores me ajuda bastante com a clientela."

Uma das primeiras coisas que ele fez depois de aceitar o trabalho da Woodbine Company foi gerar em computador uma imagem da townhouse que tinha em mente e em seguida fazer uma estimativa do custo e do tipo de cliente que poderia comprá-la.

Como as regras vigentes determinavam que nenhuma construção naquele quarteirão podia ter apartamentos, Jessup e os dois proprietários acreditavam que a townhouse de cinco andares que eles propunham poderia servir como residência de embaixador ou como consulado, ou talvez interessasse a compradores ricos da China, Rússia ou de países do Oriente Médio como o Catar — este último, além da propriedade de Novello, já pagara muitos milhões por outras townhouses em Manhattan.

"O projeto original foi feito a partir dessa perspectiva", Jessup disse. Ele explicou que nos esboços preliminares da townhouse previu "uma entrada separada para os empregados, algo que é essencial em muitas culturas do Oriente Médio" e também "vastas salas de lazer com possíveis serviços para empregados no subsolo, pensando numa possível venda a um diplomata". Por fim, ele e os proprietários cogitaram em mudar de 34 para 32 o número da casa na rua 62 Leste porque 4 não é considerado um número de sorte na cultura chinesa.

Mas nos meses subsequentes o mercado imobiliário em Nova York estava mudando e atraía menos compradores internacionais — em parte devido a regulações fiscais menos favoráveis e a controles de capital mais rigorosos na China, Rússia e em outros países —, por isso Jessup reformulou as plantas dos pisos prevendo que o proprietário seria americano. Por exemplo, eliminou uma sala de lazer voltada para os empregados que poderia ser necessária para um diplomata e a substituiu por uma grande cozinha familiar.

Quanto ao exterior, Jessup visualizou sua townhouse construída na tradição beaux-arts, mas também queria que ela combinasse de algum modo com os dois estilos arquitetônicos bem diferentes que ladeavam a obra em andamento. Do lado oeste havia o prédio de tijolos de dezesseis andares da cooperativa Cumberland House, erguido em 1950, com seus dois andares inferiores revestidos de calcário de Indiana. A leste ficava o centenário neogeorgiano Links Club, que na opinião de Jessup era "uma belíssima representação de um prédio histórico".

Na medida do possível, Jessup acreditava que seria capaz de reduzir o contraste com a Cumberland House projetando do lado oeste da sua townhouse um muro de tijolos que daria para a rampa de estacionamento de três metros de largura da Cumberland e combinaria com a parede de tijolos adjacente do prédio. Ele esperava também que a fachada de calcário francês cor de creme da sua townhouse pudesse combinar com a base de calcário de Indiana da Cumberland, embora admitisse que o tipo de calcário da cooperativa lembrava um pouco o concreto.

Foi mais fácil para ele imaginar uma compatibilidade com o Links Club, já que supôs que "prestaria uma homenagem" ao vizinho dando à sua townhouse um telhado de mansarda e águas-furtadas cor de cobre que se harmonizariam com o prédio histórico do clube. Ele também esboçou em seu projeto adornos visuais como cornijas, dentículos e cunhais, que são bordas decorativas de alvenaria feitas para dar a impressão de que grampeiam os cantos de uma parede.

No entanto, ele garantiu que estava projetando a townhouse "para hoje", como uma construção que à primeira vista poderia passar por histórica mas que na verdade era "historicamente derivada", isto é, embora a magnitude, as proporções e os materiais se baseassem em precedentes clássicos, fazia questão de que fosse uma construção contemporânea — e demonstrou essa intenção, por exemplo, equipando seu prédio com janelas de abrir pretas feitas de aço em vez de madeira, como "um toque de modernidade que desejamos para o lugar".

Havia catorze aberturas na frente da townhouse projetada — duas no quinto andar, que seriam um par de águas-furtadas acobreadas em arco, instaladas num telhado de mansarda com telhas de ardósia preta de Vermont; três janelas no quarto andar, todas rematadas por uma cornija com dentículos embaixo; três janelas no terceiro piso, onde o contorno do prédio foi projetado para ter uma frente curva; e no segundo andar haveria três portas francesas abrindo-se para uma varanda com grade de metal.

No primeiro andar ele projetou duas janelas que davam para a calçada, e do lado leste das janelas ficaria a entrada simples e moderna da townhouse: uma porta sem adornos pintada de preto, flanqueada por grades de metal, diante de dois degraus de granito muito baixos para não encorajar ninguém a sentar-se: o mais baixo com cinco centímetros de altura e o outro com sete centímetros e meio — um bom exemplo de *downsizing* quando comparado à escada de nove degraus de vinte centímetros que o dr. Bartha levou com ele e assim privou o sous-chef do Links de seu lugar favorito para fumar durante suas pausas no trabalho.

Quando um arquiteto como Henry Jessup projeta um prédio que classifica como "historicamente derivado", ele está admitindo que existem obras históricas dignas de derivação; em sua opinião, muitas delas foram criadas em Nova York entre fins dos anos 1880 e começo dos 1900 — um período que ele chama de "o apogeu da construção de townhouses".

Entre os arquitetos desse período que ele citou como inspiração estavam Charles A. Platt, que em 1907 projetou a townhouse de Sara Delano Roosevelt na rua 60 Leste; Chester Holmes Aldrich e William Adams Delano, que em 1916 criaram o Colony Club para mulheres na Park Avenue e rua 62; e Mott B. Schmidt, que em 1927 construiu a townhouse de Vincent Astor na rua 80 entre a Park e a Lexington Avenue.

Astor morou lá no período em que foi visitante assíduo na rua 62 Leste, 34, onde se reunia com seus colegas membros da Sala, e Jessup decidiu revestir a frente de sua futura townhouse com o mesmo tipo de pedra calcária que o arquiteto de Astor tinha usado quase um século antes e que Jessup associava a projetos prestigiosos: a chamada *French Roche*.

Jessup obteria esse material de uma pedreira em Euville, um vilarejo no nordeste da França, e então mandaria transportar as toneladas de pedra para uma fábrica em Corgoloin, situada no centro-leste do país, onde, durante as cinco ou seis semanas seguintes, as pedras seriam cortadas no tamanho e na forma estipulados anteriormente por Jessup em seus desenhos da construção. Suas ilustrações não só mostrariam qual seria a aparência da townhouse, mas também identificariam e numerariam cada pedaço de pedra calcária que revestiria a frente do prédio. Seriam cerca de trezentas peças no total, desde uma cornija que podia pesar 270 quilos até um item menor de moldura decorativa, ou um peitoril de janela, ou uma cumeeira que podia pesar entre vinte e setenta quilos.

Depois que todos os pedaços de calcário tivessem sido trabalhados segundo as especificações na fábrica de Corgoloin, eles seriam embrulhados, acondicionados e enviados para a cidade portuária de Le Havre, de onde seriam transportados em contêineres de seis metros para um terminal em Staten Island. A carga passaria cerca de catorze dias no mar. Em Staten Island, caminhões a pegariam para levá-la a Manhattan.

Cada uma das trezentas peças seria marcada com um número (correspondente ao número indicado no desenho da construção feito por Jessup) para ajudar os trabalhadores que mais tarde receberiam o material na rua 62 e então içariam, pendurariam, agrupariam e por fim encaixariam as peças num espaço numerado predeterminado na estrutura de aço da fachada do prédio. Para os trabalhadores, seria como montar um quebra-cabeça com os vários pedaços de calcário cortado.

Todo esse calcário custaria 500 mil dólares. A quantia necessária para construir o prédio inteiro — material e mão de obra — alcançaria 5 milhões de dólares. O prazo máximo para concluir a townhouse foi marcado para janeiro de 2018.

Antes que isso tudo acontecesse, porém — na verdade, antes mesmo que Jessup encomendasse o calcário na França —, ele precisaria dedicar toda a sua atenção à tediosa e demorada tarefa de obter junto ao Departamento de Edificações as licenças para tudo o que pretendia fazer. Isso também requeria, entre outras coisas, apresentar seus desenhos da construção à Sociedade Histórica do Upper East Side e à Comissão de Preservação de Marcos Históricos na esperança de conseguir o apoio dessas duas entidades. Ao mesmo tempo, ele estava contratando despachantes, engenheiros e advogados para ajudá-lo a lidar com as numerosas restrições de zoneamento e de estrutura do Departamento de Edificações, e também firmas para providenciar encanamento, eletricidade, extintores de incêndio e o novo elevador que Jessup projetara para ser usado entre o subsolo e o quinto andar. (O antigo brownstone não tinha elevador.)

Jessup teria também que assegurar ao Departamento de Transportes que a calçada e a rua seriam reparadas caso fossem danificadas durante a etapa da construção; e precisaria consultar o Departamento de Proteção Ambiental sobre as ligações com a água da rua, o Departamento de Energia antes de começar as perfurações das estacas estruturais, e o Departamento de Incêndios para confirmar que sempre haveria acesso ao telhado em caso de emergência.

34.

Um pedestre comum que passa ao lado de um canteiro de obras mal sabe que arquitetos como Jessup precisam ficar quase um ano tratando da papelada antes que o primeiro prego de um carpinteiro seja martelado na madeira ou que o primeiro galão de concreto seja despejado de um caminhão betoneira. E também provavelmente é verdade que poucos indivíduos param e refletem que talvez sob qualquer alicerce de concreto recém-construído exista um cemitério de pessoas comuns que muito tempo atrás habitaram esse espaço e desfrutaram dele como parte de uma fazenda, ou um parque, uma varanda acolhedora, um quarto com uma linda vista ou algum outro lugar desejado e desejável agora mapeado na obscuridade.

Os gregos construíram por cima de templos fenícios, os romanos por cima de templos gregos, e assim tem sido desde então. E agora, em Nova York, Henry Jessup planejava erguer uma townhouse por cima das cinzas do dr. Bartha.

No entanto, é verdade que por toda parte há nomes de rua, placas, estátuas, prédios e terminais de transporte que nos lembram de falecidos notáveis: Carnegie Hall, Aeroporto LaGuardia, George Washington dormiu aqui, Herman Melville morou aqui, Dylan Thomas bebeu aqui, John Lennon morreu aqui.

Mas, para que o nome de uma pessoa comum falecida há muito tempo permaneça inscrito nos volumosos e empoeirados arquivos do Departamento de Registros e Serviços de Informação na rua Chambers, 31, convém que essa pessoa tenha sido proprietária de um imóvel.

Isso talvez explique em parte por que ter um imóvel era tão importante para o dr. Bartha. Guerras mundiais nascem de disputas por terras e direitos de propriedade, e a família do dr. Bartha na Romênia perdera sua terra para os nazistas e comunistas nos anos 1940. E talvez seja por isso que, muito mais tarde em Nova York, o dr. Bartha tenha entrado em guerra com sua ex-esposa, com a advogada dela, com a juíza, e por fim com o xerife, que contudo prevaleceram e o exilaram e o transformaram num sem-teto, fazendo dele um nova-iorquino praticamente esquecido cujo nome persiste nos arquivos municipais e nos registros da imprensa sobretudo porque um dia ele fora proprietário de um imóvel pelo qual acreditou que valia a pena morrer.

A história do terreno do dr. Bartha é a de um pedaço de terra de 6 × 30 metros, não muito mais extenso e até mais estreito que uma quadra de tênis. Mas, embora seja apenas um pontinho no mapa do Upper East Side, ele está marcado, tanto quanto qualquer outro, com as pegadas e impressões digitais de multidões de pessoas diversas que, desde os tempos coloniais, representaram a vontade e os costumes da cidade como um todo juntamente com sua propensão para diferenças e discordâncias em matéria de políticas e propriedade.

É provável, se não de todo comprovável, que o solo sob o brownstone do dr. Bartha tenha sido adquirido em algum momento de fins dos anos 1700 por um proeminente impressor, editor e proprietário de imóveis nova-iorquino nascido na Irlanda que, durante a Guerra Revolucionária, tornou-se controverso porque transferiu sua lealdade dos rebeldes americanos para os britânicos ocupantes. Seu nome era Hugh Gaine.

Nascido numa família de poucos recursos nas imediações de Belfast por volta de 1726, foi posto para trabalhar como aprendiz de tipógrafo na Irlanda por aproximadamente cinco anos; e então, em 1745, aos dezoito ou dezenove anos, ele chegou sozinho a Nova York. Logo encontrou trabalho como tipógrafo profissional no estabelecimento de James Parker, o impressor oficial da província de Nova York que, anos antes, na Filadélfia, contara com a orientação e a amizade de Benjamin Franklin.

Hugh Gaine continuou subordinado a Parker por sete anos — de 1745 a 1752 — e então foi trabalhar por conta própria, tornando-se por fim muito bem-sucedido no centro de Manhattan, não só como impressor de documentos e decretos oficiais e editor de um semanário chamado *New-York Mercury*, mas também como proprietário de uma livraria e armazém cujo nome era Bible and Crown.

Em seu prédio de três andares em Hanover Square, ao sul de Wall Street, ele abastecia suas prateleiras e cestos com uma eclética seleção de mercadorias: livros de todos os tipos (Bíblias do Antigo e Novo Testamento, *Tom Jones* de Fielding, *Cartas persas* de Montesquieu, a tradução da *Ilíada* de Homero por Pope, poemas de John Pomfret, textos escolares e uma variedade de almanaques, impressos em inglês e holandês); artigos para casa e escritório (papelaria, penas, tinta, obreia para selar cartas, lápis, rolhas, cartas de baralho); e outros itens diversos que pudessem atender às necessidades e aos desejos dos clientes (luvas de camurça, meias de algodão, botas, sapatos, navalhas e correias de Londres, tesouras de tosar cavalos, talco para o corpo, medicamentos patenteados, instrumentos musicais como violinos, flautas e pífaros, bilhetes de loteria e até ingressos para concertos e peças de teatro).

Foi um grande apoiador do Teatro John Street (e até pagava o aluguel do prédio), que até seu fechamento em 1798, depois de 31 anos, foi o primeiro e o único teatro em Manhattan. Entre os que se apresentaram em seu palco estava Eliza Arnold, mãe de Edgar Allan Poe.

Gaine também atuava em organizações cívicas e filantrópicas, como a Biblioteca da Sociedade de Nova York e o Hospital de Nova York, e foi conselheiro paroquial da Trinity Church. Nessa igreja, quando tinha mais ou menos 32 anos, ele celebrou uma união que lhe deu três filhos.

Embora como outros editores e impressores de Nova York ele expressasse sua insatisfação com algumas políticas britânicas, por exemplo, a Lei do Selo de 1765, aconselhava prudência e contínuo respeito pela metrópole, o que sem dúvida estimulou os ocupantes britânicos a nomeá-lo impressor público da província de Nova York, uma posição lucrativa da qual James Parker se aposentara anos antes.

Gaine passou então a aumentar suas propriedades, comprando uma fazenda de 2400 hectares no norte do estado de Nova York em 1770, e poucos anos depois entrou como sócio de uma fábrica de papel em Long Island. Mas, quando a guerra começou em 1775, e com soldados britânicos prestes a atacar Nova York, ele procurou salvar-se do perigo junto com sua família mudando-se para a cidade de Newark, controlada pelos rebeldes.

Ele se casara de novo em 1769 após a morte de sua primeira esposa, e agora tinha mais dois filhos, além dos três do casamento anterior, uma família grande para cuidar, por isso ansiava por estar do lado vencedor naquela guerra. Acreditava que o Exército Continental inevitavelmente expulsaria os britânicos.

Nesse meio-tempo, suas propriedades em Hanover Square — a loja Bible and Crown, sua moradia e sua tipografia — tinham sido tomadas pelos invasores britânicos, e os tipógrafos deles assumiram o controle de seu jornal (que ele recém-renomeara *New-York Gazette and Weekly Mercury*) e o transformaram numa publicação decididamente pró-Tory.*

Um ano mais tarde, com a ocupação britânica em andamento e o Exército Continental em retirada, as autoridades conservadoras prometeram anistia a quem jurasse lealdade, e um dos que concordaram com essas condições foi Hugh Gaine. Sua decisão obviamente foi ridicularizada por muitos da comunidade rebelde em Newark e outras partes; Anthony R. Fellow, em seu livro *American Media History* ["História da mídia americana", sem edição em português], descreve Gaine como um "editor vira-casaca" e um "irlandês oportunista".

Os britânicos permitiram que ele voltasse para Nova York, mas Gaine perdeu o título de impressor público e, embora readquirisse o controle de suas propriedades e de seu jornal, a autoridade dele como editor agora era supervisionada. Ele não parecia se ofender com isso. Permaneceu legalista durante todo o período de oito anos da ocupação britânica, ainda que não alardeasse sua posição, cauteloso para não ser visado pelos fanáticos anteriormente associados aos Filhos da Liberdade, uma sociedade secreta de patriotas que, durante a era revolucionária, tivera células espalhadas pelas treze colônias.

Quando os britânicos foram enfim expulsos em 1783 e a Cidade de Nova York passou a ser controlada pelos rebeldes, Gaine removeu a palavra *Crown* [Coroa] da placa de sua loja, parou de publicar seu jornal e deu graças pelo que lhe restava. Ainda tinha sua livraria e uma riqueza considerável em seu nome, mesmo que agora maculado, e durante suas duas décadas restantes de vida aproveitou totalmente as oportunidades disponíveis para quem

* Apoiadores do Toryism, vertente do conservadorismo britânico; também conhecido como legalismo nos Estados Unidos e no Canadá. (N. E.)

tinha dinheiro numa nova cidade composta de numerosos terrenos incultos que requeriam investidores e construtores.

Quando ele chegara ainda adolescente, em 1745, Manhattan tinha uma população aproximada de 11 mil pessoas, quase todas aglomeradas perto da água, que viajavam por algumas das mesmas estradas de paralelepípedos construídas pelos holandeses um século antes. Em 1783, embora a população tivesse crescido para cerca de 30 mil pessoas, a área do extremo sul de Manhattan continuava a ser um centro de civilização superpovoado, enquanto por quilômetros ao norte — mais ou menos desde a rua 23 e a Madison Square até o Harlem — a região era em grande medida erma e abandonada, dividindo seu espaço não reclamado com pântanos, florestas incultas e vastas propriedades agrícolas com animais de pastagem e caminhos de carroças puxadas por cavalos onde antes existiam trilhas de nativos.

Aquele ainda não era um território tributável, mas, se o tornassem mais habitável e comercializável, poderia vir a ser uma importante fonte de renda para uma cidade que necessitava de fundos para melhoramentos públicos. Entre os anos 1780 e 1800, Hugh Gaine comprou terras para investir na área que hoje faz parte do Upper East Side e inclui a rua 62 entre a Park e a Madison Avenue.

Contudo, naquele tempo, comprar terras mais ao norte em Manhattan era uma aposta ambígua. Apesar dos melhores esforços dos agrimensores e seus ajudantes, as fronteiras muitas vezes eram imprecisas. Desenhistas cometiam erros. Os detalhes mostrados em mapas podiam ser enganosos ou meramente aproximados.

Além disso, naquele período, ser agrimensor era uma ocupação difícil e perigosa. Casimir Goerck — que em 1785 mapeou pessoalmente grandes trechos de território a pedido de autoridades municipais e uma década mais tarde estava produzindo uma planta corrigida da cidade — morreu em 1798, com quarenta e poucos anos, vitimado por febre amarela causada pelas numerosas picadas de mosquito que sofreu em suas longas horas passadas nos lugares imundos e pantanosos que ele estava explorando.

Na época, a cidade estava vendendo lotes de 2 a 3,5 hectares que tinham quatro lados mas não eram retangulares. Por isso, às vezes as bordas assimétricas levavam a disputas pela demarcação das propriedades entre donos de terrenos adjacentes.

Segundo registros públicos, uma disputa desse tipo ocorreu na área da rua 60 à 69 Leste no começo dos anos 1800 entre Hugh Gaine e um de seus vizinhos mais próximos — o herdeiro de uma proeminente família de comerciantes, Peter P. van Zandt. Durante a Guerra Revolucionária, Van Zandt servira como major no Exército Continental. Ele era ativo na Igreja Holandesa e membro da assembleia estadual. Herdara as terras de seu pai, Johannes van Zandt, que no passado brigara com outros proprietários de terras em outras partes e fora citado pelas autoridades por frequentemente invadir e reivindicar a posse de terras que não eram dele.

Antes que a disputa de Hugh Gaine com Van Zandt fosse resolvida, porém, Gaine morreu, em 1807, aos 81 anos. Em 1812 o próprio Peter van Zandt morreu, aos 82 anos — mas não antes que suas terras, assim como as de todos os demais proprietários de terrenos na cidade, fossem regularizadas de modo que finalmente trouxessem clareza e precisão ao tão mal interpretado mapa de Manhattan.

O que gerou essa mudança foi o chamado Commissioners' Plan de 1811, que tomou por base algumas das primeiras recomendações de Casimir Goerck e, nas palavras do historiador da arquitetura Christopher Gray em artigo no *Times*, "transformou as ruas de Manhattan numa mão de ferro de ângulos retos".

Exceto por permitir que a Broadway continuasse a seguir seu curso sinuoso através do centro da cidade, a maior parte do esparramado espaço restante foi esculpida numa grade de linhas retas composta de doze avenidas paralelas percorrendo o território de norte a sul, cruzadas por 155 ruas no sentido leste-oeste. A grade de 1811 abrangia 2 mil quarteirões e se estendia por aproximadamente 4452 hectares, e os comissários supunham que isso incentivaria a criação de lotes cada vez menores, facilitando a venda, a compra e a construção.

Com o tempo isso aconteceria mesmo, porém demoraria décadas até surgirem incorporadores para atrair pessoas que quisessem ser proprietárias de residências naquela área. O fato de as ruas agora estarem claramente marcadas numa planta não significava que pessoas queriam morar nelas, ainda mais porque ainda não havia meios de transporte confiáveis ligando o norte ao sul de Manhattan. Raros eram os casos em que alguém comprava um terreno tendo em vista construir uma casa. A maioria dos compradores eram especuladores, gente como Hugh Gaine, que adquiriu por um preço baixo o vasto terreno e o conservou esperando que algum dia o crescimento da economia e da população aumentasse o valor de sua terra.

Uma exceção notável foi William Stephens Smith, marido de uma das três filhas do presidente John Adams, que pretendia construir uma mansão no terreno que comprou em 1795 perto do East River e da rua 61. Mas então ele e alguns conhecidos foram indiciados por um grande júri federal por violar a recém-decretada Lei da Neutralidade. Haviam apoiado um movimento que tentou libertar a Venezuela da Espanha. Embora Smith fosse considerado inocente no julgamento, ele não construiu sua mansão e, depois de vender sua propriedade em 1796, mudou-se para Lebanon, no norte do estado de Nova York. No entanto, uma cocheira que ele construiu na rua 61 ainda existe e hoje é usada como museu.

Em 1816, mais de nove anos após a morte de Hugh Gaine, seus herdeiros venderam seu terreno ainda vazio a um indivíduo chamado Henry Dickers, que o manteve por algum tempo e em seguida o disponibilizou para a cidade, a qual por fim o vendeu em 1823 junto com outros terrenos a John Mason, um comerciante de elite em Pearl Street.

Depois de enriquecer com a venda de tecidos e de liderar uma campanha de venda de títulos para apoiar o governo dos Estados Unidos durante a guerra de 1812, John Mason começou a comprar terras com um apetite voraz, quase rivalizando com o de seu contemporâneo mais velho John Jacob Astor. Enquanto este último adquiriu boa parte da área do Lower East Side e da Times Square e não gastou quase nada para melhorar essas terras, Mason dirigiu seus interesses mais para o norte de Manhattan e acabaria por tornar-se proprietário de grande parte do espaço entre as ruas 53 e 64, entre a Quinta Avenida e a Park Avenue. Parte do que ele adquiriu pertencera antes não só a Hugh Gaine, mas também a Peter P. van Zandt e a outros proprietários de terrenos.

Nesse período, John Mason, a caminho de tornar-se presidente, também foi acionista do Chemical Bank, e em 1832 começou a pôr em funcionamento a ferrovia New York e Harlem, juntamente com uma rota que mais tarde seria pavimentada sobre partes da Park Avenue. Sempre que as caldeiras de seus trens paravam por avaria, ele chamava seus cavalos.

Mason não viveu o suficiente para ver o Upper East Side transformado num distrito luxuoso preferido pelos ricos e pelos socialmente proeminentes. Morreu em 1839, aos 66 anos. Mas uma de suas filhas por fim construiria uma mansão de mármore branco na esquina nordeste da Quinta Avenida com a rua 57 e se tornaria uma das criadoras de tendências da área.

Ela se chamava Mary Mason Jones. Casou-se em 1818 com o sucessor de seu pai na presidência do Chemical Bank, Isaac Jones.

Na época do casamento, os dois moraram numa casa que ela possuía na rua Chambers, no centro. Antes disso, ela e suas duas irmãs tinham sido proprietárias de três casas adjacentes na parte sul da Broadway, em Waverly Place, onde as salas de visita comunicavam-se entre si e podiam ser abertas uma para as outras em ocasiões de bailes ou outros eventos sociais de grande porte.

Uma sobrinha-neta de Mary Mason Jones foi a escritora Edith Wharton, que quando garota, em meados dos anos 1870 e começo dos 1880, às vezes visitava sua tia rica, a qual se mudara para a mansão na rua 57 Leste, 1, em 1870. Mary nessa época era sexagenária e viúva. Seu marido morrera em 1854, deixando-a com três filhos. Segundo dados do censo de 1880, Mary estava morando na mansão com uma de suas filhas, uma neta e cinco empregados. Edith Wharton aludiu a essa residência em seu romance de 1920, *A época da inocência*, onde um personagem inspirado em Mary recebe o nome de sra. Manson Mingott:

> Era seu hábito sentar-se à janela da sala de visitas no térreo como quem aguardava calmamente que a vida e a moda fluíssem para o norte até sua porta solitária [...]. Estava certa de que em breve as pedreiras, as estufas de madeira em jardins baldios, as rochas de onde cabras examinavam a cena desapareceriam diante do avanço de residências tão imponentes quanto a sua.

Na verdade, Mary nunca foi uma socialite isolada num território ermo à espera de que a vida e a moda fluíssem para o norte até sua porta solitária; mesmo antes de ela decidir construir sua mansão em 1867, várias pessoas de seu círculo social já tinham mudado para o norte, e sua irmã mais nova, Rebecca, estava a caminho.

Os dois quarteirões da cidade herdados por Rebecca situavam-se nas ruas 55 e 56 entre a Quinta Avenida e a Park Avenue.

Com a ajuda de um arquiteto, ela projetou uma fileira de oito casas na Quinta Avenida, feitas de calcário de Ohio verde-oliva, com as quais esperava dar ao lugar a aparência de um bulevar parisiense. Depois de escolher uma das casas para si mesma, ela venderia ou alugaria as outras para amigos e conhecidos, seguindo um plano que Mary já iniciara um ano antes na Quinta Avenida entre as ruas 57 e 58.

O empreendimento de Mary, chamado Marble Row, era arquitetonicamente mais elaborado que o de sua irmã, condizente com o estilo da casa de esquina de Mary na rua 57 Leste, 1, inspirada no palácio de Fontainebleau. Mas as duas irmãs foram financeiramente bem-sucedidas em seus investimentos imobiliários, e entre os inquilinos importantes de Mary (na Quinta Avenida, 745) estava o dr. Charles Leale, que anos antes, como cirurgião, trabalhara num hospital em Washington e fora o primeiro a chegar ao Ford's Theatre para atender o presidente Lincoln quando ele foi baleado.

O Central Park ficou pronto em 1873, e os valores das propriedades ao norte da rua 59 aumentaram 200%. Entre os anos 1860 e 1880, em grande medida graças à chegada de imigrantes, a população de Manhattan cresceu de aproximadamente 800 mil para mais de 1 milhão de pessoas. Muitos imigrantes estavam entre os 20 mil operários cujos músculos moveram pedras, cavaram o solo e plantaram mais de 270 mil arbustos e árvores para criar o Central Park.

Em anos anteriores, a cidade expulsara várias centenas de posseiros e moradores de casebres que por muito tempo haviam ocupado as terras ao longo dos afloramentos rochosos com seus porcos e cabras nas áreas que iam da rua 59 à 106 entre a Quinta e a Oitava Avenida. A orla norte do Central Park chegou à rua 110 nas fases finais de construção, e o parque agora abrangia 341 hectares. Nas tardes de inverno os frequentadores patinavam nos lagos que outrora tinham sido lugares pantanosos.

Em 1881, Mary Mason Jones morreu em sua mansão aos noventa anos de idade. Sua irmã Rebecca falecera dois anos antes. Durante os vinte anos seguintes, quando os herdeiros dessas irmãs e outras pessoas ricas se mudaram mais para o norte de Manhattan, a rua 57 e seu entorno foram ocupados por estabelecimentos comerciais. As propriedades residenciais das irmãs Mason e de outras famílias da elite foram demolidas e deram lugar a prédios de escritório, bancos, lojas de departamento, lojas de moda e butiques.

Durante o apogeu de Mary como grande dama da alta sociedade, seus vizinhos na esquina da rua 57 com a Quinta Avenida chamavam-se Whitney, Huntington e Vanderbilt. Mais de um século depois, seu endereço residencial anterior na rua 57 Leste, 1, seria herdado pela loja de luxo Louis Vuitton. As outras três esquinas da Quinta Avenida seriam ocupadas por joalherias — Van Cleef & Arpels na esquina noroeste, Bulgari na sudoeste e Tiffany na sudeste — e ao sul da Tiffany estaria a Trump Tower.

35.

O ano da morte de Mary marcou o começo da construção do imóvel que um século mais tarde viria a ser o brownstone do dr. Bartha. O terreno de 6 × 30 metros na rua 62 Leste, 34, juntamente com outros terrenos, tinha sido comprado em 1881 pela firma de Samuel D. Bussell e Joseph B. Wray. A turma contratada para erigir a residência de cinco andares não a fortificou com um alicerce de concreto, possivelmente porque na época o solo era rochoso o bastante para sustentar a estrutura. Ou talvez naquele tempo e lugar as autoridades reguladoras não fossem muito exigentes, sobretudo para incentivar o desenvolvimento imobiliário tão necessário na parte norte da cidade.

Qualquer que tenha sido a razão, no segundo trimestre de 2016, depois que o arquiteto Henry Jessup solicitou uma análise do solo, ele concluiu que o terreno na rua 62 Leste, 34, era excessivamente arenoso e incapaz de sustentar uma casa, portanto seria essencial providenciar um alicerce de concreto.

O primeiro passo foi remover todo o solo arenoso, o entulho e outros detritos do terreno. Essa etapa requereu vários homens com pás e um operador sentado na cabine de uma escavadeira hidráulica, dotada de uma pá carregadora capaz de içar cerca de setenta quilos de material por vez. O material recolhido pelos homens e pela máquina era posto numa caçamba de sete metros de comprimento estacionada no meio-fio; assim que ela ficava cheia, era substituída por uma caçamba vazia trazida de caminhão.

Durante duas semanas, as caçambas se encheram de entulho. Foram descartados no total aproximadamente 408 toneladas de material. No terreno ficou um buraco de cinco metros de profundidade. Esse terreno baixo e plano por fim abrigaria o subsolo da casa e a adega, mas antes disso foi invadido por um bate-estacas que perfurou o solo e cravou, uma por vez, 24 estacas de concreto. Cada uma tinha nove metros de comprimento e quase trinta centímetros de espessura.

O lote foi coberto de uma ponta a outra pelas 24 estacas distribuídas em seis fileiras de quatro. Depois foi encimado por capitéis de estaca, que são calhas ocas postas horizontalmente sobre as fileiras de estacas e preenchidas com vergalhões de aço para reforço, antes de serem inundadas por toneladas de concreto líquido despejado por dois caminhões.

Um deles era um caminhão betoneira, o outro um bombeador. Deste último saía um tubo oco sustentando uma mangueira de borracha que podia alcançar o outro lado da calçada, estender-se por todo o terreno e, em um dia, despejar 33 toneladas de concreto na obra — mas não antes que os trabalhadores tivessem instalado os canos de drenagem e conduítes para a fiação elétrica.

Depois de o concreto líquido ser espalhado e alisado por homens munidos de ferramentas de cabo longo e secar o suficiente para permitir que se andasse sobre ele, o que podia levar mais de uma semana, a fundação ficou pronta.

Em seguida vieram as paredes de blocos de cimento que circundavam os quatro lados do piso do subsolo e da adega e, depois que vigas de aço foram instaladas horizontalmente para sustentar o teto do subsolo, esse teto escorou a camada logo acima — e, por sua vez, sustentou os quatro níveis seguintes daquela estrutura de aço e madeira de cinco andares em construção. A obra era revestida externamente por andaimes, e na calçada foi construído um abrigo de compensado verde para proteger os pedestres contra a queda de ferramentas e entulho.

Como a townhouse estava sendo erguida num distrito histórico, a regulamentação determinava que seus proprietários — no caso, a empresa Woodbine Company de Theodore Muftic e Francis Jenkins III — fornecessem e custeassem monitores de vibração a serem afixados no exterior de todos os prédios até trinta metros distantes do local da obra.

Esses monitores, não muito maiores que detectores de fumaça, continham sensores sem fio destinados a alertar os proprietários vizinhos caso seus prédios estivessem sendo afetados negativamente pelo que estavam fazendo no número 34 da rua 62 Leste. As regras determinavam que dez prédios tivessem no mínimo um monitor, e eles foram instalados no Links Club, na Cumberland House, na mansão de Ronald Perelman do outro lado da rua, e em outras sete propriedades num raio de trinta metros. Os monitores teriam de funcionar por todo o tempo que durasse a obra. Essa medida de precaução custou a Muftic e Jenkins cerca de 75 mil dólares.

As quantias pagas em salários a todos os trabalhadores que participaram do projeto — os responsáveis pela carpintaria, pintura, fiação, encanamento, colocação de tijolos e aço etc. — saíram do bolso de um empreiteiro veterano chamado Steve Mark, um septuagenário meticuloso e robusto que tem a reputação de fornecer o melhor trabalho pelo melhor preço em Nova York e, em consequência, é frequentemente contratado para supervisionar até meia dúzia de obras, ou mais, em simultâneo — e por isso é milionário faz tempo.

Steve Mark, com seu 1,75 metro de altura, olhos azuis, cabelo grisalho e óculos, tem a aparência marcada pelo vento de um ciclista de estrada, o que, de certo modo, ele é. Durante a semana viaja de um trabalho para outro de bicicleta, pedalando desde a townhouse que possui na rua 70 Leste até diversas partes da cidade, às vezes até Greenwich Village ao sul, porém mais provavelmente nos limites do Upper East Side, onde, a partir de 1978, construiu ou reformou centenas de casas unifamiliares e a maioria dos apartamentos duplex e triplex localizados em cooperativas de vários andares.

O arquiteto Henry Jessup trabalhou com ele em alguns desses projetos, e foi quem recomendou aos proprietários que contratassem Mark para a obra da rua 62. Enquanto o salário de Jessup como arquiteto da townhouse ficou em torno de 400 mil dólares, o custo de contratar Mark foi 800 mil dólares, o valor que ele costuma cobrar por uma obra desse porte. Adicionalmente, os proprietários entregaram a Mark um adiantamento de 5 milhões de dólares para cobrir os custos do material de construção e da mão de obra de cerca de 150 trabalhadores, além dos bônus que ele costuma acrescentar.

O fato de que ele pode ser generoso com outros e ainda lucrar atesta suas habilidades de administrar orçamentos (é filho de contador) e também mostra que conhece por experiência própria o valor do trabalho manual e especializado — sabe usar cada item de uma caixa de ferramentas no mínimo tão bem quanto qualquer uma das turmas que supervisiona na cidade.

Quando ele tinha treze anos e morava em East Meadow, Long Island, seus pais contrataram um empreiteiro para construir uma extensão da casa deles, mas o homem desapareceu no meio do processo. Então o jovem Steve pediu emprestadas algumas ferramentas ao seu tio Max, que era encanador, e outras a um vizinho que era eletricista e, com alguma orientação de ambos, conseguiu completar a extensão.

Dali em diante ele manteve uma pequena oficina na garagem dos pais, onde uma ocasião usou suas crescentes habilidades de carpinteiro para reparar o vazamento de um veleiro de madeira e torná-lo suficientemente seguro para navegar no mar e atravessar o estreito de Long Island.

Na escola constataram que ele tinha QI elevado, mas também o rotularam de mau aluno e preguiçoso, o que decepcionou sua mãe, que era professora; mas afora isso ele era altamente motivado e confiável nos trabalhos que fazia após as aulas e nas férias de verão. Num desses períodos de férias ele trabalhou numa lanchonete na esquina da Broadway com a rua Nassau entregando pedidos e ajudando na cozinha, onde apreciava em particular o companheirismo no diversificado grupo formado por seus colegas empregados, algo que ele mais tarde tornaria a desfrutar entre seus subordinados nas obras.

Durante outro verão ele trabalhou num escritório de contabilidade sob a supervisão de seu pai. Este, nascido em Nova York, chamava-se Morris Margolies e era formado em direito, porém, segundo o filho, "não conseguiu encontrar emprego num escritório de advocacia antes de mudar seu nome de Morris Margolies para Murray Mark". Mas ele detestou seu trabalho como advogado e por fim mudou para a contabilidade.

Os pais de Steve Mark eram filhos de imigrantes judeus. A família de sua mãe era austro-húngara, e o pai dela, Harry Strauchler, tinha uma banca de frutas e verduras no Bronx. Os avós paternos de Steve eram da Polônia, e o pai de seu pai, Joe Margolies, tinha uma cafeteria no Bowery. A mãe de Steve, Roslyn, era professora do ensino fundamental e por trinta anos lecionou em escolas públicas da cidade.

Steve formou-se em contabilidade em 1968 na Universidade Adelphi em Garden City, Long Island, estudando à noite e trabalhando durante o dia em lugares como, por exemplo, uma loja para esquiadores em Great Neck. Dedicou a aulas de pilotagem parte do que lhe pagavam, e depois de formado na Adelphi se alistou na força aérea com planos de ingressar numa escola de treinamento de pilotagem para oficiais.

Mas enquanto estava locado em San Antonio ele sofreu uma lesão durante uma partida recreativa de futebol, e depois de se recuperar num hospital militar pediu dispensa do programa. No entanto, seu interesse em pilotar aviões continuou, e hoje ele possui um monomotor que pilota por prazer sempre que consegue afastar a mente e o corpo de suas atividades de construtor. Em seu avião ele se aventura na direção norte até o Canadá e para o sul até a Flórida.

Depois da dispensa da força aérea ele se casou com uma jovem que conhecera na escola e reformou sozinho a primeira casa deles em Flushing e a segunda em Larchmont, onde moram com suas duas filhas.

Por dois anos ele teve uma firma de reforma de banheiros e cozinhas no prédio A&D em Manhattan, na rua 58 Leste; depois, com grande incentivo e alguns empréstimos dos clientes mais ricos, abriu sua empresa de construção. Dali a quatro ou cinco anos ele já tinha uma turma de oitenta a noventa homens a seu serviço, e até nove pessoas, todas mulheres, trabalhando como gerentes de projeto.

"Mulheres gerenciam projetos muito melhor do que homens", ele disse. "Elas não têm ego. Ou, se têm, não o trazem para o trabalho todos os dias." A missão das gerentes era cuidar da logística e comunicação, dividindo seu tempo entre o escritório e o local da obra enquanto asseguravam que tudo fosse executado segundo o cronograma e o orçamento, e que prevalecesse a harmonia entre fornecedores, trabalhadores, arquitetos, consultores e clientes.

Uma de suas gerentes de projeto é sua filha Rebecca, de trinta e poucos anos, que é casada e tem dois filhos. Sua outra filha, Alissa, também casada e mãe de dois filhos, é gastroenterologista. Essas duas filhas são do seu primeiro casamento, que durou vinte anos. Em 1992 ele se casou novamente e teve duas filhas e um filho, todos agora na universidade. Seu filho também tem brevê e às vezes voa com ele nos fins de semana.

Steve Mark e sua equipe concluíram a obra da townhouse da rua 62 em fins de dezembro de 2017, levando pouco mais de um ano na execução. Felizmente nenhum de seus trabalhadores sofreu queda fatal ou lesões graves e, com exceção de um atraso na entrega das janelas, todos os subcontratados cumpriram suas obrigações dentro do prazo.

Depois que o prédio ficou pronto e os andaimes foram removidos, os moradores da área expressaram alívio e satisfação. Era o fim da buzinação e dos prolongados engarrafamentos de trânsito causados por caminhões de entrega e máquinas bloqueando a rua, e finalmente os pedestres não iriam mais passar entre canos de aço verticais e na penumbra imposta pelo abrigo na calçada.

Os diretores do Links Club, que uma década antes tinham execrado a mansão modernista proposta pela russa Janna Bullock para a rua 62 Leste, 34, agora aplaudiam o projeto historicamente derivado de Henry Jessup, pois o consideravam compatível com seu prédio neogeorgiano.

A maioria dos proprietários de apartamentos na cooperativa Cumberland House também estava satisfeita com a nova townhouse. O casal James e Marie Savage era um exemplo. Seu apartamento no quarto andar tinha vista para o local da obra e eles haviam sofrido um ano inteiro com barulho e pó no ar enquanto viam tão de perto, pelas janelas, as fagulhas dos maçaricos, a névoa de partículas de aço subindo das serras circulares, e a guindagem de painéis de isolamento, equipamentos de ar condicionado e pedaços de calcário.

A barulheira diária lembrava James Savage do tempo em que ele morava em Bay Ridge, no Brooklyn, e sua vizinhança foi invadida nos anos 1960 por operários que estavam construindo entradas para a ponte Verrazzano-Narrows, a qual seria concluída em breve. Mas ele também se lembrava de ter morado por uma década ao lado do terreno baldio, imundo e infestado de ratos no número 34 da rua 62 Leste, portanto a nova townhouse era uma substituta desejável.

O passo seguinte para os proprietários da nova casa era vendê-la. Theodore Muftic e Francis Jenkins procuraram a imobiliária da Sotheby's na rua 61 Leste e anunciaram sua townhouse por 32,5 milhões de dólares. Um anúncio de página inteira com a imagem do prédio foi publicado na revista *New Yorker*, e artigos em jornais informaram: "Terreno da explosão no Upper East Side dará lugar a mansão de $ 32,5 milhões em estilo beaux-arts" e "Townhouse em Manhattan construída no local de explosão de gás pede $ 32,5 milhões".

Mas nesse período, desde os dois últimos trimestres de 2017 e por todo o ano de 2018, o mercado imobiliário entrou em recessão, o que levou Muftic e Jenkins a baixar o preço para 27,9 milhões de dólares. Mesmo assim, não acharam comprador. Como explicou um artigo no *Wall Street Journal* em novembro de 2018:

> Nova York enfrenta a convergência de várias forças econômicas importantes: excesso de oferta de novos condomínios, queda no número de compradores internacionais devido a controles de capital impostos por alguns países, mudanças na lei tributária com teto para as deduções estaduais e municipais, e elevação das taxas de juros. Outro fator é a mudança da preferência do norte para o sul da cidade.

No começo de 2019, com a townhouse ainda vazia — uma notícia no *Wall Street Journal* anunciava: "Aumenta recessão no mercado imobiliário" —, os proprietários foram obrigados a arcar com uma despesa anual de 80 mil dólares em impostos e custos de manutenção, incluindo segurança, limpeza das janelas e eliminação de insetos e roedores.

Embora decepcionados por não conseguirem vender, Muftic e Jenkins permaneceram confiantes em que cedo ou tarde fariam negócio. "Poderíamos vender esse prédio em um ou dois dias se aceitássemos algo entre 18 ou 19 milhões de dólares", Jenkins sugeriu. Mas ele e seu sócio acharam esse patamar inaceitável. Assim, a placa azul que os corretores da Sotheby's penduraram na frente da townhouse — "Mansão recém-construída à venda" — continuava lá três anos após a conclusão da obra.

Torcendo por um resultado financeiramente melhor, os sócios trocaram de corretora em 2019, substituindo a Sotheby's pela Douglas Elliman. Porém, mais dois anos se passaram e nada de venderem, por isso os proprietários insatisfeitos tornaram-se cada vez mais maleáveis. Por fim, em outubro de 2021, o *New York Post* noticiou com exclusividade que a "mansão do dr. Boom" afinal tinha encontrado comprador, um homem residente na área de Chicago chamado Marcus Lemonis. O corretor da Douglas Elliman, T. Roger Erickson, confirmou que a townhouse fora vendida por 18,2 milhões de dólares.

O sr. Lemonis, que se recusou a dar entrevista, foi descrito como um empreendedor de 47 anos natural do Líbano e casado duas vezes que, entre outros projetos, produziu para a CNBC um reality intitulado *The Profit* [O sócio]. Como ele não quis comentar, não se sabe se o sr. Lemonis e sua mulher pretendem vender sua residência no Meio-Oeste e se mudar de vez para Nova York ou se preferem alternar entre uma casa e outra. O fato é que, embora tenham gastado quantias vultosas de 2022 a 2023 na renovação de sua nova aquisição, eles ainda não a habitam como seu domicílio.

Durante esse período em que a casa continuava desocupada, o advogado que representou o dr. Bartha em sua ação de divórcio, Ira Garr, passou em frente ao imóvel numa tarde de sábado depois de fazer compras com sua namorada na loja Hermès, na esquina da Madison Avenue com a rua 62. O sr. Garr não mora nas proximidades, portanto raramente o frequentou desde os tempos em que costumava ir ao brownstone e exortar o dr. Bartha a fazer concessões à sua esposa divorciada para evitar intermináveis horas de agravamento e os custos estratosféricos do litígio.

De certo modo, o sr. Garr conseguia compreender seu cliente teimoso e inflexível, imaginar como o médico havia sido emocionalmente tão apegado ao lugar onde morava que não podia, em nenhuma circunstância, abandoná-lo — nem permitir que sua ex-mulher, que nunca tinha gostado de viver lá, ficasse com alguma parte da receita de sua venda forçada. Como o advogado na história de Melville que se preocupava com Bartleby ao mesmo tempo que se desconcertava com ele e por fim foi incapaz de ajudá-lo, o sr. Garr parou por um longo momento, perdido em pensamentos. Por fim, sua namorada cutucou suas costas e perguntou: "Algum problema?".

"Não", ele respondeu após uma pausa. "Só estava pensando que este é o lugar onde um cliente meu tinha um brownstone."

E então ele pegou no braço da namorada e seguiu em frente.

"Sim, era ali mesmo", ele disse, "e é uma tristeza, porque tudo o que ele precisaria fazer era entrar num acordo, e poderia estar morando naquele velho brownstone até agora. Valeria uns 12 milhões de dólares hoje. Ele estaria vivendo folgadamente."

A namorada, sem entender nada, virou-se para ele e perguntou: "Do que você está falando?".

"Ah, é uma longa história", ele disse. "Qualquer hora eu conto."

Posfácio

Um dândi à procura de ninguéns

Lúcia Guimarães

Numa tarde de maio de 2009, Gay Talese recebeu uma repórter e uma cinegrafista brasileiras, então correspondentes do jornal *O Estado de S. Paulo*, na elegante casa que ocupa desde a década de 1950. A residência, hoje fora do alcance da renda de um repórter de jornal ou revista, fica localizada numa região de Manhattan que seria vagamente situada, de acordo com um cartum clássico da revista *New Yorker*, na fronteira entre o Trumpistão e a Botóxia.

Nas páginas de *Bartleby e eu*, fui transportada de volta àquela tarde, quando, antes de sair, pedi a Talese que defendesse a imprensa, a qual já definhava fazia mais de uma década, vítima principalmente da explosão do conteúdo digital grátis. Ele não hesitou. "No prédio de qualquer redação de um jornal respeitável, a qualquer momento, há menos mentirosos por metro quadrado do que em qualquer outro prédio", respondeu. "Os jornais ainda oferecem a melhor chance de manter a verdade em circulação."

Outros quinze anos se passariam até os americanos elegerem um presidente que levou a redação do *Washington Post*, um "jornal respeitável", a manter um plantonista de mentiras — ao todo, 30 573 mentiras foram compiladas ao longo de um único mandato.

O Bartleby do título, com quem o autor se identifica, é um ninguém transformado em alguém memorável, a inspiração para uma carreira de mais de setenta anos procurando personagens ignorados por manchetes. Ele é o protagonista de um conto homônimo, criatura da imaginação do romancista Herman Melville, por quem apreciadores fanáticos do seu *Moby Dick* se dispõem a ir verbalmente às vias de fato contra os que declaram ser Mark Twain, com seu Huckleberry Finn, o romancista supremo da literatura americana.

No final deste livro, é ainda mais fácil compreender a afinidade com Melville explicada por Gay Talese no capítulo inicial, desde que o mensageiro de 21 anos depositava sugestões de pauta na caixa de correio do editor. O tema de sua primeira reportagem no *New York Times*, publicada em 1953, era James Torpey, o operador-chefe do letreiro eletrônico de notícias do jornal. O "escriturário anônimo a grafar praticamente sem ser notado, copiando palavras que irradiavam luz", na área de Times Square, não era a gigante baleia branca de Melville, a ser perseguida em águas perigosas. Mas o mensageiro ambicioso logo cedo deu sinais de interesse obsessivo ao se lançar na busca do próximo objeto de uma reportagem, como quando telefonou para oitenta hotéis de Manhattan até encontrar Nita Naldi, estrela vamp aposentada do cinema mudo. Seguindo o conselho de um repórter veterano — "nunca entreviste ninguém por telefone" —, porque a então principal ferramenta tecnológica disponível para repórteres limitava as chances de observação presencial, o jovem Talese correu para o saguão do hotel e burlou a vigilância da recepção a fim de ligar direto para o quarto da senhora Naldi.

Bartleby e eu começa com a seção dedicada ao *New York Times*, onde Gay Talese trabalhou entre 1953 e 1965 e cuja redação deixou por vontade própria, para explorar o formato de reportagens literárias que era bem recebido na revista *Esquire*, editada pelo estimado Harold Hayes. Ao ser promovido a repórter no *Times*, em 1956, Talese, primeiro instalado na seção de esportes, já aspirava a emular heróis literários como Ernest Hemingway, John O'Hara e Carson McCullers. Ao chegar à *Esquire*, Talese, surpreendendo o editor, propôs uma série de perfis de jornalistas do *New York Times* que podem hoje ser destacados como pioneiros do jornalismo sobre mídia — até então, as reportagens e biografias sobre jornalismo concentravam-se nos barões da imprensa, como William Randolph Hearst ou Joseph Pulitzer.

O primeiro perfilado foi o escritor de obituários do jornal, Alden Whitman, uma figura soturna cuja rotina numa área da redação apelidada de "necrotério" escondia uma biografia rica, de ex-membro do Partido Comunista. Whitman havia transformado o gênero do obituário e convencia personalidades públicas idosas, como o ex-presidente Harry Truman, a lhe conceder entrevistas. O longo perfil escrito por Talese teve tanta repercussão que Whitman acabou entrevistado no programa de Johnny Carson.

Na conversa com Talese, em 2009, ele mencionou que não gostava da fama de fundador do Novo Jornalismo, o estilo associado à escrita de seus contemporâneos Tom Wolfe, Joan Didion, Norman Mailer e Truman Capote, todos jornalistas que fizeram carreira literária. Mas o espaço dedicado, na segunda parte do livro, ao artigo de revista mais citado da língua inglesa — "Frank Sinatra está resfriado" — deixa claro que o autor reconhece o quanto a produção dessa reportagem ilustra sua obra: da própria relutância em perfilar o maior cantor americano até publicar um retrato fascinante do artista que repetidamente negou-lhe entrevistas. Talese deu uma aula de mestre de jornalismo com ambição literária, "novo" ou como quer que se queira rotular. O artigo que saiu na *Esquire* de abril de 1966 fora construído a partir de entrevistas com aqueles que cercavam o artista, como Helen Turpin, cujo trabalho, em tempo integral, "era seguir Sinatra discretamente por toda parte onde ele se apresentasse, levando uma maleta com as perucas dele".

Frank Sinatra, que havia recusado sucessivos pedidos da *Esquire*, estava, aos cinquenta anos, não só resfriado, mas afogando em bourbon seus dramas pessoais, como o namoro com a pós-adolescente Mia Farrow e a crescente atenção sobre suas relações com a Máfia, destacada num novo documentário da rede CBS.

Acompanhar as ruminações de Talese, à medida que ele persegue sua baleia esquiva, ao longo de cinco meses, em Hollywood e Las Vegas, é mergulhar num mundo em que as mulheres são "loiras atraentes, um tanto passadas", e as interações refletem hierarquias sociais, raciais e sexuais que hoje provocariam pausa no observador. Nos primeiros parágrafos do artigo de 14 mil palavras, Talese engaja o leitor no dilema da gripe como uma janela para toda a importância do ídolo que o tinha mantido à distância.

> Sinatra resfriado é Picasso sem tinta, Ferrari sem combustível — só que pior. Porque um resfriado comum despoja Sinatra de uma joia que não dá para pôr no seguro — a voz dele —, mina as bases de sua confiança, e não apenas afeta seu estado psicológico, como parece provocar também uma espécie de contaminação psicossomática que alcança dezenas de pessoas que trabalham para ele, bebem com ele, gostam dele, pessoas cujo bem-estar e estabilidade dependem dele. Um resfriado pode, em pequena escala, emitir vibrações que interferem na indústria do entretenimento e mais além, da mesma forma que a súbita doença de um presidente dos Estados Unidos pode abalar a economia do país.

A terceira parte do livro é a que contém material inédito e versa sobre a tragédia de Nicholas Bartha, um médico romeno que cometeu suicídio explodindo a própria casa, em 2006, a pouca distância do endereço do autor. Bartha não queria entregar a residência à ex-mulher, como tinha ordenado um juiz no divórcio. Talese não para nos escombros da mansão e segue acompanhando a história, com a compra do terreno para especulação por uma imigrante russa "glamorosa", documentada nas páginas de fofoca de Manhattan, onde as idas e vindas da indústria imobiliária atraem tanta atenção quanto casos extraconjugais de celebridades.

A infância de Talese em Nova Jersey, criado por pais que trabalhavam até o começo da noite, havia proporcionado horas incontáveis de observação do mundo adulto. Foram esses anos que formaram a personalidade que ele reconhece, orgulhoso, como a de um bisbilhoteiro. Essa atenção concentrada em qualquer novo personagem que lhe atravessar o caminho, seja o motorista da limusine, o barman nervoso que serve Frank Sinatra ou a repórter que bate à sua porta, vem da atração irresistível por histórias à espera de narrador. "Sou o historiador de pessoas que não têm história registrada em público", ele me disse, ao explicar que passava pouco tempo online porque seus personagens não aparecem nas buscas do Google.

Bartleby e eu é um documento de mais que uma era de jornalismo, ao revisitar o processo de escolha do que é notícia e de quem merece destaque. Na cidade do pós-guerra que produziu o relutante cofundador do Novo Jornalismo, repórteres, segundo ele, eram uma subclasse, hostilizados pelo poder político e financeiro. Hoje, os repórteres que cobrem governadores, presidentes ou financistas de Wall Street para o *New York Times* podem já ter esbarrado com esses figurões nas melhores universidades. Certamente esbarram com eles nos mesmos bares e restaurantes.

A confluência social dos atores políticos, econômicos e da mídia, que Talese lamenta, formou uma bolha que ajuda a explicar, ele acredita, a emergência do populismo extremista de direita. E pode ter enfraquecido a imunidade investigativa da imprensa que assistiu à ascensão de um empresário cuja carreira de falcatruas e proximidade a figuras das mais indigestas teriam impedido sua aprovação num comitê gestor de qualquer empresa.

Gay Talese pertence à geração que foi intermediária entre o anonimato e as páginas da imprensa. Ele rastreou os ninguéns em quem descobria humanidade e que seguiam vivendo e trabalhando sem buscar fama. Seria difícil imaginar esse dândi meticuloso perdendo tempo hoje com ninguéns cuja única ambição é se tornar um alguém instantâneo.

ESTA OBRA FOI COMPOSTA PELO ACQUA ESTÚDIO EM MINION E IMPRESSA
EM OFSETE PELA GRÁFICA PAYM SOBRE PAPEL PÓLEN NATURAL
DA SUZANO S.A. PARA A EDITORA SCHWARCZ EM AGOSTO DE 2025